Lucas Vogelsang
Heimaterde

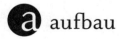 aufbau

LUCAS VOGELSANG

HEIMATERDE

Eine Weltreise durch Deutschland

ISBN 978-3-351-03671-3

Aufbau ist eine Marke der Aufbau Verlag GmbH & Co. KG

2. Auflage 2017
© Aufbau Verlag GmbH & Co. KG, Berlin 2017
Umschlaggestaltung zero-media.net, München
Satz LVD GmbH, Berlin
Druck und Binden CPI books GmbH, Leck, Germany
Printed in Germany

www.aufbau-verlag.de

Inhalt

Prolog 7

Ein deutsches Eck 9
Berlin-Wedding

Betonköpfe 31
Inning am Ammersee

Der dir am nächsten ist 53
Wischhafen

Der Wüstensohn 91
Stuttgart

Hausaufgaben 111
Berlin-Spandau

Gärten der Welt 145
Castrop-Rauxel

In Stein gemeißelt 183
Essen

Hügel der Angst 197
Pforzheim

Sonnenblumen 241
Lichtenhagen

Mutterland 279
Köln

Deutsche Wellen 305
Windhoek

Epilog 323

Prolog

Das Haus hat acht Stockwerke, 41 Wohnungen, 41 Familien. Unten in die Eingangstür ist ein Klingelschild eingelassen, auf dem nur jeder zehnte Name ein auf den ersten Blick deutscher ist.

Hier wohnt Karaman.

Hier wohnt Al-Sayad.

Hier wohnte einmal tatsächlich auch Mohammad unter Bethmann.

Die Namen, sie lesen sich wie ein Tableau einer Vollversammlung der Vereinten Nationen. Sie lesen sich aber auch wie ein Debattenbeitrag zur Integration oder wie der Kader einer zukünftigen Nationalmannschaft. Die Namen, sie sind hier Normalität. Das Haus steht in Berlin-Wedding.

Hier wohne auch ich, seit zwei Jahren nun. Ein Zugezogener in der eigenen Stadt, anfänglich auch ein Fremder, mit Neugierde betrachtet. Als die Möbel noch vor dem Haus auf der Straße standen, schauten die Nachbarn und wunderten sich. Saßen am Fenster und konnten es nicht fassen, schüttelten Köpfe, zogen die Gardinen zu. Und einer, älterer Herr, Türke, kam und fragte, so zur Begrüßung: Was möchtest du hier? Es war keine Drohung, er konnte es nur einfach nicht verstehen. Die Deutschen, sagte er und zeigte auf das Haus, die kommen hier nicht her. Die Deutschen, die ziehen nur von hier weg.

Er gestikulierte die Straße runter, die hinausführt aus dem Wedding und hinein nach Berlin-Mitte, Transit in eine ganz andere Welt, aus der ich gerade erst mit meinen Möbeln gekommen war.

Wir aber, sagte er schließlich, bleiben hier. Und ich

wusste nicht, ob die plötzliche Unwucht in seiner Stimme nun Stolz war oder doch Resignation. Er, der Türke, hier zurückgelassen. Die anderen, die Deutschen, schon dort, am Ende der Straße. Unerreichbar weit weg.

So einfach ist es aber natürlich nicht. Denn hinter den Namen an der Tür verbirgt sich das Deutschland aus den Nachrichten, leben jene Menschen, über die gerade gesprochen wird. Menschen, die ebenfalls irgendwann von irgendwo fortgezogen waren, um schließlich hier zu landen, im Wedding, in diesem Haus. Der Name an der Klingel ein Trugschluss, in der Schublade mitunter doch der Pass, weinrot, mit dem Adler darauf.

Die Ecke hier, hatte der ältere Herr noch gesagt, kannst du vergessen. Dann war er weitergezogen, den eigenen Gedanken hinterher, wie an jedem anderen Tag zuvor und an jedem anderen Tag danach. Mein Einzug, das konnte ich da noch nicht ahnen, sollte der Beginn einer Reise sein, hinein in die Gegenwart, immer der Frage hinterher, was das eigentlich bedeutet: Heimat, Herkunft, Identität.

Eine vergessene Ecke, das kann ich heute sagen, ist nicht der schlechteste Ort für die ersten Schritte. Denn sie ist der Ort, an dem Geschichten entstehen. Wenige Tage nach meinem Einzug jedenfalls klingelte ein wütender Mann mit schwarzem Bart an meiner Tür. Ich hatte die Mittagsruhe nicht eingehalten. Willkommen im Wedding.

Willkommen in Deutschland.

Ein deutsches Eck

Berlin-Wedding

Unten im zweiten Stock wohnt Gisela Kullack, mit Blick auf die Straße. Vor ihrem Fenster, 1,10 Meter mal 1 Meter, weiß gerahmt, hängen noch die Gardinen, die sie zu ihrem Einzug hat anfertigen lassen. Auf dem Fensterbrett stehen drei Kakteen, selbst gezüchtet. Gisela Kullack ist 82 Jahre alt und in ihrem Leben erst einmal umgezogen. Sie hat nie in einer anderen Stadt gewohnt, in ihrem Personalausweis standen nur zwei Adressen. Perleberger Straße. Berlin-Moabit. Und Schönwalder Straße. Berlin-Wedding. Und doch hat sie, Erstmieterin seit dem 10. Oktober 1974, von diesem Fenster aus, über ihre Kakteen hinweg, die Welt gesehen. Die Welt, sie ist zur ihr gekommen. Plötzlich, watt willste machen, war sie einfach da, standen unten die Umzugswagen, die immer neue Biographien vor ihrem Haus abluden, in Kisten verpackt, sauber gestapelt, zerbrechlich.

Nach und nach, immer mehr. An die Reihenfolge, den Ablauf der Ankünfte, kann sich Gisela Kullack genau erinnern, sie vergisst nichts und schreibt sich dazu auch all jenes auf, das sie vielleicht doch vergessen könnte. Kontrolle und Vertrauen. Deshalb liegen da, immer griffbereit neben dem Telefon mit der Wählscheibe, ein Notizblock und ein Kugelschreiber, lottogelb.

Zuerst also kamen da die Besatzungssoldaten mit ihren Familien, Mitte der Siebziger-Jahre, die nur blieben, bis ihre neuen Wohnungen am Stadtrand fertiggestellt waren. Die Franzosen, die viele Kinder hatten und für die Deutschen hier die Ausländer waren, Fremde. Dann zogen die Türken in den Block, die Kinder der Gastarbeiter, die längst selbst Familien gegründet hatten, die zweite Generation. Auch sie kamen mit vielen Kindern, auch sie waren Ausländer, Fremde. Und schließlich kamen all die anderen. Die Palästinenser, die Ägypter, die Polen. Zuletzt dann die aus dem Ostblock, Bulgaren und Rumänen, die für die Türken hier Ausländer sind, Fremde.

Gisela Kullack ist immer noch da, eine alte Weddinger Pflanze. Die topft man nicht um. Sie, seit bald zwei Jahren Witwe, hat hier gelebt und sie wird hier auch sterben. Und wenn das Wetter es zulässt, stellt sie sich auf ihren Balkon und schaut auf die Straße, hinein in die Ecke, die ihr manchmal ganz ungeheuerlich vorkommt, so viele neue Gesichter, die Gerüche auch, die mittags die Fassade herunterkriechen, wie die Einladung zu einem exotischen Mahl. Dann dampft es und über ihr kocht eine Suppe, darin Kräuter aus wirklich fernen Ländern. An guten Tagen kann Gisela Kullack ihre Nase in die Welt halten, an schlechten riecht sie den Müll, der rechts von ihr in einem Abfallkäfig in der Hitze schwitzt. Was die Leute so wegwerfen. In diese vielen Tonnen. Früher war das einfacher hier im Wedding, da gab es eine Tonne und eine Sprache. Aber daran kann sich außer Gisela Kullack niemand mehr erinnern.

Wenn man nun bei ihr klingelt, einfach so, dann macht sie auch einfach so die Tür auf, und es steht schon der Kaffee heiß in der Maschine, als hätte sie Gäste erwartet. Im Wedding rechnet man mit allem. Sie sagt natürlich Kaffe, serviert Kuchen dazu. Meist liegt dann noch ein halb ausgefülltes Kreuzworträtsel auf ihrem Tisch, daneben die Medikamente, im Hintergrund läuft der Fernseher, mit dem sie die Einsamkeit vertreibt. Gisela Kullack ist eine ganz ausgezeichnete Gastgeberin und außerdem ist sie, schon ihrer Erfahrung wegen, die Seele des Hauses. Jeder kennt sie. Die einen als Frau Kullack, respektvoll. Die anderen als Omma ausm Zweiten, weniger respektvoll. Man kann es sich nicht aussuchen. Frau Kullack jedenfalls gießt Kaffe ein und legt das Kreuzworträtsel beiseite, richtet die Brille, und dann erzählt sie ein bisschen vom Wedding, schaut dabei aus dem Fenster, wie sie es seit mehr als 40 Jahren schon macht, Tor zur Welt. Zeitraffergeschichten.

Sie hat von diesem Fenster aus die Kinder der Nachbarn aufwachsen sehen. Kinder wie Can, jetzt 17 Jahre alt, der an jedem Morgen, noch bevor Frau Kullack raus zum Bäcker geht, mit seinem Hund die eine Runde dreht, die Pflicht ist. Danach packt er seinen Rucksack und geht zur Schule, am Abend kommt er vom Sport, Thaiboxen, er ist in seiner Klasse deutscher Meister, und trägt die Tasche so lässig über der Schulter, wie man das eben macht, wenn hinten am Horizont gerade erst die Volljährigkeit winkt, in den Gesten noch immer die Last, sich beweisen zu müssen. Ein halbes Kind, ein Mann bald, dessen Körper vom Erwachsenwerden schon in die Länge gezogen wurde, in den Zügen eine Ahnung. Er, die Haare an den Seiten kurz rasiert, an flinken Füßen bunte Sneaker, über den schon breiten Schultern einen dunklen Kapuzenpullover, ist, so sagen es die Leute im Viertel, so sagt es auch Frau Kullack, ein guter Junge.

Im Aufzug, wenn er von der Schule kommt und sie ihn nach den Noten fragt, antwortet er höflich. Hin und wieder, an den guten Tagen, hilft er ihr mit dem Einkauf, sie steckt ihm dafür einen Fünfer zu, für Eis, für die Geschwister, wie sie es immer getan hat. Früher, da gab es für die Jungs hier ein Fünfmarkstück, einen Heiermann, in Kinderhänden so unglaublich viel Wert. Zu einer Zeit war das, als der passende Schein dazu, der grüne Lappen, noch Spandau-Dollar hieß, weshalb der im Wedding gleich weniger wert war. Heute aber muss auch Frau Kullack in Euro zahlen und da sind die Kinder von heute, wenn man richtig umrechnet, gleich doppelt so teuer wie die Kinder von damals. Inflation, macht auch vor dem Wedding nicht halt. Ist so, Schluck Kaffe.

Die Kinder haben sich ja auch verändert, waren mal die Töchter und Söhne der Deutschen gegenüber und sind jetzt die Kinder jener Nachbarn, die im Aufzug, im Hausflur, erst eine andere Sprache sprechen und sie dann doch freundlich grüßen. Wie die Deutschen früher. Guten Tag, Frau Kullack.

So ist das doch im Wedding, sagt Can, unten auf der Straße jetzt. Auf den Treppen vor dem Haus. Der Hund schläft oben im siebten Stock. Den könnte man, wenn man jetzt ganz leise wäre, auch hier unten schnarchen hören, ein irres Vieh. Löwenhund aus Afrika, man muss sich den Wedding dann als Savanne vorstellen.

Can also sitzt vor dem Haus und die Nachbarn kommen vorbei und er grüßt so in den Reigen, manchmal ein Nicken, anderen gibt er die Hand, wenige bekommen eine Umarmung. Aber niemand geht ohne Geste. Jeder Junge ein Bruder und jeder Alte eine Respektsperson. Nachbar oder Onkel, egal. Der Respekt, den man den Älteren entgegenbringt, ist selbstverständlich. Es gibt im Türkischen einen Ausspruch dafür, der von den Vätern kommt, ein Befehl mehr, und von den Söhnen durch das Viertel getragen wird.

Hareket yapma! Hareket bedeutet Bewegung. Hareket bedeutet Faxen machen.

Es heißt, sagt Can, dass man freundlich redet, nicht unhöflich antwortet, wenn da jemand ist, dem du Respekt schuldest. So ist das doch im Wedding. Hier bei uns im Block, sagt er, da kennt jeder jeden. Und er weiß Bescheid, wie man eben Bescheid weiß, wenn man durch die Straßen streift, über das Kopfsteinpflaster, jedes Gesicht, jeder Stein wohlbekannt. Spricht über die Gegend mit dem Stolz des Jungen von hier, Fremdenführer durch seine Heimat, er kennt keine andere.

Die Gegend, auch dafür gibt es ein Wort. Mahalle. Was aber mehr meint als nur das Viertel an sich. Mahalle ist eine Haltung, die innere Einstellung zum Ort, an dem man lebt. Mahalle bedeutet, dass niemand für sich ist, sondern einer unter vielen. Und das sollte man sich unbedingt merken.

Can kennt sich natürlich auch damit aus, mit den Redensarten und den Regeln, den offenen und den ungeschriebenen. In beiden Sprachen. Er ist Türke, halb. Er ist Deutscher, zu einem Viertel. Seine Großeltern stammen aus der Türkei, aus Dänemark, aus Deutschland. Mischmasch, sagt er. Normal hier. Dieser Mischmasch ist ein Teil dieses Viertels, er bestimmt das Gesicht und die Spannung hier, Mahalle ist Mischmasch. Wedding, Alter. Alles zusammen.

Bei uns im Viertel, Quartier Pankstraße, Berlin-Wedding, leben etwa 16 000 Menschen, der Anteil der Migranten liegt bei 63 Prozent, die Arbeitslosigkeit bei 12,5, fast die Hälfte der Bewohner ist auf Transferleistungen angewiesen. Transfer, im Fußball bedeutet das immer viel Geld. Im Wedding, der auch ein Ort des Fußballs ist, bedeutet es eher wenig Geld. Die Arbeitslosigkeit unter den Jugendlichen mit Migrationshintergrund liegt hier weit über dem Berliner Durchschnitt. Wo wir im Fußball also von Talenten sprechen, ist hier immer gleich von Problemfällen die Rede. Von einer Zukunft, die schon in der Gegenwart gescheitert ist.

Die Zahlen sollen den sozialen Missstand vermessen, die Geschichten dahinter können sie nicht erzählen. Es sind Geschichten, die sich hier an allen Tagen abspielen, an den guten und an den schlechten, Frau Kullack kann sie von ihrem Balkon aus beobachten, ich kann sie von meinem Fenster aus verfolgen, ein wilder Tanz unter Bäumen, manchmal auch ganz furchtbare Apathie. Geschichten, in denen die Langeweile auf der Parkbank sitzt, die Köpfe mit Unsinn füllt, der einzigen Pflanze, die auch auf Asphalt gedeiht, mit Testosteron gedüngt. Der Block, er steht dann unbeweglich in der Landschaft wie ein Wellenbrecher, während in der Nachbarschaft die Dinge passieren, die am Abend über die Satellitenschüsseln auf dem Dach als Nachrichten ihren Weg in die Wohnzimmer finden.

Am 20. Januar 2015, einem Dienstag, durchsuchte die Polizei in den Straßen hinter dem Block die Wohnungen vermeintlicher Terroristen, Logistikzellen, die dort Anschläge geplant haben sollen. Die Beamten nahmen an diesem Morgen mehrere Männer fest, Männer mit Verbindungen zum Emir vom Wedding, der wenige Tage zuvor gefasst worden war, mit Verbindungen auch direkt nach Syrien.

Am 18. März 2015, einem Mittwoch, gelang es der Polizei, einen der Männer festzunehmen, die Ende des vergangenen Jahres einen Überfall auf das KaDeWe verübt hatten. Die Beamten holten ihn an einem sonnigen Morgen aus seiner Wohnung, Schönwalder Straße.

Am 8. März 2016 dann, einem Dienstag, stellten sich an einer Kreuzung nicht weit von hier 70 Menschen der Polizei in den Weg, die gekommen war, weil ein elfjähriger kiezbekannter Mehrfachtäter immer wieder den Motor eines parkenden Pkw gestartet hatte. Die Männer, Verwandte des Jungen, wurden sehr schnell sehr laut. Haut ab, riefen sie, das ist unsere Straße. Danach Gerangel. Zwei von ihnen wurden festgenommen.

Passiert, sagen die Leute im Wedding. Ganz beiläufig. Wenn du nicht aufpasst, schneidet dir einer das Ohr ab. Im Humboldthain, oben im Park auf dem Hügel, im Dickicht der Dealer. Aber, komm schon, alles halb so wild. Der Wedding ist ein hartes Pflaster, aber er ist kein Ghetto, keine Bronx, wie gern immer wieder geschrieben wird.

Wenn die Meldungen von hier jedoch später in der *Abendschau* laufen, auf den Titelseiten der Boulevardzeitungen erscheinen, werden sie größer als das Viertel. Dienen als Beweise dafür, dass die Integration der Ausländer in Deutschland gescheitert ist, als Beweise für eine Gesellschaft im Schatten. Meine Nachbarn wundern sich dann. Jedes Mal. Schauen aus dem Fenster, schauen in den Spiegel. Mütter aus Ankara, deren Kinder längst besser Deutsch sprechen als Türkisch. Väter aus Anatolien, die sonntags ihr

Auto waschen und denen die Mittagsruhe heilig ist. Söhne aus Palästina, die sich über hohe Steuern aufregen und zwischen den Flüchen eine Kehrwoche einfordern, weil der von gegenüber wieder den Müll hat draußen stehen lassen. Sind dann ganz wundervoll außer sich, weil der Fatzke aus dem dritten Stock wieder seinen Drahtesel in den Hausflur gestellt hat. Sagen tatsächlich Fatzke und Drahtesel, helle Freude daran. Es sind Sätze wie aus einem Achtziger-Jahre-Hörspiel. Deutsche Sätze, bei Filterkaffee gesprochen.

Es sind deshalb auch Geschichten, aus dem Hausflur, aus den Wohnungen, hinter den Türen, die vom Weggehen und vom Ankommen erzählen, von Neuanfängen auch, wenn aus Fremden Nachbarn werden und sich die Worte, mit denen man diesen Ort hier beschreibt, langsam verändern.

Der Block, das habe ich in den ersten Monaten hier gelernt, ist Zuhause geworden für viele, und manchmal das einzige Deutschland, das sie wirklich kennen. Er kann Heimat sein und gleichzeitig erklären, wieso das mit der Heimat, mit dem Gefühl dahinter, ihrem Verlust auch, gar nicht so einfach ist. Weil doch in den Begegnungen mit den Nachbarn, den kurzen Gesprächen oder den langen Abenden, die später noch kommen sollen, eine Zerrissenheit zu spüren ist. Immer ein Auge in einem anderen Land, immer der Spagat, der schmerzhaft ist.

Man kann sich hier also tatsächlich ganz gut, ganz leicht hineinbegeben in dieses Gefühl und Antworten finden, die nach Märchen klingen oder nach Stille. Und manchmal, wenn meine Nachbarn von sich erzählen, ganz offen, erzählen sie im Grunde von Deutschland, führen sie Gegenwart auf, ohne es zu ahnen. Heimatgeschichten, wie sie nur an einem Ort wie dem Wedding entstehen konnten, Gastarbeiterbezirk, weil die Menschen hierhergekommen sind, im Gepäck die Hoffnung. Der Wedding ist ein guter Ort, um der Heimat nachzuspüren. Und ein guter

Ort für Antworten ohnehin, weil der Wedding kein Blatt vor den Mund nimmt, in keiner Sprache. So ist das hier, sagt Frau Kullack. Ungeschönt.

Der Wedding, seit 1920 Berliner Bezirk, dieser abgerissene Zwilling der neuen Mitte, zu der er seit 2001 offiziell gehört, war schon immer das Schmuddelkind aus dem zweiten Hinterhof. Der Wedding, sagen die Jungs auf der Straße, ist ein Hurensohn. Was dann auch gleich wieder ein Kompliment ist.

Er war vor allem einmal die Werkbank Berlins, Arbeiterbezirk, vielleicht der einzige, der diesen Namen verdiente, weil hier die Arbeiter wohnten, an den Maschinen standen, bei Osram, AEG, in der Großbäckerei, erst nur die Deutschen, dann auch die Türken, die als Gast zur Arbeit kamen. Die Väter der Männer, die hiergeblieben sind. Die Mütter der Töchter, die vielleicht gern wieder gegangen wären. Das lief alles gut, am Fließband, in den Häusern, viele Menschen dicht an dicht. Bis bei Osram in der Oudenarder Straße das Licht ausging, bei AEG in der Schwedenstraße die Bänder angehalten, der Industrie die Maschinen abgestellt wurden, auch in der Großbäckerei bald der Ofen aus war. Wer es sich leisten konnte, sagt Frau Kullack, der ging. Was auch heißt, wer deutsch war und ein bisschen Geld übrig hatte, verließ den Wedding. Wer beruflich vorangekommen ist, den hat es woanders hingezogen. Ins Märkische Viertel. Nach Dahlem oder sonst watt. Häuschen im Grünen. Deutsches Idyll, Sehnsuchtsort auch der Aufstiegsträumer. Die Karawane der Umzugswagen, Frau Kullack sah sie ziehen, der Wedding plötzlich weg vom Fenster. Und so konnte sie von ihrem Balkon aus den Wandel beobachten, konnte sehen, wie ihr Viertel, das mal ein Arbeiterviertel war, ein Ausländerviertel wurde.

Es ist eine Veränderung, die viele Gesichter hat. Can ist eines davon, auch er ist der neue Wedding. Als seine Eltern, Fikret und Diana, in den Block kamen, zogen sie mit den beiden Söhnen in eine Wohnung im ersten Stock. Eine junge Familie. Bekamen eine Tochter, bekamen noch einen Sohn. Und zogen schließlich in den siebten Stock, Maisonette, genug Zimmer für alle. Heute leben sie ganz oben, Blick über die Stadt, leben aber noch immer irgendwie dazwischen. Vergangenheit und Gegenwart. Zwischen den Ländern ihrer Großeltern.

Can und ich fahren gemeinsam in den siebten Stock, klingeln. Warten, bis sein Vater öffnet, gleich mal den Rahmen ausfüllt, dann einen Schritt zur Seite tritt. Willkommen, sagt er. Aber erst mal Schuhe ausziehen, ja. Muss sein, Fikret sorgt am Block für Ordnung und Mittagsruhe, ist der Mann mit dem langen Bart und dem eher kurzen Geduldsfaden. Sein Lachen, das er, sobald es einmal ausgebrochen ist, nicht wieder einfangen kann, verrät ihn jedes Mal als eigentlich guten Typen. Er bittet ins Wohnzimmer, glattes Leder und Glastisch, und gleich wird, nach türkischer Tradition, groß aufgetischt. Seine Frau macht Tee, und er holt diverse Süßigkeiten aus diversen Schränken, ein irgendwie außerplanmäßiges Zuckerfest, die große Schlemmerei unter Nachbarn, auf seinem Balkon steht eine Wasserpfeife, man kann von hier in den Westen schauen, bis der Blick sich an Spandau stößt. Nun beginnt er zu erzählen. Der Tee dampfend in mit goldenen Schnörkeln verzierten Gläsern, die Worte ohne Schmuck, geradeheraus. Ich bin ja, sagt er, schon immer hier, deutet über meinen Kopf. Hinter der Gardine Berlin. Ich auch, sagt seine Frau, schüttet Schokoladenkekse in Schüsseln mit Gummibärchen und setzt sich dazu. Jederzeit bereit, seine Sätze zu ergänzen, mit ihrem Teil der Geschichte.

Fikret ist Thraker, seine Familie kommt aus einem Dorf nahe der Grenze, Griechenland von dort aus so nah wie von hier aus die Friedrichstraße. Er, 35 Jahre alt jetzt, wurde in Berlin-Moabit geboren. Nachbarbezirk des Wedding, über die Brücke. Man sagt: Mohabet. Die Großeltern, Gastarbeiter der ersten Generation, sind längst zurück in der Türkei. Fikret und seine Eltern sind geblieben. Er auch der Liebe wegen, zur Stadt, zu seiner Frau. Diana, der Vater Deutscher, die Mutter Dänin, auch sie in Moabit geboren, ist als Mädchen schon, 13 Jahre alt damals, zum Islam konvertiert. Sie spricht fließend Türkisch. In der Heimat der Eltern ist Fikret der Deutsche, in Deutschland ist er der Türke.

Auf den Straßen des Wedding ist Diana die Deutsche, die blonde Frau mit dem Kinderwagen, trägt Pferdeschwanz und Lippenstift. Wenn sie über den Hof läuft, kann es passieren, dass die Jungs ihr hinterherrufen. Frechheiten, Respektlosigkeiten. Auf Türkisch. Und es gibt jene Tage, an denen Diana sich umdreht und noch mal nachfragt, in der Sprache der Eltern, der Väter. Die Jungs gucken dann nicht schlecht, senken den Blick.

Wenn Fikret unterwegs ist, außerhalb des Viertels, in der Weltgeschichte, wie er sagt, auf der Straße, in der Bahn, kann es passieren, dass die Leute auf seinen Bart deuten, der lang ist und schmal, an den Seiten sauber gestutzt, damit er sich zur Spitze hin verjüngt. Es ist ein Bart, wie ihn der Rapper Bushido gerade trägt, ein Bart also, der nicht mehr einfach nur Bart sein kann. Er ist gleich immer auch ein Zeichen. Die Leute zeigen also auf sein Gesicht und fragen einfach mal:

Sind Sie Salafist?

Und Fikret nickt, gibt immer dieselbe Antwort, eine Verteidigung, die im Gewand des Angriffs daherkommt: Ja, ich bin Salafist. Ich bin der IS. Ich habe auch John F. Kennedy erschossen. Wenn Beckham so einen Bart hätte, sagt er, dann wäre es Mode. Wenn ich ihn trage, dann ist es radikal. Dabei bin ich gar kein guter Heiliger.

Fikret hat das Beten irgendwann vergessen, so wie man vergisst, zum Sport zu gehen. Aus Faulheit. Mache ich morgen. Und es dann irgendwann verlernt. Der Glaube ein

Muskel, den man ständig trainieren muss, damit er nicht erschlafft. Seine Frau betet, Gott ist groß, fünfmal am Tag. Südsüdwest. Richtung Mitte, Richtung Mekka. Trägt drinnen ein traditionelles Gewand, trägt draußen nie Kopftuch. Wenn sie betet, schaut er auch mal Fernsehen. Kein Problem, sagt sie. Mal schön auf dem Teppich bleiben. Soll doch bitte jeder machen, wie er will. Die Söhne aber müssen in die Moschee, an jedem Wochenende. Das ist Pflicht. Sonst gibt es Sanktionen. Handyverbote, Playstation-Entzug, solche Sachen. Die Religion ist wichtig. Die Religion ist alles, sie macht aus Kindern gute Menschen.

Ich habe in meinem Leben viele Dinge falsch gemacht, sagt Fikret, und die Fehler die ich gemacht habe, die dürfen meine Kinder nicht auch machen.

Wenn einer der Jungs mal hier steht und mir erzählt, dass er jetzt gern in den Heiligen Krieg ziehen, nach Syrien möchte, schlage ich ihm den Kopf ab, dann kann er sich den Weg sparen. Und er, dröhnendes Gelächter, sagt es in einem Deutsch, das so sauber ist, über die Jahre auf Hochglanz poliert, wie der Wohnzimmertisch, an dem er sitzt. Ordnung muss sein.

Fikret, schon immer hier, ist Berliner, darauf legt er Wert, das betont er gern und oft. Trägt diese Stadt unter der Haut, eine unsichtbare Zeichnung neben den Tätowierungen auf den Unterarmen, den Namen der Kinder. In Schreibschrift gestochen. Fikret besitzt, anders als seine Kinder, keinen deutschen Pass. Er ist in seiner Familie, die Frau eine dänische Deutsche, die Kinder zur Hälfte von ihr, der einzig echte Türke. Die Kinder doppelte Staatsbürger, er nicht mal ein halber. Eigentlich ist ihm das egal. Es gibt aber Momente, da stört ihn das, weil sich andere daran stören, häufiger zuletzt. Die Frage nach seinem Pass, in der immer die Unterstellung lauert, er hört sie seit einigen Monaten so oft wie die Frage nach seinem Bart.

Keinen Pass haben, Extremist sein, irgendwie gehört das

plötzlich alles zusammen. In Deutschland leben und trotzdem kein Deutscher sein, das klingt dann in der Empörung der anderen immer gleich so, als wäre er weniger hier, ein Gast, der den Check-out verpasst hat, vor der Tür schon der Zimmerservice, der jetzt gern durchkärchern würde.

Und die Leute, sie wollen, dass er sich entscheidet. Wo gehörst du hin, Fikret? Wenn das so einfach wäre. Das ist ja ein großes Thema, sagt er. Seine Antwort darauf passt nicht wie sonst in den einen lässigen Spruch. Deshalb schenkt er jetzt noch einmal Tee nach und setzt sich aufrechter als zuvor, Brust raus, Brustton. Und erklärt das in Ruhe, die Sache mit der Herkunft, dieser zweigeteilten Identität.

Deutschland, sagt er, ist meine Heimat, ich lebe hier, leiste meinen Beitrag, zahle Steuern. Meine Kinder wachsen hier auf. Es ist ein gutes Leben. Aber die Türkei ist mein Vaterland. Da gehöre ich am Ende wieder hin. Die Großeltern, die Brüder, alle Cousins, sie leben in der Türkei, seine Eltern wollen dort begraben werden, stille Ahnen. Deutschland, sagt er, kann deshalb nie mein Land sein, weil ich hier niemanden unter der Erde habe.

Fikret und Diana, einmal im Jahr fahren sie mit den Kindern in die Heimat seiner Eltern, mit dem Auto. Die ganze Strecke, damit die Kinder die Entfernung verstehen, Zweiweltenbummler. Sie verbringen dann den Sommer in der Türkei, was immer so ist als würden sie ihren Vorrat an Tradition wieder auffüllen, einmal volltanken mit dunklem Öl. Am Ende dieses Sommers, wenn sie die Koffer im Wedding wieder ausgepackt, die mitgebrachten Süßigkeiten in die Schränke geräumt haben, sind sie froh, wieder hier zu sein, unter einem vertrauten Himmel. Schon immer da. Nur zieht gerade etwas herauf, das spüren die Menschen am Block, Unwetter in den Worten der anderen.

Die Leute, sagt Fikret, fragen mich jetzt immer, was ich

machen würde, wenn ein Krieg ausbricht. Zwischen Deutschland und der Türkei. Er überlegt kurz, spricht dann. Frage mehr als Antwort. Ich weiß nicht, sagt er also, mir in den Kopf schießen?

Dann steht er auf, ganz plötzlich, und entschuldigt sich. Läuft die Treppe runter ins Schlafzimmer, um die Fenster zu schließen. Die Araber, sagt er, kochen schon wieder. Und das zieht immer bis in die Betten, die Laken, sie riechen dann nach den Nachbarn. Man hört ihn jetzt unten rumoren. Oben spricht seine Frau, die bisher nicht viel gesprochen, sich das alles angehört hat. Legt nun, hier in diesem Wohnzimmer, einen Gedanken zu den vielen Gedanken ihres Mannes.

Ich bin Muslima, sagt Diana, aber ich bin ja nicht zur Türkei konvertiert. Ich bin Deutsche und glaube an den Islam. Ich bin eine Dänin und glaube an den Propheten.

Das verstehen die Leute oft nicht. Dabei ist es doch im Grunde ganz einfach. Als in Dänemark 2005 die Mohammed-Karikaturen der *Jyllands-Posten* veröffentlicht wurden, hat sie das in ihrem Glauben verletzt. Als dann die dänischen Flaggen brannten, hat sie für ihre Heimat gebetet.

Verstehst du. Sie räumt nun die Gläser vom Tisch und Can zieht sich seine Schuhe an, schultert seine Sporttasche, und wir stehen wieder im Flur vor den Türen des Aufzugs. Er sagt erst mal nichts, in ihm alle Geschichten, die der Mutter und die des Vaters, die ganze Entfernung von hier bis nach Ankara, all die Sommer. Unten verabschieden wir uns, bis später.

Can links ab, Weddingtheater.

Hier vor dem Haus, auf dem kleinen Platz, den Pflastersteinen, aus denen Bäume wachsen, die den Himmel aufzuspannen scheinen, begegnen sich die Menschen kurz – am Müllplatz, auf dem Weg zum Briefkasten, zum Einkaufen. Hier hasten sie aneinander vorbei, dem Tag hinterher.

In der Bäckerei aber, die genau gegenüberliegt und nachts leuchtet wie eine dieser Tankstellen in der Wüste, sicher vom Weltraum aus noch zu sehen, dort also, verweilen sie, setzen sich dazu, setzen sich einander aus. An Tischen, an denen immer genug Platz ist für alle. Und wenn noch einer kommt, dann rücken sie halt enger zusammen. Ich überquere die Straße, sehe schon von weitem die Gesichter, die hier unbedingt dazugehören. Manchmal sind gleich alle da, dann ist es ein grandioses Durcheinander. Manchmal ist es so still, als wären sie über Nacht verschwunden. Vögel, die den deutschen Winter nicht mehr aushalten konnten, zurück in Richtung Süden gezogen.

Einer sitzt dort, die dunklen Haarspitzen mit Gel gebändigt, Autoverkäufer, wartet und starrt, bis sein Handy klingelt und er sich meldet: Bäckerei für Integration, guten Tag. Riesiges Grinsen. Ein Raum voll Gelächter. Dann wechselt er die Sprache, den Ton. So ist das doch im Wedding. Nach und nach kommen die anderen, immer versetzt, nie alle zur selben Zeit.

Der Abend hier gehört den Männern, die dann Tavla spielen, Backgammon. Und es mit jedem neuen Zug besser wissen als am Tag zuvor. Ihre eigenen Nachrichtensprecher, immer auf Sendung. Drinnen hängen die Zeitungen. *BILD*, *BZ*, *Hürriyet*. Ihre Schlagzeilen in traurigem Schwarz, in schreiendem Rot, sie passen zur türkischen Seele. Melancholie und Wut, immer nah beieinander. Und darunter dann, unter den Schlagzeilen, sitzen die Männer und erklären sich die Welt, mal abwechselnd, meist jedoch alle gleichzeitig. Sprechen vor allem mit den Händen. Trinken Chai, den Tee, so schwarz wie ihr Humor. Das Glas zu 1,20 Euro.

Der Morgen gehört den Frauen. Frauen, die ihre Kinder in den Kindergarten und in die Schule gebracht haben und nun die erste Zigarette des Tages aus der Schachtel klopfen, aus den Mündern der anderen die Neuigkeiten des Viertels. Sie tauschen hier ihre Träume und wenn einer platzt, wischt Yasemin die Tränen vom Tisch. Sie ist eigentlich immer da, sitzt mit den Männern und mit den Frauen, sie macht da keinen Unterschied. Und wenn sich einer daran stößt, dann kann er mal eben woanders hingehen. Die Bäckerei, sie gehört ihr. Und zur Begrüßung reicht sie Selbstgebackenes wie ein Lächeln über ihre Theke aus Glas. Steht dort, macht Chai für die Männer und den Frauen über die Schulter Komplimente.

Yasemin, Fikret nennt sie Schwester. Abla. Can nennt sie Tante. Teyze. Ich nenne sie Yasemin. Von ihr habe ich gelernt, was es bedeutet, am Block dazuzugehören. Sie hat mir das erklärt, das Wort beigebracht, das auch ich seitdem bei mir trage. Sie hat es mir in mein Notizbuch geschrieben, in geschwungener Schrift. Mahalle. Es ist ihr ein wichtiges Wort, man braucht nicht viel mehr.

Mahalle, sagt Yasemin, bedeutet, man kümmert sich, man passt auf. Man ist einfach da für die Menschen hier. Was soll man auch machen, das sind die Menschen, die man jeden Tag sieht. Wie Spiegelbilder.

Die Bäckerei ist das Herz der Gegend, der zentrale Ort. Yasemin und die anderen, die hier im Schichtdienst arbeiten, weil die Bäckerei niemals schließt, sie helfen den Menschen durch den Tag. Trösten jene, die Trost suchen, und andere, die keine Arbeit finden können. Oder öffnen den Alten die Post. Und wenn es Briefe sind, dann lesen sie diese Briefe laut vor, Augen für jene, die kaum noch sehen können. Die Briefe vom Amt, die einige nicht verstehen. Die Briefe der Versicherungen und der Töchter, in denen es um das Leben geht und manchmal um den Tod.

Wer macht das sonst hier. Keiner.

Sie rufen beim Arzt an und vereinbaren Termine, Yasemin ist dann Dolmetscherin. Sie gibt den Menschen aus dem Haus ihre Sprache und damit auch ihre Stimme zurück. Und die Nachbarn, sie drücken Yasemin dafür ihren

Schlüssel in die Hand, wenn sie in den Urlaub fahren, hinterlegen Pakete, hin und wieder auch Geld.

Großes Vertrauen, sagt Yasemin.

Mahalle ist auch, wenn du drüben bist und Heimweh bekommst. Drüben bedeutet Türkei, Urlaub. Wenn ich drüben bin, sagt Yasemin, dann möchte ich irgendwann immer nach Hause. Und zuhause ist hier, die Familie, die Kreuzung, an der wir uns bewegen.

Zuhause ist Berlin.

Die Leute fragen sie ja ab und an, die Frau mit den schwarzen, schweren Locken. Bist du nun Türkin oder was biste? Und sie sagt immer: Ich bin Berlinerin. Wenn du so fragst, nach der Heimat, dann ist es nicht Deutschland, dann ist es nicht die Türkei, dann ist es Berlin. Da ist sie ausnahmsweise mal einer Meinung mit Fikret, das passiert nicht so oft. Aber auf die Hauptstadt, den Wedding vor allem, können sie sich dann doch immer einigen.

Fikret steht jetzt, er muss sich angeschlichen haben, in der Tür der Bäckerei. Yasemin, abla. Sie begrüßen sich mit schnellen Küssen auf die Wange. Er trägt zum Bart noch Melone, als würde der Bart für den großen Auftritt allein nicht reichen, und bestellt einen schnellen Tee, weil er gleich wieder losmuss, heute noch einen Auftrag irgendwo im Osten hat oder irgendwo im Westen, von hier aus macht das keinen Unterschied, von hier aus ist das alles Provinz. Orte, an denen die Menschen ihn anstarren, von allen guten Geistern verlassen. Im Nichts neben den Autobahnen, die Kennzeichen mehr als nur ein Buchstabe. Da fällt er auf, und genießt es. Auswärtssieg für den Wedding.

Wir sind Berliner, sagt Fikret, was soll man machen. Unter allen Schafen, die er kennt, die schwarzen. Unter allen Zungen, die bösen. Wir sind laut und albern rum, tanzen auf den Tischen und bieten uns selber das Du an. Immer, sagt er, wenn ich nach Westdeutschland fahre, bin ich der Vandale. Da verrät ihn das Nummernschild schon.

Dickes B, im Sommer tust du gut. Und im Winter fährt er damit wieder stolz runter nach Bayern.

Wichtig ist, sagt Fikret, dass man nicht alles so ernst nimmt. Nur die Hälfte ist hart, die andere immer der große Spaß dahinter. Der Schalk und die Nackenschelle. In diesem Sinne: gehabt euch wohl. Er lüpft die Melone, deutet eine Verbeugung an, klopft auf den Tisch und geht.

Yasemin schaut ihm hinterher. Schüttelt den Kopf, weiß ja auch, bald werden sie wieder streiten oder ihren Streit im Schweigen ersticken, einfach nichts sagen, bevor die Worte verheerend werden. Yasemin ist Alevitin, aber darüber werden wir an einem anderen Tag sprechen, noch gibt es dafür keinen Grund, noch hat die große Politik die kleine Bäckerei nicht erreicht.

Sie ist Alevitin und deshalb sieht sie die Dinge ein bisschen anders. Lockerer vielleicht auch. Und wenn sie über die Regeln sprechen soll, die in ihrer Bäckerei gelten, dann lacht sie verlegen, zündet sich draußen eine Zigarette an und zitiert tatsächlich aus dem Grundgesetz. Artikel 3, Absatz 3. Gegen die Willkür, bei ihr ganz praktisch. Du sollst, sagt Yasemin also, den Menschen nicht nach der Rasse oder der Religion beurteilen, sondern nach dem Menschen. Es ist doch egal, ob du Jude bist oder Christ. Deutscher oder Araber. Und deshalb darf hier auch jeder sitzen, solange er zahlt und die Gläser nicht stehen lässt.

Die Menschen hier sprechen also Türkisch, Arabisch, sie sprechen Deutsch. Sie haben gelernt, sich in all diesen Sprachen zu unterhalten, meist zur gleichen Zeit. Oğlum, ja klar! Mach mal langsam, Habibi. Darin liegt ihre Kunst. Versteht sich von selbst. Was einer hier weiß, wissen alle. Sie erinnern sich gemeinsam, weil sie ihre Geschichten teilen.

Wir, sagen sie, sitzen alle in einem Boot. Deuten auf das Haus, den Block.

Arche Noah, sagen die Frauen. Von jedem etwas. Türken, Araber. Aleviten, Sunniten, Schiiten. Kartoffeln, Oğlum. Schwarzköppe, Alter. Natürlich von allen mehr als zwei. Es ist ja ein großes Boot, so viele Türen. Und wenn einer reinkommt, dessen Mutter bald stirbt, Intensivstation, der die Frau hat gehen lassen und nicht mehr an der Liebe, dafür aber am Schnaps hängt, dann wissen das die Männer, und die Frauen wissen es auch. Und er darf den Stuhl heranziehen und erzählen. Nur den Schnaps, das weiß er, den trinkt er draußen.

Wer also Gesellschaft haben möchte, ist gerade richtig hier. Und wer lieber in seinen Kaffee schweigen möchte, genauso willkommen. So ist das im Wedding, jeder nach seiner Faßong. Man kann deshalb ganz wunderbar vor Yasemins Bäckerei sitzen und den Menschen beim Eintreffen und Vorbeiziehen zuschauen. Es sind ja tatsächlich Menschen, die aus allen, so sagt man wohl, Himmelsrichtungen in den Wedding gekommen sind. Und die sich wohl selbst in der Türkei nie begegnet wären. Die einen aus Anatolien, Hirten aus den Bergen, die anderen von der Schwarzmeerküste, die einen aus Istanbul, die anderen aus Ankara. Und wieder andere aus den Ländern, die dahinter liegen oder darunter.

Am letzten der Tische und meist ganz still sitzt ein Pakistani, der statt Tee lieber Kaffee ohne Zucker trinkt und zügig Zigaretten raucht, er hat eine Deutsche geheiratet, aber man sieht die beiden eher selten gemeinsam. Am Tisch daneben lehnt ein Palästinenser über dem Display seines Telefons, auf dem er alte Filme aus der Heimat schaut, natürlich ohne Kopfhörer. Alle anderen damit auch Publikum. Er schaut nur hoch, wenn der Ton bricht, die Internetverbindung hängt, wenn mit dem Bild auch die Erinnerungen einfrieren oder wenn die Straße in Bewegung gerät. Hin und wieder sitzt noch ein anderer am Tisch des Palästinensers, und obwohl sie sich mehr als nur eine Sprache teilen, wechseln sie kaum ein Wort. Der andere, er liest dann in einem seiner schweren Bücher oder schaut über die Kreuzung hinweg, mit schweren Augen, als wäre er gerade der Enge des Viertels oder des Leidens der Welt gewahr geworden. Der andere, sein Name ist Ahmed. Er wohnt im fünften Stock, mit seiner Frau und der gemeinsamen Tochter. Ahmed kommt aus Ägypten, wo seine Frau zu einer sudanesischen Minderheit gehörte. Beide sind Akademiker. Und Ägypten ist derzeit nicht der beste Ort, um Akademiker zu sein. Ahmed und seine Frau, sie haben noch mal eine ganz andere Biographie, eine, die nicht unbedingt zu den übrigen passt, hier am Block. Aber mit ihrem Namen, der ja ebenfalls aus Ägypten stammt, ist es nicht so einfach, woanders eine Wohnung zu bekommen. So haben die beiden erst sehr lange sehr viel Bewerbungen eingereicht und sich schließlich doch auf den Wedding einlassen müssen. Seit einiger Zeit nun suchen sie einen Arabischkurs für die Tochter. Einen jedoch, der nicht an die Koranschule gebunden ist. Ahmed und seine Frau glauben anders. Was, wie der Name, gleich alles viel komplizierter macht.

Ahmed fährt seine Tochter auf einem alten Damenrad durch das Viertel, und am Nachmittag quält er sich langsam den Humboldthain hinauf, rollt rechts am Park vorbei und sendet dann, über die großen weißen Satellitenschüsseln auf dem Dach der *Deutschen Welle*, die Nachrichten des Tages in das Land seiner Herkunft.

Ganz vorn, am ersten Tisch, sitzt Lela mit ihren Eltern. Sie ist hier geboren, 1972, aufgewachsen, eine echte Berliner Göre, sagt sie. Wie die Omma im zweiten Stock, Frau Kullack. Sie könnten sicher Vokabeln tauschen, mal pampich, mal völlig meschugge, aber Hauptsache, du machst keine Fisimatenten. Wenn Lela spricht, sitzt der alte Wedding wieder mit am Tisch, schimmert immer auch der Dialekt des Vaters durch, das Westfälische, das dem Berlinerischen im Humor und in der Härte ja sehr nahe ist. In

Westdeutschland, sagt Lela, rede ich wie die Westdeutschen. Hier wie die Berliner. Und in der Türkei habe ich gleich die Kodderschnauze der Türken. So einfach ist das. Ich kann mich da anpassen. Lela also sagt Vattern und Muttern. Hat sich so festgesetzt. Einjeschleift.

Vattern und Muttern jedenfalls kommen, da kannst du die Uhr nach stellen, an jedem Morgen um neun und an jedem Nachmittag um vier mit dem Auto, einem alten Mercedes, 230 C, Champagner. Unten an den Türen schon der Rost, fährt immer noch zuverlässig, sagt Vattern. Und Muttern sagt nichts, raucht. Sie verstehen sich, deshalb schweigen sie meist, die gemeinsamen Worte über die Jahre ausgesprochen, die wirklich wichtigen Gespräche bereits geführt. Ein langes Leben hinter sich. Er geboren in Bad Oeynhausen, sie geboren in der Türkei.

Sie haben sich in den Sechzigerjahren kennen gelernt, da waren gerade die ersten Türken nach Bad Oeynhausen gekommen, am Anbruch einer irgendwie neuen Zeit, die fremden Gesichter, sie erzählten davon. Die Türken in Bad Oeynhausen, viele waren es nicht, wurden überwiegend in der örtlichen Schuhfabrik angestellt. Bald kamen dann die Italiener und die Griechen. Da waren sie, Vattern und Muttern, schon weg, schon unterwegs nach Berlin.

Und Hans, so heißt Vattern in echt, westfälischer Junge, hat dann der Liebe wegen begonnen, Türkisch zu lernen, die Worte bis heute behalten. Er und seine Frau, sie können in zwei Sprachen schweigen.

In Berlin hatten sie bald Arbeit gefunden und wollten ebenso bald heiraten. Aber das ging nicht so einfach. Um heiraten zu dürfen, mussten sie erst einmal nach Köln, drei Tage lang, zum türkischen Konsulat. Das war damals noch alles anders, sagt Hans. Mussten dort auf einen Brief warten, der aus dem Geburtsort der möglichen Braut über Ankara nach Köln geschickt wurde, darin eine Bescheinigung, dass sie nicht schon in der Türkei eine Ehe geführt, dort keine Kinder geboren hatte. Als das erledigt war, blieben sie noch ein bisschen und schauten sich den Dom an, gingen am Rhein spazieren. Da war das, sagt Vattern, noch nicht Kleinistanbul. Da war seine Frau noch die einzige Türkin. Zurück in Berlin, feierten sie dann Hochzeit, Juni 1966. Und da war dann auch klar, dass wir hier bleiben, sagt er. Und seine Frau nickt. Die einzige Türkin, 50 Jahre her. Das kann sich an dieser Ecke im Wedding außer Frau Kullack niemand mehr vorstellen.

Heute sind die Gesichter, die von einer anderen Heimat erzählen, hier Alltag, sie bestimmen den Rhythmus der Ecke. Sie erzählen ihre Geschichten. In den Schlagzeilen der Zeitungen in der Auslage, über den Köpfen der Männer, geht es in jenen Tagen meist um die Menschen, die jetzt kommen. Flüchtlinge. An der Ecke leben die Menschen, die schon da sind. Manche in der zweiten, andere sogar in der dritten Generation. Und die gerade wieder merken, dass ein deutscher Pass allein nicht ankommen bedeutet. Angela Merkel, sagen die Leute an der Bäckerei, war noch nie hier. Dafür kommt jetzt montags immer die Bärgida, der Fackelzug der Armleuchter, zieht auch an der Bäckerei vorbei. Wir sind das Volk, im Wedding ein Echo. Und draußen sitzen die Männer und immer fragt einer, das haben sie sich angewöhnt, und was sind wir? Dann lachen sie und bestellen noch einen Tee.

Dann ist es Acht. Und der Ivan kommt. Schichtbeginn. Merhaba, Ivan. Von den Männern begrüßt. Ein junger Mann, der aus Moldawien stammt, in dessen Adern aber türkisches Blut fließt. Das zumindest sagt Fikret, jedes Mal. Kann man schließlich gut sehen, die Adern. Der Ivan hat Arme wie ein Möbelpacker, er passt am Abend auf die Bäckerei auf. Der Türsteher der Mahalle.

Und oben hinter ihrem Fenster, am Ende eines langen Tages, draußen noch Schemen, drinnen schon Licht, sitzt Frau Kullack und macht sich noch mal so ihre Gedanken,

Seele des Hauses. Denkt bisschen lauter, weil hinten der Fernseher rauscht. Sie hat da jetzt noch ein paar Sätze übrig. Es ist schließlich immer noch ihr Viertel, Weddinger Pflanze, die Wurzeln so weit zurück.

Wissense, sagt also Frau Kullack, es gibt in diesem Haus viele Wohnungen, bei denen Hartz IV die Miete bezahlt. Aber hier blickt trotzdem niemand von oben herab, egal aus welchem Stock er auf die Welt schaut. Weil alle dieselben Probleme haben, dieselben Nöte und Ängste. Der Hartz-IV-Satz ist doch derselbe, egal ob du Christ bist oder Muslim. Türke oder Deutscher. Dieses Gefühl, etwas Besseres zu sein als der Nachbar, das gibt es hier nicht. Im Haus, sagt sie, zählt vor allem der Mensch und so behandeln wir uns auch. Achten aufeinander, schauen genau hin. Mahalle, Frau Kullack nennt es Nachbarschaft.

Das hier, sagt sie schließlich, ist gelebtes Multikulti, ohne dass es jemand so benennen würde.

So ist das doch im Wedding, man hilft sich halt. Die Nachbarn ihr, sie den Nachbarn im ganzen Viertel. Frau Kullack, die ihr Leben lang für die BfA gearbeitet hat, bietet noch immer eine Rentenberatung an für die Menschen aus dem Wedding. Ehrenamtlich.

Oft und in letzter Zeit immer öfter sitzen die Frauen des Viertels vor ihrem Schreibtisch, vor den Anträgen, junge muslimische Frauen, aus dem Libanon, der Türkei, kennen sich nicht aus mit der Bürokratie, mit Deutschland. Einige können nicht lesen. Frau Kullack hilft ihnen dann, geht das noch mal in Ruhe durch. Hört ihnen zu. Geht ja gar nicht anders. Ihr Name, aus Masuren, klingt für die Türken vertraut. Ein Zufall. Kulak ist Türkisch, Kulak bedeutet Ohr. So ist das im Wedding. Das Ohr, Kulak, zur Straße, die Augen überall.

Hundert Fenster zum Hof, hinaus in die Welt.

Betonköpfe

Gewachsen auf Beton steht dort, auf der Brandmauer über der Kreuzung, an der die Pankstraße auf die Badstraße trifft, Kernwedding. Darunter ein Matratzenladen, ein arabischer Imbiss, Leuchtreklamen. Über dem Schriftzug die Köpfe der Jungs, die hier gewachsen sind, auf diesem Beton, einem Boden also, der härter ist als der Boden woanders. Beton heißt ja, dass es gleich richtig eklig wird. Wenn du fällst.

Drei Brüder wurden dort an die Wand gemalt. Sie alle haben denselben Vater, sie kommen von hier. Ihre Wege haben sich vor Jahren schon getrennt. Sie alle tragen noch immer denselben Nachnamen. Boateng, schwarz auf Mauer. Und es ist nun mal so, dass man Boateng gar nicht ohne Beton schreiben kann.

Ein paar Meter nur von hier steht der Platz, auf dem die Brüder, George und Jérôme und Kevin-Prince, zwischen sechs Holzstreben, ihren Toren zur Welt, das Spiel gelernt haben. Das Talent in den Füßen, es hat zwei von ihnen zu Stars gemacht. Der Platz, Käfig sagen sie hier, ist ein Ort aus Maschendraht und jenem Beton, auf dem Blumen blühen, die keinen Rasen brauchen, schon gar keinen künstlichen. Darüber spannt sich ein grüner Himmel aus Nylonseilen, der das Sonnenlicht filtert, weshalb der Platz immer gleich nach Dschungel aussieht. Es ist ein Ort, unbarmherzig und ehrlich, der keinen Fehler verzeiht.

George, der älteste von ihnen, ist immer noch hier. Sitzt an der Ecke am Dönerladen, tauscht breite Gesten mit noch breiteren Freunden. Er ist hier an der Panke, dem Fluss, ein Weltstar. Weddinger Junge, geblieben. George hat früher mal Kampfhunde gezüchtet und ist heute tatsächlich Rapper, einer, der im Takt der Straße wippt. Nennt sich BTNG, als hätte er die restlichen Buchstaben im Kampf verloren. Es ist ein löchriger Name, brüchig. Kopf, Stein, Pflaster. Der Wedding ist eben kein Ort für Vokale. Berlin heißt hier ja auch BLN, weil Abkürzungen den schnellsten Weg hier raus versprechen und gleichzeitig vom Stolz erzählen, nicht raus zu müssen.

Im Video zu seiner ersten Single, *Gewachsen auf Beton*, hetzt der Mann ohne Vokale atemlos durch den Humboldthain, durch das Dickicht der Dealer, mit denen er natürlich per Du ist. Und dann, anderes Szenenbild, harter Schnitt, steht er oben auf dem Dach des Dönerladens vor seinem eigenen Graffitigesicht und presst seinen Refrain in den Weddinger Himmel, Heldengeschichten. Der Fels in der Brandung, von Wellen geschliffen. Er war wohl der talentierteste der drei Brüder, so hat es mir sein ehemaliger Trainer einmal erzählt, der ihn in der Jugend von Tennis Borussia Berlin betreuen durfte, aber da hat dann, so heißt es ja immer, etwas im Kopf gefehlt.

George Boateng hat dem deutschen Fußball jedoch zwei der besten Geschichten seiner jüngeren Vergangenheit geschenkt, weil er seine Brüder, die nur halbe sind, und noch Kinder waren, einst an die Hand genommen hat, um sie in den Dschungel zu führen. Er hat daraus Zeilen geformt. Ein Bruder, rappt er vor der Brandmauer, wird zum Vater für seine Geschwister. Kevin-Prince und Jérôme.

Ich habe einen Barbier im Wedding, an der Brunnenstraße, der ist so alt wie George Boateng, sie haben früher gemeinsam gespielt, immer im Käfig. Im Laden des Barbiers nun gibt es zwei große Themen: Bärte und Fußball. Während oben in der Ecke der Fernseher türkischen Pop in den Raum spuckt, in einer Lautstärke, als müssten die Hochglanzchansonniers gegen den deutschgrauen Alltag ansingen, werden die Spiele des Wochenendes verhandelt, Wettquoten, Fehlpässe. Einmal saß ich dort, am Tag nach einer Champions-League-Nacht, und der Barbier erzählte mir, wie er und George, die Großen also, den Kleinen die Tricks beigebracht haben, mit der Hacke hinter dem Standbein, Übersteiger. Zirkusnummern, die verhindern, dass du im Käfig, dieser Manege der Angeber, am Ende der Clown bist.

Am Abend zuvor hatten er und die anderen, George war wohl auch da, dem Kevin, dem Prinzen, dabei zugesehen, wie er mit dem AC Mailand gegen den FC Barcelona spielte. Da läuft plötzlich einer von uns, sagte der Barbier, neben Messi. Und sie spielen die Hymne und der Kommentator sagt seinen Namen: Boateng. Gänsehaut, sagte der Barbier. Ich schwöre es dir. Und dann erzählte er von diesem Tor, das ja alle gesehen hatten, aber weil so ein Barbier ein Jungsladen ist und der gute Move hier den guten Ton ersetzt, tanzte er dieses Tor in seinen Salon und die anderen nickten dazu. Schwarzbärtige Zustimmung. Ja, so war das. Anerkennung und Erinnerungsschwelgen. Wenn die Männer im Barbier, im Wedding von einem von hier erzählen, der plötzlich einer von dort ist, aus dem Fernsehen, dann schwingt ja auch immer die verpasste Chance mit, der Zweikampf mit dem Konjunktiv. Das da im Fernsehen hätten schließlich, bisschen mehr Glück, bisschen weniger Verletzung, auch sie selbst sein können, gewachsen auf Beton.

Der Kevin machte, so der Tanz des Barbiers, dieses unfassbare Ding mit der Hacke. Nahm den Ball im vollen Lauf an, um ihn sofort, ansatzlos, durch die Beine des Gegners zu spielen, was ja, egal ob Champions League oder Käfig, immer gleich die größte Demütigung ist, dann schoss er ihn hinein ins katalanische Herz und schlug sich auf seines. Die Jungs auf der Couch haben sich danach die Wiederholung angeschaut, immer wieder. Waren, das kann man so sagen, aus dem Häuschen. Gibt es auch auf Youtube, sagte einer, schau nach. Und wieder nickten sie.

Das, sagte der Barbier, hat er von uns gelernt. Tausendmal geübt, ich schwöre es dir. Und plötzlich zeigte der Prince der Welt, was der Wedding kann, und der Wedding war von Mailand, war vom Flutlicht Europas, nur noch einen Hackentrick weit entfernt. Es war ihre beste Geschichte, dann war der Tanz vorüber und es ging wieder um Bärte.

Stolz und Respekt, das sind die Einheiten, in denen im Wedding die Zuneigung gemessen wird. Vor George haben die Jungs, beim Barbier, auf der Straße Respekt, den Kevin bewundern die Jüngeren, wegen der Zauberhacke und seinen Frisuren, richtig stolz sind sie auf Jérôme. Er ist die größte Erfolgsgeschichte, einer von ihnen, der ganz in echt das Trikot der Nationalmannschaft trägt, kein nachgemachtes vom Wochenmarkt am Leopoldplatz. Da macht es auch nichts, dass er eigentlich im gutbürgerlichen Wilmersdorf aufgewachsen ist, den Fußball, den hat er ja von hier.

Und es ist nun mal so, dass die Geschichte dieser drei Brüder auch gleich von den Möglichkeiten und Unmöglichkeiten des Aufstiegs erzählt, von den verschiedenen Chancen, die man hat, wenn das Leben auf Beton beginnt, zwischen den Häuserschluchten. Wenn die Leute dahin kommen, wo wir aufgewachsen sind, hat Kevin-Prince einmal gesagt, werden sie sehen: Entweder du wirst Gangster und Drogendealer. Oder eben Fußballspieler!

George Boateng saß irgendwann im Gefängnis, er hat sich am Leben durchaus die Zähne ausgebissen, davon handelt nun seine Musik. Er ist ein Außenseiter geblieben, einer, dem die Straße anhaftet. Kevin-Prince hingegen hat es bis in die Champions League geschafft und sein Talent doch verschleudert. Er hatte ja alles, um der Posterboy eines neuen Deutschlands zu werden. Er aber, zu viel Hitze im Kopf, wurde eher dessen Antithese.

Es gibt da diese Geschichte, dass er als Kind den Ball mit Gummistiefeln besser beherrschen konnte als andere

Kinder mit den Händen, mit der Hacke hinter dem Rücken über den Kopf. Den Okocha, nennen sie das hier. Ganz easy. Ich schwöre es dir. Es gibt da dieses Tor gegen Barcelona. Unfassbare Szenen. Bleiben aber wird von Boateng das Foul, mit dem er Michael Ballacks Karriere beim DFB beendete. So richtig hat das mit ihm und Deutschland am Ende deshalb nicht geklappt. Weshalb er schließlich, immer wütend, immer missverstanden, das Trikot mit dem Adler gegen das der Heimat seines Vaters tauschte, um 2010 in Südafrika das ghanaische Team als Kapitän aufs Feld zu führen, plötzlich Anführer und Hoffnung eines Landes, das er zuvor nie besucht hatte, das ihm im Grunde fremd war. Und doch näher als eine Heimat, die ihn nicht verstehen wollte.

Kevin-Prince Boateng beherrscht fünf Sprachen, er durfte vor der UNO über Rassismus sprechen, ein Botschafter seines Sports und seiner Hautfarbe auch, seit er in Italien einen Spielabbruch organisierte, weil es von den Rängen unaufhörlich Negerschmähungen geregnet hatte. In Deutschland blieb das Stigma. Das hat er mit seinem Bruder George gemein, das Ghetto, die Straße, das wirst du nicht los. Er war dann doch zu böse für ein gutes Ende. Zu sehr Wedding, zu viel Beton.

Jérôme aber, der jüngste Bruder, der stillste wohl auch, ist im Juli 2014 Weltmeister geworden. Mit Deutschland. Die Heldengeschichte aus dem Wedding. Mehr als Weltmeister geht schließlich nicht. So ein Hackentrick ist immer nur die Schönheit des Moments, vergänglich, Weltmeister bist du für immer.

Seitdem ist Jérôme Boateng, neben Mesut Özil und Sami Khedira, das Gesicht eines anderen Deutschlands. Eines Deutschlands, das der Manager Michael Ballacks einmal als tänzelnd, schwul beschrieben und damit eine seltsame Urangst vor dem Fremden offenbart hatte. Eine Stimme aus einer anderen Zeit. Es hat ja tatsächlich gedauert, bis der gesellschaftliche Wandel, die Alltagsbilder also aus den Straßen im Berliner Wedding, in Duisburg-Marxloh oder in Böblingen auch in der Nationalmannschaft ankommen durften. Anders als etwa in Frankreich oder Holland, wo dunkelhäutige Spieler oder jene aus dem Maghreb seit Jahren schon zur Aufstellung gehören.

1998, als die Franzosen Weltmeister wurden, köpfte sie ein Junge aus Castellane, einem Vorort von Marseille, zum Sieg gegen Brasilien. Ein Junge, aufgewachsen in einem Viertel, das tatsächlich nur zwei Karrieren zulässt. Dealer oder Fußballer, die Pille entweder in der Hand oder am Fuß. Ein Junge, dessen Eltern aus Algerien stammen, Wurzeln in einem anderen Land. Zinedine Zidane. Sechzehn Jahre später im Finale gegen Argentinien, das vor allem zwei Helden kennt, den blutenden Schweinsteiger und den fliegenden Götze, war Jérôme Boateng, der Sohn eines Ghanaers, der beste Mann auf dem Platz, der Chef, der Herr der Pässe. Am Ende trug er die goldene Medaille über dem Adler auf der Brust, glänzend im Schweiß der Nacht.

Ich war damals in Rio und habe erlebt, wie sehr die Brasilianer diesen Boateng das ganze Turnier über verehrten, weil er sie an die ganz Großen erinnerte, die Hünen ganz hinten, an Júlio César, an Juan, schwarze Jungs aus den Favelas. Und nun war da der Junge aus Deutschland, von dem sie nicht viel mehr kannten als seine Herkunft, die Heimat seines Spiels. Der Wedding, aus brasilianischer Sicht war das die Favela Berlins und Jérôme Boateng auch dort einer von ihnen. In Deutschland wurde seine Leistung eher beiläufig zur Kenntnis genommen. Absolute Normalität. Und das ist vielleicht auch eine Geschichte dieses Finales, die gute Nachricht: Ein dunkelhäutiger Held, das war im Grunde keine Schlagzeile mehr wert. Über Boateng, seine Herkunft und Hautfarbe, musste man eigentlich nicht mehr reden. Dachte man.

Bis im Sommer 2016, zwei Jahre später, die *Frankfurter*

Allgemeine Sonntagszeitung jenen Satz des AfD-Politikers Alexander Gauland veröffentlichte, der, kaum ausgesprochen, ein Eigenleben entwickelte, durch das Land fuhr. Die Leute, hatte Gauland über Boateng gesagt, finden ihn als Fußballspieler gut. Aber sie wollen einen Boateng nicht als Nachbarn haben.

Später versuchte er, sich bei *Anne Will* noch zu retten. Weil er doch gar nicht gewusst habe, dass Boateng farbig sei. Zu diesem Zeitpunkt wusste man ja längst, welche Farbe die Gedanken Alexander Gaulands haben, und ohnehin war dieser Satz da bereits einmal durch die Gegenwart gerauscht, einmal durch das Internet gezogen worden. Auf Twitter entstand der trotzige Hashtag #boatengsnachbar. Gauland, der alte Mann in Tweed, verhöhnt mit jedem neuen Tweet.

Eine Berliner Boulevardzeitung veröffentlichte kurz darauf ein Klingeltableau, auf dem die Namen all derer standen, die gern neben Boateng wohnen würden. Sportler, Schauspieler, Politiker. Für Boateng zu sein, wurde zum Statement. Gegen die AfD, den neuen Rassismus. Und aus Jérôme Boateng, dem Weltmeister aus dem Wedding, war in wenigen Tagen eine politische Figur geworden. Das allein hätte ja gereicht. Dann aber kam zur Politik noch der Sport hinzu. Dann begann die Europameisterschaft in Frankreich und Boateng turnte im ersten Spiel gegen die Ukraine einen unmöglichen Ball von der Linie, ein Akrobat im Flug, ein Kunstwerk in die Nacht von Lille getanzt. Danach lag er in den Maschen und wieder jubelte das Netz, war doch diese Einlage nur ein weiterer Beweis dafür, wie sehr dieses Deutschland einen wie Boateng brauchte. Der gute Nachbar hatte ein Bild erschaffen, das nun neben dem Gauland-Satz im Internet hing.

Im Halbfinale schließlich verletzte er sich und auch deshalb gab es kein neues Sommermärchen für die deutsche Nationalmannschaft. Sein Sommer begann danach erst so richtig. Im August wurde er ins Kanzleramt eingeladen, für ein Interview mit Angela Merkel. Sie stellte die Fragen. Und nannte ihn dann Jeromy. Was jedoch auch nicht weiter schlimm war, so ein Name aus Ghana, das ist eben immer noch Neuland. Und Anfang September schließlich wurde Boateng vom Regierenden Bürgermeister Michael Müller in Berlin der Moses-Mendelssohn-Preis verliehen, für besonderes soziales Engagement. Es waren Wochen, in denen er den Eindruck erweckte, er könne bei Bedarf auch über Wasser gehen. Alexander Gauland, daheim auf seinem Potsdamer Seegrundstück, dürfte dies mit Sorge zur Kenntnis genommen haben.

Und schließlich, am Ende dieses Sommers, nach dem Abschied von Bastian Schweinsteiger, stand die Frage im Raum, ob dieser Boateng, Symbol und Sympathieträger, nicht auch gleich der neue Kapitän der Nationalelf werden sollte. Auch das, dieses Amt, ein Statement. Er wurde es dann nicht, weil hinter ihm noch Manuel Neuer steht, der Deutschen wirklich liebster Nachbar. Aber es war eine großartige Geschichte, dass überhaupt darüber gesprochen wurde. Denn Jérôme Boateng wäre der erste farbige Kapitän der Nationalmannschaft gewesen. Uns Jérôme, ein Kaiser aus Ghana.

Es ist jedoch noch gar nicht so lange her, da wäre genau das undenkbar gewesen. Da war der Schwarze im weißen Trikot noch exotische Ausnahme, nicht gefeiert, eher geduldet. Kritisch beäugt durch die noch sehr dicken Flaschenbodengläser eines Deutschtums, das eher Augen für die Gegenwart hatte als Träume für die Zukunft. Der Krieg war kalt und Helmut Kohl gerade Kanzler geworden. Und die Männer, denen die deutschen Herzen gehörten, hießen tatsächlich noch Kalle oder Jürgen oder Lothar. Vornamen wie Schnauzbärte, Spitznamen wie die Frisuren und die Taktik, vorne kurz, hinten lang.

Was machte einer zu jener Zeit, der Hautfarbe und Haarpracht des Vaters aber die Sprache der Mutter geerbt hatte, der zum Namen des Großvaters stolz seinen Afro trug, einer also, der kaum zu vereinbaren war mit diesen Achtzigerjahren, diesem Saumagenjahrzehnt.

Ich möchte genau das herausfinden und deshalb fahre ich an einem Tag im Frühjahr vom Bahnhof Gesundbrunnen aus nach Bayern.

Dort wohnt Jimmy Hartwig, vor dreißig Jahren Weltstar in Hamburg und nach Erwin Kostedde der zweite farbige Spieler in der Nationalmannschaft. Gewachsen auf einem ganz anderen Beton, im Gastarbeiterviertel von Offenbach. Auch das ein hartes Pflaster, Kopfbälle auf Steinplätzen. Um zu Jimmy Hartwig zu gelangen, muss ich über die Dörfer. Sie klingen wie die Wahlkampfstationen Edmund Stoibers, als er noch große Politik machen wollte, oder wie die Trainerstationen Klaus Augenthalers nachdem ihn der große Sport bereits vergessen hatte.

Unterpfaffenhofen

Geisenbrunn

Neugilching

Was ja nicht einfach nur Bayern ist, sondern so sehr Bayern, dass es gleich Oberbayern heißt. Das hier ist Festzeltdeutschland, Überlanddeutschland, vergisst man ja von Berlin aus immer, dass es das auch noch gibt. Zweigleisige Bahnhöfe, eingleisige Ansichten. Am Bahndamm die Lächelgesichter und Dirndlerotik der CSU-Plakate, Seehoferkernland. Aber auch Idyllenbayern. Ein Land, in dem es nur an jenen Tagen Wirtschaftskrisen gibt, an denen die Wirtschaft geschlossen hat.

Irgendwann hält die Bahn und es geht mit dem Bus weiter. Und wir merken uns, Provinzwahrheit: Je langsamer das Verkehrsmittel, umso näher das Ziel. Dieses Land hat auch ein ganz anderes Licht. Ein Leuchten über schwungvollen Brezeln über geschmückten Türen. Nächster Halt: Etterschlag Am Anger. Das gibt es sicher auch als Süßspeise.

Draußen also Speisekartendörfer, der Himmel leuchtend im Freistaatmuster, strahlend blau und weiß. Und drinnen im Bus laufen die kommenden Stationen über einen Bildschirm, laufen dort auch, ein Spruchband darunter, die Eilmeldungen aus den Agenturen: *Drei weitere Festnahmen in Brüssel. Mehrere hundert Flüchtlinge verlassen das Lager in Idomeni.* Es sind hier, mitten in Bayern, auf dem Land, erst einmal Nachrichten aus einer anderen Welt. Weit weg.

Bis der Bus hält, Inning am Ammersee, und dort Jimmy Hartwig steht. Da rückt mit einem Mal alles zusammen, ist es ganz nah. Idomeni am Ammersee, Jimmy Hartwig trainiert hier in dieser Kleinstadt eine Flüchtlingsmannschaft. Und empfängt mich in Deutschlandtrikot und Deutschlandtrainingsanzug. Er durfte ja nur zwei Länderspiele bestreiten, wegen Rassismus, sagt er. Das nagt bis heute an ihm. Deshalb hat Jimmy Hartwig sein ganzes Leben zu einem Länderspiel gemacht.

Ich habe ihn vor einigen Jahren in Leipzig kennengelernt, als er am damaligen Centraltheater den Woyzeck gab. Regie führte damals Thomas Thieme, der als Schauspieler schon Helmut Kohl und in *Das Leben der anderen* DDR-Kulturminister war. 2002 konnte er Hartwig, den es nach dem Ende seiner aktiven Karriere bald ins Fernsehen gezogen hatte, wo er im DSF ein paar Fußballshows wegmoderierte, für seine Inszenierung von Brechts *Baal* in Weimar gewinnen. Seitdem steht er auf der Bühne, spielt große Stoffe, spielt bis zur Erschöpfung, und dann darüber hinaus.

Damals traf ich einen Mann im Schweiß seiner nächsten Neuerfindung. Hartwig hatte gerade erst den Krebs besiegt und war, um seine Krankenhausrechnung bezahlen zu können, in den RTL-Dschungel gegangen. Also erst dem Tod und dann der Hölle ziemlich nahe gekommen, beides hatte Spuren hinterlassen. Nun also Büchner, die

Ohnmacht des Idioten. Und Hartwig kam direkt von der Bühne, die schweren Stiefel noch an den Füßen, der Ballast des Soldaten, das weiße Hemd durchsichtig von der Anstrengung, er tropfte auf die Kacheln der Kantine, dann begann er zu erzählen.

Er wollte es damals allen beweisen, den Kritikern vor allem, den Theatermenschen und Intellektuellen, die nicht glauben wollten, dass ein Fußballer das kann: Dort auf der Bühne das Spiel mit Anstand über die Zeit bringen. Es gab in jenen Tagen im Grunde nur zwei Männer, die an Jimmy Hartwig glaubten. Thomas Thieme. Und Jimmy Hartwig.

Er hat die Kraft eines Stieres und die Seele eines kleinen Jungen, sagte Thomas Thieme. Ich spiele um mein Leben, sagte Jimmy Hartwig.

Viel eher spielte er auch dort, in Leipzig, im Hemd und in den Stiefeln des Woyzeck gegen all die Zweifel und Zweifler an, die ihn schon sein ganzes Leben begleiteten und die er überall und jederzeit in seinem Rücken vermutete, die Heckenschützen seiner Biographie.

Er bekam für den Woyzeck schließlich gute Kritiken. Das war ihm wichtig. Er nimmt das persönlich, trägt keinen Schutzschild. Jimmy Hartwig ist verletzlich geblieben. Auf der Bühne, auf dem Platz, weil er dort immer seine eigene Geschichte aufführt. Dieses Leben, das er erst einmal bezwingen musste, ein kleiner Junge im Kampf mit einem wütenden Stier.

Ein deutsches Leben, hatte die *Thüringische Allgemeine* das einmal genannt. Ein Leben, in dem sich tatsächlich unsere Geschichte spiegelt, unsere Vorurteile und Abneigungen. Eine Kindheit, in der er erst einmal nichts zu suchen hatte, nicht dazugehören durfte. In der er sich rechtfertigen musste, dafür, dass er da ist, dass es ihn überhaupt gibt. Es ist das Motiv, das sich durch all seine Erzählungen und Aufführungen zieht. Nicht mitmachen dürfen, Randfigur, Vollidiot.

Und jeder Tag begann mit einer Ohrfeige. Hartwig läuft nun durch die Gassen von Inning, immer noch ein Mann wie ein Zweikampf, ein gewaltiger Typ, der aber mit einem freundlichen Gruß, beiläufig über den Zaun geworfen, jedes Grobe beiseitewischt. Jimmy Hartwig umarmt mit seiner Stimme, da hilft ihm der Dialekt. Dieses Bembelhessische, Äppelwoideutsche, das immer so harmlos humpelnd daherkommt. Das hat er nie abgelegt, er trägt die Heimat im Zwerchfell.

Das Blechbüchsenviertel in Offenbach. Kirschenallee, sagt er. Da wussten die Leute immer gleich, woher du kommst. Wussten, was du für einer bist. Der Stempel im Gesicht. Er ist dort als Sohn einer Deutschen und eines schwarzen GI zur Welt gekommen, 5. Oktober 1954.

Drei Monate nachdem Deutschland in Bern zum ersten Mal Weltmeister geworden war, Rahn aus dem Hintergrund geschossen hatte. Hineingeboren also in ein Land, das im Angesicht seiner neuen Wunder, im Fußball und in der Wirtschaft, auch ein neues Selbstvertrauen entwickelte, zu sich selbst zu finden schien. Fritz Walter und Ludwig Erhard waren die Väter, Zigarre und Pokal die Insignien einer neuen Zeit. Und bei Jimmy Hartwig daheim saß der Großvater und konnte das alles nicht glauben. Saß dort und trauerte dem Führer hinterher. Er hatte den Hass hinübergerettet in ein neues Jahrzehnt, einen braunen Höllenhund, den er im Stechschritt Gassi führte und, wann immer er konnte, von der Leine ließ. Auf seinen Enkel hetzte.

Der Großvater, sagt Hartwig, war ein richtiger Nazi. Mit Parteiabzeichen, bei der Wehrmacht, Marine. Die Dönitzabteilung. Ich habe ja die Hakenkreuze gesehen, in seinem Zimmer. Die Orden, den Stolz. Sie lebten damals, er, die Mutter und der Großvater, auf engstem Raum. Dort war es unmöglich zu entkommen.

Jeden Morgen musste Jimmy Hartwig antreten zur

Pflichtohrfeige. Ein schallender Appell, zur Erinnerung daran, nichts wert zu sein, ein Niemand nur. Der Großvater schlug ihm ins Gesicht, bis ihm das Blut über die Oberlippe lief. Geh weg, sagte der alte Mann, du Bastard. Du gehörst hier nicht her.

Hartwig spricht nicht oft über den Großvater, aber wenn er es doch tut, wird die Stimme brüchig, leiser. Ungewohnt fast, weil aus dem Mann ein Kind wird. Meine größte Herausforderung war es, sagt er nun, gegen meinen Großvater zu bestehen. Ein ungleicher Kampf, die erste Ungerechtigkeit. Jede Ohrfeige auch ein Frontalzusammenstoß mit der deutschen Geschichte, vierzehn Jahre nach dem Ende des Krieges. Das ist, sagt er, natürlich auch mein Deutschland gewesen. Mit einem Großvater, der immer dachte, der Adolf kommt da vorn gleich wieder um die Ecke.

Er selbst, der Jimmy, dieses Kind eines Schwarzen, braune Haut, krauses Haar, muss deshalb auch die denkbar größte Beleidigung für den Großvater gewesen sein. Ein fünfjähriger Mulatte statt eines tausendjährigen Reiches.

Und draußen auf der Straße saßen ähnliche alte Männer, Kriegsheimkehrer wie der Großvater, Veteranen des eigenen Irrsinns, die großdeutschen Zerrbilder noch sauber in der Brieftasche, Philatelisten des einstigen Größenwahns. Die Nachbarn, sagt Jimmy Hartwig, standen da, auf dem Gehsteig vor dem kleinen Lebensmittelladen und kultivierten Blicke voller Abscheu. Zischten die Worte, die sie einst mit Inbrunst in jeden Himmel zwischen Nürnberg und Berlin gebrüllt hatten. Frühe Greise, die auf Bänken saßen und auf den Zeitläuften kauten, sie ausspuckten, wie sie auch ihren Kautabak ausspuckten, als braune Soße, die sich schließlich im Rinnstein sammelte.

Bei Adolf, sagten sie, hätte es das nicht gegeben, dass hier ein Neger bei uns rumläuft. Und auf dem Schotter der Bolzplätze riefen die Kinder, die mit den Jacken und Schuhen der Väter auch deren Gedankengut angezogen hatten, mit jener Gehässigkeit, die nur Kinder beherrschen: Negerschwein. Die Verachtung, sie war der Chor, der Begleittext seiner Kindheit.

Dazu kam das Gefühl, nicht gut genug, nicht einmal ausreichend zu sein. In der Schule kam er nicht mit, war zu langsam, hinkte hinterher. Die Lehrer hielten ihn für einen ausgemachten Schwachkopf, der dumme Bimbo, und schickten ihn auf eine Sonderschule. Auf dem Platz, der Asche des Viertels, war er schneller als die meisten. Und er kämpfte, härter als der Rest. Ich war, sagt er, ein richtiges Gossenkind, einer von der Straße. Es ist die gute alte Geschichte vom Fußball als Chance, als Lebensretter wohl auch.

Meine Vergangenheit, sagt er, hilft mir heute. Jimmy Hartwig ist mittlerweile Integrationsbotschafter des DFB, er fährt durch Deutschland, spricht an Schulen, ist ständig unterwegs. Im Gepäck die Geschichten vom Großvater. Und die vom Negerschwein. Ich erzähle den Kindern dann immer, sagt er, dass ich mich in meinem eigenen Land integrieren musste. Das ist doch schon mal eine Hausnummer. Du bist hier geboren und musst dich trotzdem rechtfertigen, für deine Hautfarbe, deine Herkunft. Dabei war er doch einer von um die Ecke. Der Jimmy aus der Kirschenallee.

Deshalb, sagt Jimmy, biete ich mich doch an für diese Integrationssachen. Deshalb hat er auch gleich zugesagt, als sie ihn hier im Dorf gefragt haben, ob er das machen will. Mit den Flüchtlingen Fußball spielen. Natürlich wollte er das machen.

Als wir an diesem Nachmittag mit seinem Auto an der Sporthalle ankommen, hat das Wetter umgeschlagen, nichts ist mehr übrig vom Freistaatsonnenschein des Vormittags, der Regen fällt dicht, dazu treibt ein plötzlicher Sturm die Tropfen vor sich her. Jimmy Hartwig kämpft sich durch das Wetter, vor der Halle warten drei junge

Männer. Zwei Afghanen, einer aus Eritrea. Servus, sagt Jimmy Hartwig. Servus, sagen sie. Tragen nur T-Shirts, einer ist barfuß. Hartwig stellt sich dazu, kurzes Schweigen, eine vorübergehende Sprachlosigkeit, die er aber sogleich durchbricht. Sorry, sagt er, ich habe vor vier Jahren aufgehört Arabisch zu lernen, seitdem kein Wort mehr gesprochen. Natürlich Unsinn, Hartwigmärchen, Dehnübungen seiner Phantasie.

Und darum beendet er diesen Satz mit einem dröhnenden Lachen, das sich sofort in den Gesichtern der Jungs spiegelt.

Jimmy Hartwig hat ja diese Alfred-E.-Neumann-Zahnlücke, ihm gelingt es deshalb auf verblüffende Weise durch die Vorderzähne zu lachen, was immer gleich einen leichten Pfeifton erzeugt, Hartwig lacht und pfeift, er ist dann gern auch sein eigenes Publikum. Die Jungs lachen jetzt auch, lustiger Typ, dieser Jimmy.

Dann kämpft sich der Nächste durch den Regen, bis er Zuflucht findet unter dem Dach der Sporthalle, in der Begrüßung Jimmy Hartwigs.

Ich bin Jusuf, sagt Jusuf, ich komme aus Afghanistan.

Ich bin Jimmy, sagt Jimmy, ich komme aus Deutschland.

Er klopft sich auf das Wappen auf seinem Trikot, völkerverständlich.

Und weil noch immer Zeit ist und vor dem Dach der Regen nicht nachlässt, erklärt der Jimmy den Jungs aus Afghanistan und Eritrea jetzt mal eben die Sache mit dem Wetter und im Grunde auch gleich noch dieses Deutschland an sich. Sagt also, Finger in den Himmel: So eine Scheiße.

Sagt, englisch auf Hessisch: Äbril, rain, sun, snow.

Sagt: Dschulei, swimming Ammersee.

So einfach ist das.

Die Jungs nicken. Servus, sagt der Nächste. Und Jimmy

Hartwig sagt: Aleikum salaam. Weil sich das so gehört, hier in Inning. Der Rest ist das große Kauderwelschtheater des Jimmy Hartwig, der, obwohl er kaum Englisch spricht und sowieso kein Arabisch, keinen Übersetzer braucht, keinen Sprachmittler, er macht das aus dem Bauch heraus. Ein Geschichtenerzähler, der den Zweikampf sucht, den Körperkontakt mit den Jungs, eine Umarmung, ein spielerisches Tänzeln. Jimmy Hartwig gibt jetzt den wankenden Boxer, den angeschossenen Bären. Er spricht mit den Händen, mehr noch, er hat ja immerhin zwei Länderspiele, mit den Füßen. Und aus den Gesichtern der jungen Männer, frierend im bayrischen Regen, weicht die Unsicherheit.

Es ist 15:30 Uhr, Bundesligaanstoßzeit, als sie vollzählig sind, endlich in die Halle dürfen, lachend noch, durchnässt, kein Auge trocken. Kurz bevor das Spiel beginnt, versammelt Jimmy Hartwig noch einmal alle in der Mitte der Halle. Kurze, klare Ansprache. Weil ihm zu Ohren gekommen war, dass einige der Jungs den Deutschunterricht am Vortag geschwänzt hatten, wird Jimmy Hartwig für ein paar Sekunden ganz ernst.

Er sagt nur zwei Sätze. Hartwig-Sätze, die im Grunde auch die Essenz seines Lebens sein könnten. Die Wahrheit nach 60 Jahren Bundesrepublik.

Deutsch is first.

Fußball is second.

Versteht ihr? Anderständ? Ganz einfach, sie nicken. Verstanden. Dann wirft der Jimmy den Ball in die Mitte und auch sie sprechen mit den Füßen, eine Stunde lang. Jimmy Hartwig steht am Rand, die Arme verschränkt und denkt über den Fußball nach. Über die eigene Karriere und was die eigentlich bedeutet für das Deutschland von heute, für die Graffitigesichter der Gegenwart.

Er hatte es damals bald rausgeschafft aus dem Blechbüchsenviertel, raus aus seiner Gosse. Ging zu den Offenbacher Kickers und danach auf eine lange Wanderschaft.

Durch den deutschen Fußball. Spielte bei 1860 München, dem VfL Osnabrück, in Köln und beim Hamburger SV. Der Weg von ganz unten nach ganz oben, mit 24 Jahren war er Millionär. Ein Star, der in der Zeitung steht, einer der besten Mittelfeldspieler Europas. Der Rassismus aber, Negerschwein und Affenlaute, der blieb. Den hatte er nicht abschütteln, hinter sich lassen können. Und es war egal, ob er am Wochenende das Spiel seines Lebens machte, die Sprüche, Worte wie Ohrfeigen, folgten ihm, volksdeutsche Manndeckung. Mir, sagt er, hat man immer versucht, an den Karren zu pissen.

Als er noch das Trikot der Offenbacher Kickers getragen hatte, war ihm von den Rängen des Gegners, besonders in den Derbys mit Eintracht Frankfurt, ein Schlachtruf entgegengeschlagen, den er bis heute nicht vergessen hat. In weichstem Hessisch, was es ja gleich noch härter macht. Zehn Schwule und ein Nigger, die Offenbacher Kigger.

Das Echo ist noch heute am Ammersee zu hören, es hallt bis in die Gegenwart. Hass, geht ins Ohr, bleibt im Kopf. Es ist eine Erfahrung, die Hartwig mit Erwin Kostedde teilt, dem ersten farbigen Spieler in der Nationalelf, mit dem er in Offenbach noch selbst zusammen gespielt hatte. Kostedde, der Vorbild war und doch warnendes Beispiel zugleich, weil der Ruhm nicht schützt, nicht vor den Schmähungen, nicht vor dem Absturz. Kostedde war Mittelstürmer und sollte 1974 der Nachfolger Gerd Müllers werden, die ziemlich großen Fußstapfen des ziemlich kleinen Bombers füllen. Deutschland war gerade Weltmeister geworden im eigenen Land, badete im Fahnenmeer, lachte sich kaputt über die Holländer, lag Franz Beckenbauer zu Füßen.

Aus den Schlagzeilen zu Kosteddes Nominierung durch den DFB lassen sich die ranzigen Ressentiments jener Zeit herauslesen, der alltägliche Rassismus, der in der Verniedlichung lauert. Die *BILD* titelte damals: *Prima! Deutsch-*

lands schwarze Perle in der Nationalelf. Und das *Hamburger Abendblatt* schrieb: *Es war einmal ein kleiner Mohr. Zwei Tage vor Heiligabend wurde er bereits beschert und sein Wunsch ging in Erfüllung. Der Mohr wurde Nationalspieler.* Damals Normalität, zehn kleine Negerlein auf der ersten Seite.

Auch Kostedde brachte es schließlich auf lediglich drei Länderspiele. Zu groß die Fußstapfen, der Druck auch. Er wurde ersetzt, der Mohr. Ohne seine Schuldigkeit getan zu haben. Ein Held wurde auch er nie. Ich trug, sagte er später einmal einem Journalisten der Zeitung *Die Welt*, tagein, tagaus die falsche Hautfarbe.

Seine Kindheitserinnerungen sind dabei nahezu deckungsgleich mit den Blechbüchsenerzählungen Hartwigs. Wenn mein Vater zurückkommt, hatte einmal ein Junge zu Kostedde gesagt, dann schießt er dich tot. Und es schien ihm zeit seines Lebens so, als müsste er sich im Strafraum auch gleich noch den Attacken der ehemaligen Landser und Kriegsheimkehrer erwehren.

Später verlor er sein Geld, wie Jimmy Hartwig auch, an die eigene Naivität, investierte in Bauherrenmodelle, vertraute den falschen Menschen, ging pleite. Irgendwann ein gebrochener Mann, im Abseits der Geschichte. Heute lebt er in der Nähe von Münster. Bescheiden, sagt Kostedde. Verarmt, sagt Jimmy Hartwig. Einmal hatten die beiden noch Kontakt. Da hat er mich gefragt, sagt Jimmy Hartwig, ob ich ihm Geld leihen kann, 10 000 Euro. Doch das ging nicht. Erwin, habe ich da gesagt, ich kann dir alles geben, aber Geld leihe ich niemandem.

Er hat das ja selbst alles erlebt, Aufstieg und Fall, immer wieder. Und ist keiner, der liegen bleibt, sich leicht geschlagen gibt. Jimmy Hartwig zelebriert das Comeback. Ich bin ein Kämpfer, sagt er. Ich bin immer Selbstdarsteller. Seine Auftritte erzählen davon, wenn Jimmy Hartwig in die Öffentlichkeit geht, findet er statt. Er ist dann groß und laut, sagt seine Zeilen auf, die Strophen seines Lebens. Immer wieder. Stille, sagt Hartwig, ist Zumutung. In der Stille kommt er sich selbst zu nah. Er, der defensive Mittelfeldspieler, geht deshalb bei Anlässen, auf Empfängen, in der Gegenwart von Journalisten und Prominenten, immer sofort in die Offensive, das ist der Raum, den er heute beherrscht, dort ist er weniger verletzlich, dort hat er genug Abstand zu sich selbst. Dort kann er auch von seinen Niederlagen erzählen. Das Eingeständnis der eigenen Schwäche, es entwaffnet sein Gegenüber.

Zwei Mal, erzählt er dann, standen meine Vereine im Europapokalfinale, zwei Mal war ich nicht dabei. Es ist seine Parabel für das Leben nach dem Fußball. Ein Leben, sagt er, immer zwischen Triumph und eine auf die Schnauze. Er war also Millionär, dann war er pleite. Und dann kam die Krankheit. Jimmy, hat Gott damals gesagt, du bist ein richtiger Hurenbock und Säufer. Und wenn du damit nicht aufhörst, nehme ich dir das Leben.

So sieht er das bis heute.

Den Krebs, er bekam ihn gleich drei Mal. Da unten, sagt er, und im Kopf. In den Eiern und im Gehirn. Was ja, in den exzessivsten Momenten des Hurenbocks, dasselbe gewesen ist. Er hat, nicht nur als Schauspieler, den Hang zu den großen Gesten, den extremen Stoffen. Tod und Teufel, Himmel und Hölle.

In Weimar damals, in Brechts *Baal*, war er in seinem ersten Stück gleich zwei Figuren. Der Kaufmann Mech und der Neger John. Zwei Männer. Reichtum und Armut. Sieg und Niederlage. Anerkennung und Rassismus, wieder ganz nah beieinander, die Schizophrenie seines Lebenslaufes in einem Stück.

Seine größte Niederlage, trotz allem, trotz des Geldes, das ging, und der Krankheit, die kam, ist bis heute die Zurückweisung durch den Bundestrainer geblieben. Das habe ich nie verstanden, sagt er, und erinnert sich an diese eine

Unterhaltung mit Jupp Derwall, im Flugzeug, auf einer der beiden Länderspielreisen. Ich glaube, sagte er damals zu seinem Bundestrainer, ich gehöre in die Nationalmannschaft. Derwall sagte nur: Hartwig, bei mir bist du nicht erste Wahl. Es gab keine weitere Begründung, aber die brauchte ich auch nicht. Das war halt ein Bundestrainer, sagt er, der noch im Krieg geboren wurde. Ich meine, Sepp Herberger hat sich auch nicht vorstellen können, einen dunkelhäutigen Nationalspieler zu haben. Das ist seine Erklärung, mit dem Abstand der Jahrzehnte.

Für Jimmy Hartwig war dieser Satz Jupp Derwalls damals die nächste Ohrfeige eines alten Mannes. Die Heimat, die ihn nicht wollte. In Deutschland, so klang das natürlich, bist du nur zweite Wahl. Vielleicht ging es um die Qualität, vielleicht passten andere, die blonden Förster-Brüder etwa, besser hinein in das Schnauzbartteam, vielleicht war er einfach zwei Jahrzehnte zu früh dran. Erwin Kostedde und meine Wenigkeit, sagt Jimmy Hartwig jetzt am Rande des Spiels, waren unserer Zeit weit voraus. Wir haben ein paar Türen aufgemacht, nicht weit, aber schon weit genug, um durchgucken zu können. Um zu sehen, was da alles noch kommt. Wir haben diese Tür einen Spaltbreit aufgestoßen für Spieler wie Jérôme Boateng. Das ist ihm wichtig, das ist sein Erbe in diesem Sport. Etwas, das bleibt, auch in der Gesellschaft. Etwas, das er sich als Botschafter in seinen Briefkopf schreiben könnte. In gewisser Weise ist Jimmy Hartwig auch ein bisschen Weltmeister geworden, damals in Rio. Im Rücken von Jérôme Boateng. Es hat ihn rückwirkend legitimiert.

Und deshalb gibt es jetzt von Jimmy Hartwig auch noch ein paar echte Integrationssätze, Botschaftersätze, die er allgemein spricht, die aber bis in den Wedding zu hören sind. Eine deutsche Mannschaft mit zwei Polen, einem mit ghanaischem Vater, einem mit türkischen Eltern, sagt er, in den Achtzigern war das doch unvorstellbar. Und der

Khedira, der ist Tunesier. Überleg mal. Heute ist das normal. Aber, sagt er, es geht doch auch gar nicht anders. Wer jetzt noch meint, er könne nur mit den Deutschen von früher spielen, Männern mit blonden Haaren, blauen Augen, das ganze Arierballett, der soll nach Sibirien fahren. Oder in die Ukraine. Ende der Durchsage, Ende des Spiels. Die Jungs verschwinden in der Kabine, Hartwig wartet davor.

Er ist heute eingeladen, zum ersten Mal überhaupt, in die Container, die oberhalb der Sporthalle vor saftig grünen Auen stehen. Eingeladen in das Zuhause der Jungs. Es soll Tee geben und Kuchen, wir laufen gemeinsam die sanfte Anhöhe hinauf. Eine seltsame, verschwitzte Karawane. Jimmy Hartwig humpelt ein wenig, das Knie.

Zwischen den Containern wird er tatsächlich begrüßt wie ein Diplomat, zu Besuch im Dorf der Hoffnungsvollen. Er tritt durch eine der Türen, Frauen mit Kopftüchern dahinter. Schwestern wohl, Nachbarinnen, sie sind gemeinsam aus Afghanistan gekommen, haben Teile der Familie zurückgelassen, sind deshalb jetzt füreinander da. Guten Abend, Servus. Schuhe ausziehen, bitte. Was möchten Sie trinken? Gin Tonic, sagt er, lacht natürlich. Blödsinn. Es gibt Tee, wie versprochen.

Und wieder weiß erst niemand, was er sagen soll, bis Jimmy Hartwig einfach sagt, was ihm so einfällt. Also erzählt er vom Hoeneß, alter Spezi. Uli, der Depp, schöne Grüße. Erzählt von Offenbach, Kirschenallee, das war mein Township. Und fragt ein paar Vokabeln ab, weil ja: Deutsch first, Fußball second. Die Mädchen ziehen sich schüchtern zurück, die älteste Schwester, der große Bruder, ein Nachbar noch und einer der Jungs bleiben am Tisch. Noch eine Runde Tee für den Gast.

Jimmy Hartwig hat nun sein Smartphone hervorgeholt und zeigt ein paar Videos, zeigt den Afghanen in diesem Containerdorf in Bayern sich selbst als jungen Mann.

Beim HSV. Zeigt ihnen schließlich dieses Video, in dem er tatsächlich singt. Calypso, that's crazy.

Und es kommt, ganz kurz, zu einer seltsamen Umkehrung der Zeit, als würden die Jahrzehnte plötzlich einander überlappen, sich die Vergangenheit noch mal über die Gegenwart schieben. Weil dort nun praktisch der doppelte Hartwig in diesem Container stattfindet. Einer, der am Tisch sitzt und mit den jungen Afghanen Tee trinkt, und einer, der in die Achtzigerjahre hinein singt. Es ist ja so, dass es in den Erzählungen Jimmy Hartwigs gleich mehrere Deutschlands gibt. Das Land des Großvaters, konserviert in Braun und Sepia, das Land seiner Kindheit im Aufbruch, ein Land, das er liebt und eines, das er verabscheut. Hin und wieder dann begegnen sich diese Länder und dann passiert etwas. Dann ist Jimmy Hartwig doch, für einen kurzen Moment, sehr nah bei sich. Ein Junge aus Hessen, der im Takt der eigenen Erinnerung wippt.

Er verabschiedet sich, die große ausladende Verbeugung des Theatermannes Jimmy Hartwig, Schuhe wieder an. Servus, Aleikum salaam. Draußen dann, die Container zeichnen sich bunt ab gegen das dunkle Grün der Auen in der beginnenden Dämmerung, sagt er schließlich, einfach so: Dieses Land ist absolut geil. Es hat mir alle Möglichkeiten gegeben. Im negativen wie im positiven. Ich sage das immer wieder, und ich weiß, ich klinge dann wie ein Rechtsradikaler, aber: Ich bin deutscher als deutsch. Das ist ja die Stärke von mir, sagt er schließlich, dass ich trotz aller Widerstände, die ich erlebt habe, auf dieses Land nichts kommen lasse.

Der dir am nächsten ist[*]

Am Block im Wedding ist es gut, wenn du einen Bruder hast. Einen großen am besten, der für dich da ist, der dir hilft, wenn es unangenehm wird oder gefährlich.

Der große Bruder ist das überhaupt Wichtigste, deshalb gehört ihm jeder Respekt.

Er übernimmt Verantwortung, streckt die Hand nach dir aus, wenn du in ein Loch gefallen bist. Wenn es Streit gibt, schlichtet er. Wenn es laut wird, legt er den Zeigefinger auf die Lippen. Du kannst dich auf ihn verlassen, unbedingt.

Der große Bruder, hier am Block im Wedding heißt er *abi*. Das Wort stammt aus dem Türkischen und wird eigentlich agabey geschrieben. Aber weil es ein schnelles, ein ständiges Wort ist, wurde es irgendwann verkürzt.

Jedenfalls, jeder hier kennt einen abi und jeder der Jungs kann ein abi sein oder noch einer werden. Ein abi wird man mit dem Alter, man wächst da hinein.

Am Block wohnen Männer, die nennen Fikret einen abi. Und es gibt Männer am Block, zu denen Fikret abi sagen muss, selbst wenn sie nur wenige Jahre älter sind als er. Daran halten sich die Männer. Sie haben es so gelernt und an ihre Söhne weitergegeben. Abi ist abi, keine Kleinigkeit. Es ist ein Wort wie eine Verbeugung, ein Handkuss. Zwei Silben, die irgendwann an deinem Namen kleben. Oder sie ersetzen den Namen ganz, das kann man halten, wie man will.

Hauptsache, man vergisst es nicht.

Sein Sohn Can ist ein abi für die kleinen Geschwister,

---

[*] Aus persönlichkeitsrechtlichen Gründen wurden einige Namen in diesem Text geändert.

die ihn nie beim Vornamen nennen. Und auch für die Jüngeren aus dem Haus, mit denen er streng sein muss, weil das von ihm erwartet wird.

Der Bruder ist unten auf der Straße Familie, er kann auch ein Freund sein, dann sagt man Brudi und umarmt sich auch gleich anders. Aber Hauptsache, man kann sich aufeinander verlassen.

Der Bruder, im Wedding zählt er noch viel, weil du auf ihn zählen kannst. Es ist ja kein Zufall, dass gerade jenes Bild an der Brandmauer über der Pankstraße zur Ikone dieses Viertels geworden ist. Die drei Brüder Boateng, gewachsen auf Beton, die Wurzeln in Ghana. Das Blut noch dicker als das Wasser der Panke. Im Land, aus dem ihr Vater stammt, gibt es ebenfalls ein Wort für den Bruder, das mehr beschreibt als nur ein Verwandtschaftsverhältnis.

In Ghana, in der Sprache der Ewe, eines Volkes aus dem Osten des Landes, sagen sie Novi. Und es bedeutet, frei übersetzt: Der dir am nächsten ist. Der Beistand, ein Schatten, er muss nicht blutsverwandt sein, ein Freund, der zum Bruder wird. Novi, es ist ein kurzes Wort, hinter dem sich lange Geschichten verbergen können.

An einem Nachmittag im Frühjahr des vergangenen Jahres sitze ich deshalb auf einer Terrasse in Niedersachsen, Altes Land, und halte einen alten, schon deutlich von der Reibung der Jahre zerschlissenen Führerschein in den Händen. Private Drivers License. Nummer 141641, ausgestellt in Accra, Ghana.

Darauf die eingeklebte Fotografie eines weißen Jungen, ganz helles Haar bis in die Stirn, ganz dunkle Hornbrille, ein Achtzigerjahre-Kind aus Deutschland. Unter der Nummer hat er, in säuberlichen Druckbuchstaben, seinen Namen eingetragen. Er bedeutet: Der dir am nächsten steht, wird dich umbringen. Brudermörder. Kein leichter Name, den trägt man nicht einfach so. Er aber, 1963 in Ostberlin als Kai Eikermann geboren, trug ihn länger als ein Jahrzehnt, am Ende sogar bis nach Westberlin. Mit Stolz, in der Brieftasche.

Wie er allerdings zu diesem, seinem ghanaischen Namen gekommen ist, das muss er selbst erzählen.

Auf seiner Terrasse im Alten Land. Dort sitzt er nun, mir gegenüber, und macht sich erst mal einen Kakao.

Das Pulver, in einem Einweckglas bewahrt, stammt aus Ghana. Milo, heißt es. Und ist im Grunde Zucker mit Schokoladengeschmack. Als Kinder, sagt er, haben wir das gelöffelt. Wie die Blöden. Das gab es in jedem Laden, eine grüne Aludose. Die Milch, die ist von hier. Steht auch auf der Packung. Ein Liter aus Ihrer Region. Entrahmt, homogenisiert. 3,5 Prozent Fett. Niedersächsische und natürlich glückliche Kühe, die von der Verpackung lächeln, ein Gänseblümchen im Mund.

Er also schaufelt Kakao aus Ghana in Milch aus Niedersachsen, mischt beides, bis es die richtige Farbe ergibt, den besten Geschmack. Kindheit auf der Zunge. Und ist sich vielleicht gar nicht bewusst, wie großartig diese Szene als Symbolbild funktioniert für die ganze Geschichte, die gleich folgen wird.

Erst mal sitzt er jedoch auf dieser Terrasse und wartet auf seinen Bruder. Und weil der noch nicht da ist, erklärt er zum Zeitvertreib den Wandschmuck. Eine geschnitzte Holzmaske auf Backstein. Die Maske hängt da mit offenem Mund und der Laie denkt: Voodoo, Buschmänner, Quatermain. Für Kai Eikermann ist die Maske Trophäe einer ihm manchmal sonderbar unwirklich erscheinenden Vergangenheit. Er hat sie vor Jahren bei einem Fulani gefunden, einem Hirten aus der Savanne, weit außerhalb von Accra. Ein dünner, von der Sonne schon verdorrter Mann, der seine Arbeit, absonderliche Figuren, Alptraumwandler, Halbtiere, in einem magischen Garten ausstellte, einige zum Schutz unter Schilfdach. Seine Maske, sie stand dort, aber sie stand nicht zum Verkauf. Nicht für die bleichgesichtigen Besucher, die ihr Geld in Bauchtaschen trugen und das Staunen nicht verbergen konnten. Die Exotik pauschal gebucht hatten, Herrenmenschen mit Damenbärten. Nicht für die Kodakentdecker der Kreuzfahrtschiffe, die mit getauschtem Geld nach gefälschten Erinnerungen verlangten. Am Ende hat er sie mitgenommen, es gab keine Verhandlungen. Er hat sie mir gegeben, sagt Kai Eikermann, weil ich Ghanaer bin.

So erzählt er es.

Im Nordwind der Ebene, Niedersachsen bei 16 Grad Regenwetter, bewegt sich auch ganz aufreizend die ghanaische Flagge. Rot und Gelb und Grün. In der Mitte der schwarze Stern. Kai ist jetzt aufgestanden, fast salutiert er vor seinen Erinnerungen. Es sind die Farben seiner Jugend.

Als er hier eingezogen ist, hat er zuerst die Fahne draußen festgemacht. Das war wichtig, um anzukommen. Stück Stoff, Stück Heimat, ein Fetzen im Wind. Damit die Feinde gleich sehen, was hier los ist. Warnungen an den unbekannten Eindringling, die unsichtbaren Tunichtgute im Schatten der Bäume. Wo diese Fahne weht, die Maske in den Alltag stiert, ist Zuhause.

So erklärt er es.

Und er macht das in der wundervollen Verknappung eines echten Berliners, bei dem die Worte scharfkantig sein können, oder eine Umarmung, aber zwischen den Zeilen kaum Platz ist. In der Stimme unverkennbar noch das Asbestgeschrammel einer Plattenbaukindheit. Kai Eikermann war irgendwann mal Ostberliner und er sieht heute immer noch aus, wie man sich so einen Ostberliner vorstellt, saubere Glatze. Könnte so auch vor jeder Brandenburger Großraumdisko den Einlass kontrollieren.

Kai Eikermann allerdings ist Tänzer. Und Clown. Und eigentlich ist er beides auf einmal. Physical Comedian heißt das dann, Körperkomiker. Ein Akrobat. Seine beste Nummer: Der Roboter. Seit bald 30 Jahren. Einer, der übrig geblieben ist, vom Breakdance der Achtzigerjahre. Er dreht noch immer auf dem Kopf.

Einmal wurde er auf einer Gala, die er zu bespaßen hatte, von dem damals schon sehr alten ehemaligen deutschen Nationalspieler Fritz Walter mit dem ehemaligen deutschen Nationalspieler Carsten Jancker verwechselt, der nach jedem Tor seinen Ehering küsste und dem später eine rechte Gesinnung nachgesagt wurde. Es waren die Wochen kurz vor der WM 2002, kurz vor Walters Tod am 17. Juni. Jancker hatte damals eine Torflaute zu überstehen, das Pech an den Schuhen. Und Fritz Walter sagte also zu Kai Eikermann: Das wird schon wieder, Carsten. Kopf hoch. Hinter den beiden stand der ehemalige Nationalspieler Fredi Bobic und verschluckte sich vor Lachen fast an den Häppchen.

Fritz Walter also hatte Kai Eikermann mit einem Stürmer aus Grevesmühlen in Mecklenburg verwechselt. Dabei kennt sich Kai Eikermann an den Stränden von Accra weit besser aus als an jenen der Ostsee.

Das, sagt er, ist ja das Geile.

Kunstpause jetzt. Eikermann schaut auf die Uhr.

Sonst warten immer alle auf ihn. Jetzt muss er warten, schon komisch. Auch für den Clown. Sein Bruder ist noch immer nicht da. Verspätet sich wohl. Was ja, das erklärt Eikermann jetzt, so gar nicht dessen Art sei.

Schulterzucken.

Sein Bruder ist Pünktlichkeit. Sein Bruder ist Genauigkeit. Das verrät der Name ja schon: Ericson Ecke. Sein Bruder ist ein Ordner des Alltags. Der klebt Post-its auf Post-its. Heftet ab, achtet auf Regeln und Normen. Ein DIN-A-Mensch. Sein Bruder ist Steuerberater. Er ist seit einiger Zeit auch sein Steuerberater, das hat sich so ergeben. Und manchmal klingelt das Telefon hier in Niedersachsen, morgens um halb acht, weil sein Bruder anruft aus dem Büro in Berlin. Weil noch eine Anlage fehlt, eine Zahl falsch sein könnte. Sein Bruder sitzt um diese Uhrzeit bereits an seinem Schreibtisch, der ganze Mann ein rechter Winkel, hellwach. Kai Eikermann schaut dann jedes Mal wie benommen in den Hörer und merkt wieder, dass sie wirklich in verschiedenen Welten leben. Dort, in der Frühe des Tages, der vergangene Abend noch als Lächeln auf seinen Lippen, ist ihm sein Bruder fremd. Groß geworden in einem anderen Land. Er, sagt Kai Eikermann, ist der deutscheste Typ, den ich kenne. Der singt die Hymne, faltet die Flagge auf Kante. So einer ist das.

Dann fährt ein dunkler nordischer Kombi auf den Hof, knirschen Reifen im Kies. Und sein Bruder steigt aus. Er trägt ein Kind auf dem Arm und im Gesicht das breiteste Grinsen, das jemals über das Alte Land gespannt wurde. Wenn Menschen Ericson Ecke zum ersten Mal begegnen, er zuvor nur eine Stimme am Telefon war, dann stutzen sie. Ericson Ecke, ein Mann, dessen Name auf die baldige Ankunft eines kantigen Wikingers schließen lässt, ist, man kann das ja gar nicht anders sagen, ein großer farbiger Mann.

In seinen Ledersandalen und dem bunten weiten Hemd sieht er aus, als wäre er, nach Feierabend, nachdem die Steuererklärungen sauber abgeheftet wurden, der König einer kapverdischen Insel. In einer Schublade hat er noch den blauen Pass der DDR. Wie würde Kai Eikermann sagen: Das ist ja das Geile!

Erst mal stehen sie dort, bisschen ungelenk im Wiedersehen, geben aber bald jede Förmlichkeit auf. Was dem Reporter sehr entgegenkommt, weil jetzt ganz einfach, ganz souverän durch den Raum geduzt wird. Und die beiden so für den Zuhörer, sehr früh in dieser Geschichte, ihre Nachnamen ablegen, in eine Vertrautheit fallen, die diese Erzählung braucht. Eine Lockerheit, die auch sie brauchen. Kai und Ericson, zwei Brüder.

Später an diesem Wochenende werden sie gemeinsam

auf einer alten, vom Regen aufgeweichten Bank unter einer Birke sitzen. Zwei Männer, die Mützen tragen gegen das Allwetter. Zwei Seebären, denen die See abhandengekommen ist. Der eine so hell wie der andere dunkel. Es könnte das Werbeplakat einer lokalen Biermarke sein, Männer im Torf. Es könnte auch ein Ratebild sein. Sie sehen dort zwei Männer: Einer von ihnen ist Afrikaner, nur welcher? Und Kai wird noch einen kleinen Hinweis geben: Es ist nicht der Schwarze. Kein Witz, aber schon sehr lustig.

Genau deshalb sind wir ja hier.

Inzwischen stehen Ericsons Koffer auf dem Zimmer und die beiden Männer haben sich an den Tisch auf der Terrasse gesetzt, unter die Flagge, hinter ihnen die Maske an der Wand. Und mit ihnen am Tisch, dazwischen der Reporter, sitzt natürlich die Frage: Wie, bitteschön, passt das zusammen?

Die Antwort, sie muss durch zwei Köpfe gehen, über zwei Zungen, erst dort, im Dialog der beiden Männer, nimmt sie Form an. Sie braucht Zeit. Die nehmen sie sich nun. Es ist eine Zeit, die zwischen ihnen entsteht, Zeit, die über das Alte Land kommt wie der Frühnebel, sie dehnt sich hier bis an den Horizont, lange schwere Minuten, die von der Stirn tropfen wie warmer Regen. Und sie schnitzen aus ihren Worten Bilder wie Masken aus Holz.

Ericson hat, wie immer zu besonderen Anlässen, bei seinem Tabakhändler in Ostberlin eine Flasche Rum gekauft, Zaubertrank, sagt er. Der lockert die Zunge, löst die Zurückhaltung, man kann dann besser erzählen. Das ist wichtig. Anders als sein Bruder, der ein Bühnenmensch ist, der sein Geld mit seinem losen Mundwerk verdient, öffnet sich Ericson nicht sofort, er muss erst warmlaufen wie ein alter Motor. Dann aber spricht er mit einer Stimme, die vibriert wie ein tiefer Bass.

Um jetzt das Bruderding zu erklären, müssen die beiden

ganz vorn anfangen. Mit der Geschichte des Vaters. Sie klettern an den Verästelungen der Stammbäume und Verwandtschaftsverhältnisse entlang in die Vergangenheit.

Ganz vorn, das bedeutet Mitte der Sechzigerjahre, Ostberlin. Man muss sich diese Zeit in Sepia vorstellen. Es ist die Geschichte von Ericson Cephas Yao. Kai und Ericson, sie nennen ihn nur den alten Mann. The old man. Warum eigentlich? Weil er irgendwie schon immer alt war, sagt Kai, so einfach ist das.

Der alte Mann also kam 1965 als Student aus Ghana nach Ostberlin. Und machte dort an der Humboldt-Universität sein Diplom als Bibliothekar. Geil, oder?, ruft Kai mittenrein in diese ersten zaghaften Erinnerungen. Der alte Mann ist Bibliothekar geworden, deutscher geht es doch gar nicht. Abheften, Kataloge ordnen. Wahnsinn! Genetik, sagt Ericson, Blick auf sich selbst. Das wirste nicht los. Aber egal, weitermachen.

In Ostberlin lernte der alte Mann Monika kennen und zeugte mit ihr ein Kind, einen Jungen, an den er neben der Hautfarbe und den Gesten auch seinen ersten Vornamen weitergab: Ericson. Als dieser anderthalb war, ließ er ihn und die Mutter allein zurück. Und landete bald bei Erika. Die Frauen sollen sich gekannt haben.

Erika hatte zu jener Zeit bereits drei Kinder mit einem deutschen Mann, Helmut Eikermann. Eine junge Mutter, gerade 24 Jahre alt, als ihr jüngstes Kind geboren wurde, Kai. Alles eher nicht so einfach. Sie lebte, so erinnert sich der Sohn, in Extremen. Studierte Ökonomie und feierte die Nächte durch, das ganze Leben ein Tanz auf dem Drahtseil. Oft fiel sie tief, dann krachte es und wurde dunkel und sie trug Wunden davon. Das Leben, zur Faust geballt, sie lief dagegen. Das Leben, vollgestellt, ein chaotischer Raum, für die Kinder war darin kein Platz. Unter der Woche wohnten die Geschwister in einem Heim an der Wuhlheide, kamen nur am Wochenende nach Hause.

Eine richtige Ostberliner Kindheit war das, erzählt Kai, nur war alles ein bisschen krasser als bei den Freunden.

Aber es gab im Leben von Erika, neben den Dämonen, auch die Kraft und den Willen, es mit diesem Leben immer wieder aufzunehmen. Nach der Trennung von Helmut Eikermann ließ sie sich auf einen Senegalesen ein, Ben. Doch wo einmal Liebe gewesen sein mag, war bald nur noch Hass, Gift und Galle, war die Wut. Tobte dieser Mann durch das Leben der Kinder. Ein Teufel, sagt Kai, unberechenbar. Kai saß damals mit den Geschwistern im Zimmer nebenan und konnte es hören, die Schreie, die Schläge, die Verletzungen. Menschen, die kippen. Möbel, die fallen.

Kai hat seine Mutter nie gefragt, wieso sie so lange bei diesem Mann geblieben ist. Sie war nicht die Art von Frau, die man so etwas hätte fragen können, ohne sich selbst eine zu fangen. Hart war sie, oft auch unmöglich zu lieben. Die Kinder haben erst spät ihren Frieden mit der Mutter gemacht, jeder für sich am Ende der Kräfte, ein Waffenstillstand der Vorwürfe. Erika ist 1985 an Krebs gestorben.

Die Zeit mit Ben, dem Teufel, war die Hölle. Sie endete mit dem Auftritt des alten Mannes an einem hellen Ostberliner Tag im Schlafzimmer der Mutter.

Ich werde dieses Bild, sagt Kai, nie vergessen. Dieses weiße Bett, die weißen Laken und dann liegt darin dieser tiefschwarze Mann. Die erste Begegnung mit dem alten Mann, den Kai später tatsächlich Vati nennen würde, spielt er seit einiger Zeit auch auf der Bühne nach.

Er hat da aus seiner Kindheit in der DDR eine Nummer gemacht, die Witze mitunter so platt wie die Bauten, von denen sie erzählen. Stalinalleehumor. Er kommt dabei auf die Bühne und verteilt erst mal ein paar ordentliche Ostberliner Verbalschellen, uff die Zwölf. Kai berlinert noch gut, das wirste nicht los. Lässt gern mal Fümwe gerade sein. Er ist ja der Clown, spricht deshalb auch, wenn er richtig in Form ist und der Spaß dazu kommt, das weiche Berliner Zett, was immer sofort nach Eszett klingt, als würde der Berliner lispeln. Sagt also: ßauberei, ßivi. ßampano. Das richtige Zett spricht einer wie er, der Berliner, dafür an anderer Stelle mit Überzeugung. Wenn da am Anfang ein X steht oder Ps und er richtig Gas gibt. Bei Zycho zum Beispiel, aber auch bei Zylophon. Man hört dann gleich: da ist Musikke drin. Hohes ßeh.

Dort auf der Bühne verkehrt er jedoch jenen Moment des Staunens, der sonst seinem Bruder begegnet, ins Gegenteil.

Wenn er auftritt, sieht das Publikum also einen Mann, der dem Fußballspieler Carsten Jancker ähnelt oder dem Gelegenheitsfascho aus der Tram, aber statt in Ballonseide nun in wallende, farbenfrohe Stoffe gehüllt ist. Kente, die traditionelle ghanaische Tracht.

Und an seiner Hüfte baumelt eine Trommel.

My dress is all the way from Ghana. My name is Kwame. Because I was born on a Saturday!

Westafrikanisches Englisch und ostdeutsche Frisur. Damit hat er sie, jedes Mal. Und kann seine Geschichte erzählen. Von dem einst blonden Jungen, der in den Sechzigerjahren in der DDR aufwuchs, in den Platten, Fickzellen mit Heizung, dem Jungen, der dort an einem Nachmittag unvermittelt einem Mann aus Ghana gegenüberstand, die Haut so dunkel, die Zähne so weiß.

Kiek mal, Kai, hat meine Mutter gesagt, ditt is jetzt dein neuer Papa. Ditt Normalste der Welt. Da war er, der Kai, gerade sieben Jahre alt.

Vor dem Haus in Niedersachsen, 45 Jahre später, hat er seine Grundschulzeugnisse hervorgeholt, aus einem alten Karton in der Scheune. Betragen und körperliche Ertüchtigung befriedigend, nachmittags auffällig bei den Pionieren. Darauf immer die Unterschrift seiner Mutter. Im Februar 1971, Halbjahreszeugnis, noch mit dem alten Nachnamen, im Juli schon mit dem des neuen Mannes.

In den Monaten dazwischen hatte sie Zwillinge zur Welt gebracht und den Bibliothekar aus Ghana geheiratet. Schien, das erste Mal, angekommen im Leben. Gerade Anfang 30, Mutter von fünf Kindern. Bald ereilte den alten Mann der Ruf aus der Heimat. Er, studiert nun, in Deutschland ausgebildet, war begehrt in Accra, der Herr der Bücher. Das Heimweh hatte ihn länger schon befallen, also war die Entscheidung eine leichte. Er wollte zurück. Eine große, eine seltene Chance. Der alte Mann konnte, anders als viele andere, als viele heute, den umgekehrten Weg gehen, für die Arbeit von Europa wieder nach Afrika. Schnell war jedoch klar, dass er diese Reise nicht allein antreten würde. Nicht einfach so. Meine Mutter war da knallhart, sagt Kai, die ließ sich nicht abschütteln. Und so nahm der alte Mann, der allein nach Berlin gekommen war, eine neue Familie mit in die alte Heimat.

Die älteste Tochter und den jüngsten Sohn seiner Frau, Petra und Kai. Und die Zwillinge.

Annette und Andreas.

Sie sind der Grund dafür, dass die Mutter der DDR den Rücken kehrte. Sie sind aber auch der Grund dafür, dass Kai und Ericson heute zusammen auf dieser Terrasse in Niedersachsen sitzen. Die Geburt der Zwillinge hatte aus ihnen, zwei Jungs aus Ostberlin, die sich nie zuvor begegnet waren und sich für die nächsten 30 Jahre auch nicht begegnen sollten, die also vom jeweils anderen nichts wissen konnten, Brüder gemacht, Novis. In den Zwillingen floss das Blut der Mutter des einen und des Vaters des anderen.

Annette sollte schließlich, drei Jahrzehnte später, auch den Kontakt zwischen den beiden herstellen und sie mitnehmen auf die vielleicht wichtigste Reise ihres Lebens. Aber so weit sind wir noch nicht. In Niedersachsen wird jetzt erst mal gekocht.

Bohnen, Reis, Hackfleisch. Chili con Kwarme.

Ericson steht neben dem Herd, hackt ein paar Kräuter.

Wischhafen

Kai wirft zwei Hände voll Reis in einen Reiskocher, den er ebenfalls aus Ghana mitgebracht hat. Damit, sagt er, kannste ganze Legionen versorgen. Ericson nickt, er hat die Portionen berechnet. Das Gemüse sauber geschnitten, jetzt spült er die Gläser. Die zwei Männer, die Küche eigentlich zu klein für beide, gleiten umeinander und aneinander vorbei, eine Choreographie wie einstudiert. Sie kochen ihr eignes Süppchen und haben sichtlich Spaß dabei.

Ericson hat das Kochbuch im Kopf, aber heute überlässt er den Herd seinem Bruder. Es ist schließlich dessen Küche. Und Kai macht ohnehin sein Ding.

Frei nach Schnauze, sagt Kai, ghanesisch. Ich weiß ja, was da rein kommt. Aber frag mich jetzt nicht nach einem Rezept. Kochen nach Rezept, das ist für mich typisch deutsch. Wenn ihr denkt, sagt er, ihr könnt aus einem Buch lernen, wie man kocht, dann habt ihr keine Ahnung, was kochen ist. Du kannst ja auch nicht aus einem Buch lernen, wie man tanzt. Dieses Kochen ohne Buch hat er von seinem ghanaischen Vater gelernt, dem Bibliothekar, ein Widerspruch, der sich natürlich wieder wunderbar fügt in diese Geschichte der Widersprüche und Gegensätze, die keinem Faden folgt, deshalb auch Freestyle ist.

Das Leben als Tanz.

Zum Nachtisch gibt es das geniale DDR-Ding Eierlikör. Man sagt: Likörchen. Kai erkennt die Begeisterung in meinem Blick und überreicht mir, übertrieben feierlich, die Flasche. Ich darf jetzt servieren. Den guten Verpoorten, stilecht im Schokowaffelbecher. Das ist jetzt für mich, Spandauer Junge, der große Schluck Erinnerung. Eierlikör in der Waffel, das habe ich zuletzt bei meiner Großmutter gesehen, 15 Jahre her. Meine Großmutter kam aus Dresden. Wir haben noch Verwandtschaft dort. Und mein Vater hat immer gesagt, dass die drüben, womit natürlich die andere Seite der Mauer gemeint war, im Grunde nur zwei Sachen richtig gut konnten: Saufen und Ficken, also Likörchen und FKK. Ein gutes Leben, wäre da nur nicht die Stasi gewesen. Darüber, sagt Ericson, macht man keine Scherze, das ist eine ernste Sache. Meint den Alkohol, meint nicht die Stasi, also Prösterchen.

Er hatte zuvor eine ganze Weile geschwiegen, dem Bruder zugehört, hineingelauscht in diese andere Ostberliner Kindheit, ein Abgleichen vielleicht auch.

Mit dem Eierlikör rutschen wir ganz kurz in seine Geschichte. Sie spielt in Dresden.

Ericson ist damals, Anfang der Siebziger, während Kai schon in Accra eine neue Welt entdeckte, an die Elbe gezogen. Ins Tal der Ahnungslosen, sagt er.

Es gibt Fotos aus dieser Zeit, sie zeigen eine Schulklasse in Dresden. Blonde, helle Söhne und Töchter, die Haare ordentlich gescheitelt, zu höflichen Zöpfen geflochten. Heimatfilmkinder in ihren Sitzbänken, ganz hinten sitzt einer, der heraussticht, gerade in einer Schwarzweiß-Fotografie, weil es genau das ist: Eine Schwarzweiß-Fotografie. Ericson ist der einzige Farbige in seiner Klasse. Ein Sonderling, dem das Lernen schwerfällt, der nicht ankommt im Alltag. Er hat die Schule nicht gemocht. Ich war dort, sagt er, der einzige Farbtupfer. Der Besondere.

Kai war das in Ghana ja auch, sagt Ericson, der weiße Fleck. Beide also wuchsen in der Rolle des Bestaunten auf, waren der andere. Der mit der schönen Haut. Der eine bestimmt aus Schokolade, der andere ganz sicher aus Schnee.

Meine Mutter, sagt Ericson, hat mich immer ermahnt. Der Junge, so anders als seine Mitschüler, sollte sich möglichst unauffällig verhalten. Wenn irgendwo einer Mist gebaut, auf Baustellen gekokelt, Steine auf die Schienen der Straßenbahn gelegt hatte, fiel sein Name immer als Erstes.

Klar, sagt Kai, der übliche Verdächtige. Wer hat Angst vorm Schwarzen Mann. Ericson schaut ihn an, Zustimmung in seinem Blick, aber auch die alte Unsicherheit längst vergangener Tage. Die Erinnerungen, sie spielen jetzt Fangen.

Aber, sagt er, Neger hat bei uns im Viertel keiner gerufen. Den negativen Rassismus, die Latte auf den Kopf für die falsche Farbe der Haut, er hat ihn nicht erlebt, zumindest nicht unmittelbar. Das durfte es nicht geben, sagt er, das wurde weitestgehend unterdrückt.

Viel später, da war er schon bei der Armee, schimpfte ihn einer der Kadetten einen Nigger. Und wurde tags darauf von den ewigen Hauptmännern, den unheimlichen Soldaten der Stasi, entfernt. Kein Satz mehr darüber.

Der Nazi war, bitteschön, ein Phänomen des Westens. Und der Ausländer im Straßenbild des Ostens sowieso eine Seltenheit. Das hatten sie im Griff. Dem Fremden aber, der Abweichung von der Norm, begegneten die Bürger der DDR, wenn sie ihm dann doch mal begegneten, mit Unwohlsein, und sie gaben ihm Namen. Fidschis für die Vietnamesen, Kohle für die Schwarzen. Das waren nur Worte, aber echte Gewalt, die Menschenhatz, über Stock und über Stein, die gab es auch. Und wenn sich der Hass doch Bahn brach, wurde die Gewalt zum Exzess.

Das haben Recherchen ergeben, die der Historiker Harry Waibel 2016 im MDR veröffentlichen konnte. Er spricht dort von 700 Vorfällen mit einem Dutzend Toten. Am 12. August 1979 etwa, ein Beispiel nur, wurden zwei kubanische Vertragsarbeiter in Merseburg mit Flaschen und Steinen in die Saale getrieben, sie ertranken schwer verletzt. Die Ermittlungen wurden, von Honecker persönlich abgenickt, eingestellt.

Offiziell keine Nazis in Merseburg, im Osten nichts Neues.

Die braune Suppe, sie köchelte also auch in jenen Jahren, nur hielt die SED ganz bewusst den Deckel drauf. Und bereitete so den Weg für die Eskalation des Fremdenhasses der frühen Neunziger, nachdem mit der Mauer auch die letzten Hemmungen gefallen waren.

Der deutsche Rassismus, sagt Kai nun und widerspricht so auch seinem Bruder, ist immer ein negativer Rassismus gewesen. Ericson hat den nur nicht erlebt, weil er ein Kind war. Er hatte den Niedlichkeitsfaktor, den meine Geschwister auch hatten. Aber mein Vater, der alte Mann, hatte den nicht. Es gab da Tanten in der DDR, die haben sich auf seine Geschwister gestürzt, so wahnsinnig süß. Und andere, die seine Mutter wegen derselben Kinder eine Negerhure schimpften.

In Ghana, sagt Ericson, gibt es dafür einen positiven Rassismus, den hast du doch auch erlebt. Er streckt den Zeigefinger in Richtung seines Bruders, bisschen Herausforderung.

Als Weißer, sagt Kai, logisch. An jedem Tag. In Accra, da fiel er sofort auf, weil er schon von Weitem zu sehen war, seine Haare so blond, glänzend in der Sonne. Und es gab die Kinder, die diese Haare anfassen wollten, immerzu. Und in der Schule musste er rennen, immer schneller, damit die Mädchen sehen konnten, wie sich diese Haare im Wind bewegen. Das war, sagt er, irgendwie das Geilste.

Wenn du weiß bist in Ghana, kommen die Kinder herbei und greifen nach deinem Arm. Sie reiben daran, reiben, bis die Haut rot wird, weil sie denken, dass unter dem Weißen doch noch mehr sein muss, eine zweite Schicht. Die Kinder dort, sagt Ericson, haben noch nie Schnee gesehen, für sie bist du der Mann aus dem Winter, direkt verwandt mit dem Weihnachtsmann.

Und, sagt Kai, sie nennen dich Kwesi oburoni, das bedeutet: Weißer Mann, geboren an einem Sonntag. Ein Ausdruck des Glücks, für sie ist der weiße Mann ein Glückspilz, der hat das Lotto-Ding gezogen. Einfach nur, weil er als Weißer geboren wurde.

In Accra, so erinnert er sich, hat er im Garten des Vaters

einmal ein bisschen was gearbeitet, auf den Knien, Unkraut, so was. Da kam einer, ein Fremder von der Straße, und sagte zu ihm: Du bist Weißer, du solltest das hier nicht machen! Deine Haut ist viel zu weich dafür! Du tust dir doch nur weh. Lass mich das machen! Gib mir Arbeit!

Kai war in Ghana immer eine Attraktion. Der Junge mit den Haaren, der Junge mit dem Gold.

Wenn er mit der Mutter in eines der Dörfer gefahren ist, nicht weit vor der Stadt zum Markt, um Obst und Gemüse zu kaufen, haben sie deshalb am Rande des Dorfes gehalten, um so wenig Aufmerksamkeit wie möglich zu erregen.

Auch anstrengend, sagt er. Erinnerungsschlaglichter. Erinnerungsschlaglöcher. Auf dieser Straße der Gegensätze, dem Hin und Her der Brüder, die sich weit entfernt voneinander immer weiter voneinander entfernten.

In Accra gehörte Kai schnell zu den besten Schülern. In Dresden stand Ericson kurz davor, aus der Schule entfernt zu werden. In Accra umringten die Kinder Kai und wollten seine Haare, wollten das Glück berühren. In Dresden sollte Ericson seine Haare, den griffigen Afro, und sich selbst wohl auch am besten verstecken.

Der eine begann, die Musik des Vaters zu hören, stöberte in der Plattensammlung, fand den Soul und den Funk, den Rhythmus und den Blues der Schwarzen Künstler der USA, er lernte, wie man ein Feuer macht, wie man Reis kocht und Suppe, er lernte, sich zu bewegen wie die Männer in den bunten Stoffen, lernte, zur Begrüßung und wenn ihm etwas gefiel, mit den Fingern zu schnippen, lernte mit den Händen zu sprechen und mit dem Körper zu denken.

Der andere saß im Tal der Ahnungslosen und lernte, wie man zum Unterricht sauber gekämmt und ordentlich gekleidet erscheint, er lernte, sich für eine Antwort zu erheben und die Ehre der Schule wie seine eigene zu schützen.

Er lernte, Uniformen zu tragen und sich gleichzumachen. Und er lernte, dass auch Linkshänder mit rechts schreiben müssen, weil es doch, jawohl, Rechtschreibung heißt.

Zehn Jahre in Accra, zehn Jahre in Dresden. Aus dem einen haben sie einen echten Ghanaer gemacht, der bis heute eine kleine Taschenlampe bei sich trägt, weil jederzeit der Strom ausfallen könnte. Der andere wurde ein guter Deutscher, der beim Grillen nervös mit dem Feuerlöscher danebensteht.

Und während der eine zwei Väter hat, den Deutschen, den er Papi nennt, und den alten Mann, den er Vati ruft, trägt der andere längst wieder den Namen der Mutter.

Eine lange Zeit, sagt Kai. Prägende Jahre, sagt Ericson.

Der eine weit weg von der Wirklichkeit des anderen.

Zwischen Accra und Dresden liegen 7623 Kilometer, liegen elf Flugstunden, eine lange Reise.

Man kann auf dieser Strecke verloren gehen, sie reicht für mehr als zwei Leben.

Wie also haben die beiden sich schließlich doch gefunden, von der Existenz des anderen erfahren?

Es ist Ericson, der antwortet, weil sein erster Schritt in Richtung Accra im Grunde ein Schritt seiner Mutter war. Ein Telefonat, überfällig.

1996, die Mauer war längst Geschichte, entschied Monika Ecke, dass es an der Zeit war, ihrem Sohn den Vater zu erklären. Warum genau dann, das weiß Ericson bis heute nicht, er weiß nur, dass seine Mutter irgendwann, aus einer Laune heraus, das alte Telefonbuch aus dem Schrank nahm, um es nach Verwandtschaft zu durchsuchen und fand den ghanaischen Namen. Damals, das muss man an dieser Stelle noch mal schreiben, gab es gerade noch kein Internet. Deshalb Telefonbuch. Oldschool. Und sie fand dort tatsächlich Petra, die große Schwester von Kai, der selbst nicht zu finden war. Er lebte im Westen Berlins und hatte dort wieder den Namen seines leiblichen

Vaters angenommen, hieß wieder Eikermann. Kein Brudermörder mehr.

Petra kontaktierte ihre Halbschwester Annette, den Zwilling. Sie war, Mitte der Achtziger, nachdem ihre Mutter verstorben war, nach Berlin zurückgekehrt. Weil es da eine Abmachung zwischen Eric und Erika gegeben hatte. Dieses Versprechen, dass die Kinder nach ihrem Tod zurückgehen nach Deutschland. Sie sollten dort die Schule besuchen, dann studieren. Wie die Mutter, wie der Vater auch. Für ihn, den Bibliothekar, streng und ehrgeizig, war Bildung am Ende das höchste Gut. Annette jedenfalls, überrascht von der Nachricht eines plötzlichen Bruders, wählte, so schließt sich der Kreis, bald darauf die Nummer von Ericson. Am Wochenende darauf schon trafen sie sich. Und seitdem regelmäßig. Oft sprachen sie über Ghana, träumten eine gemeinsame Reise. Ericson wollte den Vater treffen, nach einem Bruder fragte er nie. Wieso auch. Charlie, sagt Ericson, war für mich das Abbild meines Vaters. Das war als Verwandtschaft erst mal ausreichend. Es hat deshalb ein bisschen gedauert, sagt Ericson, bis ich erfahren habe, dass es da einen Kai gibt.

Erst einmal begann Ericson, der im Osten zur Schule gegangen war, der auch später bei der Armee nur Russisch gelernt hatte, einen Englischkurs zu besuchen. In der festen Überzeugung, den Vater sonst nicht verstehen zu können. Ein Trugschluss.

Der alte Mann, sagt Kai, sprach fließend Deutsch, das war immer sein größter Stolz, die Sprache gemeistert zu haben. Er hatte sie nie verlernt. Nur konnte Ericson das nicht ahnen, weil Annette es für sich behalten hatte, wie es auch der alte Mann für sich behalten würde. Eine Demütigung für den fremden Sohn. Bei ihrem ersten Treffen in Accra. Die einzigen deutschen Worte dann angeblich die Berliner S-Bahnhöfe, die er auswendig aufsagen konnte. Eine Vorführung.

Bis dahin sollten noch einmal Jahre vergehen. Dazwischen das ganz normale Leben, der kleinste Alltag, der dich hinfortspülen kann wie das größte Abenteuer. Du schmiedest Pläne und währenddessen passiert dir das Leben. John Lennon, so ist es ja doch. Ericson kann ein Lied davon singen. In dieser Zeit traf er auch Kai, eher beiläufig bloß. Auf einem Fest, in der Wohnung der Schwester, es waren flüchtige Begegnungen, unverbindliche Wortwechsel. Der Bruder da nicht mehr als ein Fremder, der wenig mit ihm gemein hatte. Die beiden, Passanten ihrer gegenseitigen Biographien nur, konnten nicht viel miteinander anfangen. Sie lebten nun ewig schon nur wenige Kilometer entfernt voneinander, gezogene Luftlinie, und doch lag noch immer ein Kontinent zwischen ihnen.

Bis sie im Sommer 2004 an einem der Abfertigungsschalter des Flughafen Tegel standen, neben sich, daneben die Koffer. Eine Überraschung für beide. Achja, hatte Annette, Schwester und Reiseleiterin für die kommenden Wochen, am Telefon noch gesagt, Stunden nur bis zum Check-In, der Kai kommt auch mit.

So standen sie da, im Gepäck weit mehr als nur ihr Gepäck.

Da, sagt Ericson, trafen wir uns in dem Bewusstsein, die kommenden zwei Wochen fest aneinandergekettet zu sein. Kai, erschöpft in seinem Gartenstuhl, nickt. Mitjefangen, mitjehangen. Sippenhaft. Nun kamen sie nicht mehr aneinander vorbei. Mussten die Gegenwart des anderen aushalten. Wie echte Brüder eben. Im Teilchenbeschleuniger einer erzwungenen Nähe, in einem Hotelzimmer, zu klein für eine vom Zufall zusammengewürfelte Familie. Neben den Brüdern noch die Frauen und weitere Halb- und Viertelschwestern. Irgendwie Wes Anderson auch. Im Shangri-La Hotel von Accra.

Bald aber fuhren sie raus zum Vater. Zu zweit. An den Rand der Stadt.

Wischhafen

Die Begrüßung dort war für jeden eine andere. Daran erinnern sich beide. Wie getrennt voneinander.

Als er mich gesehen hat, sagt Kai, ist der alte Mann einfach los gerannt. Das machen die Ghanesen normalerweise nicht. Und alte schon gar nicht.

Kai war derjenige, sagt Ericson, der umarmt wurde. Und ich war mehr oder weniger nur Statist, wurde billigend in Kauf genommen.

Das war schon irre, sagt Kai, der alte Mann hat sich gefreut, mich zu sehen. Und dann steht sein eigentlicher Sohn daneben. Ein Sohn, der seinen Vater kaum kannte.

Wie im falschen Film, sagt Ericson.

Wie Falschgeld, sagt Kai.

In diesem Moment, plötzlich allein neben der Umarmung der anderen, begann Ericson zu verstehen, rollte die Erkenntnis heran. Dieser Gedanke, dass tatsächlich der Bruder der verlorene Sohn war. Ich spürte, sagt er, dass Kai seinen angestammten Platz dort wieder eingenommen hatte.

Ich habe da wieder gemerkt, sagt Kai, dass Ghana immer mein Zuhause sein wird. Ericson nickt, ohne Gram. Weil seitdem das Verständnis in ihm gewachsen ist. Für den alten Mann, diese ganze Versuchsanordnung aus Fleisch und Blut. Man muss meinem Vater zugutehalten, sagt er, dass er höchstens ein Jahr mit mir zugebracht, mich nur als Kleinkind gesehen hat. Und danach war die Geschichte gegessen.

Er macht eine kurze Pause, denkt dann laut. Spricht für sich, spricht aber auch für den Bruder. Heimat ist ja der Ort, sagt er, an dem man sich am meisten aufhält, wo man sich unbeobachtet, heimisch fühlt, ja. Und mein Vater hat Kai halt so eine Heimat geboten.

Ich denke, sagt Kai, Heimat, dieses Gefühl, das basiert auch auf den Geschichten, die man gemeinsam erlebt hat.

Neurologen, sagt Ericson, haben ja auch herausgefunden, dass Erinnerungen, die mit der Heimat im Zusammenhang stehen, untereinander die höchsten neuronalen Vernetzungen im Gehirn haben.
Das heißt, sage ich, Heimat leuchtet.
Ja, sagt Ericson, Heimat glüht.
Der alte Mann hatte Ericson seinen Namen gegeben und die Gesten dazu, aber er hatte keine Erinnerungen mehr, sie waren ihm verloren gegangen, auf seiner langen Reise. Irgendwo zwischen den Söhnen und Töchtern, den Laken und den Büchern, zwischen den Kontinenten auch. Ericson und der alte Mann hatten nichts, das sie hätten teilen können. Kein Leuchten, nirgends.
Ericson blieb dann, gehört sich so, trotzdem zum Essen. Im Garten des alten Mannes gab es Kobi, Salzfisch mit Spinat. Traurigkeit lässt sich mit vollem Magen gleich besser ertragen, Anekdoten lassen sich mit vollem Mund gleich besser erzählen. So hatte jeder seins. Vielleicht sollten Wissenschaftler mal herausfinden, wie viele Kalorien Heimat hat. Das wäre was. Lecker, sagt Ericson, war es in jedem Fall.
Danach haben die beiden dann erst mal Urlaub gemacht. Gingen im Vollmond baden, machten richtige Köpper in den Pool des Shangri-La oder liefen einfach gemeinsam durch die Stadt. Erzeugten so wundervolle Momente größtmöglicher Verwirrung. Unter den Ghanaern, die selbstverständlich den Schwarzen ansprachen, ihn für einen Landsmann hielten, um dann nicht schlecht zu gucken, wenn der Weiße daneben antwortete, für den Bruder, der nichts verstanden hatte, weil ihn selbst der beste Volkshochschulkurs nicht hätte vorbereiten können auf das Pidgin der Straßen von Accra.
Natürlich machten sie sich einen Spaß daraus, ein Spielchen unter Jungs, denn wenn zwei Männer, egal welchen Alters, gemeinsam unterwegs sind, retardieren sie schnel-

ler, als jede Frau ihnen frische Hemden rauslegen kann, sie zeichnen Baumhäuser in jeden Wipfel, essen Burger um die Wette, fordern den Mut des anderen heraus, aus ihren eigenen Klamotten gewachsene Strolche.

Zwei Spitzbuben, sagt Ericson. So bewegten sie sich durch die Straßen von Accra, säten Konfusion und ernteten das große Lachen der Ghanaer, ein Lachen, das gleichzeitig aus dem Herzen und aus dem Bauch kommt. Vom Marktschreier, vom Parkwächter, aber auch von den Polizisten, die ihren Wagen anhielten, immer wieder, weil dort der Weiße am Steuer saß und nicht der Schwarze. Weil sich Ericson niemals, nicht mal für Geld, in Ghana hinter das Steuer gesetzt hätte, eher würde er mit den Vorauszahlungsmitteilungen seiner Klienten ein amtliches Lagerfeuer in seinem Innenhof entfachen, als sich auch nur hundert Meter durch Accra zu quälen. Die fahren auf drei Spuren, sagt er, obwohl es nur zwei gibt.

Das natürlich konnte die Polizei nicht wissen. Also Kelle raus und die Frage an ihn: Why are you not driving?

Und Ericson, auf dem Beifahrersitz, sagte, erste Lernerfolge: You have to talk to my brother. Zeigte auf Kai. This guy. Erstaunen wieder. He is the Ghanaian.

Kai tauschte dann ein paar Sätze im Slang der Stadt mit den Männern in Uniform, und dann war das klar: Okay, der ist einer von uns. Und dann löste sich das alles auf, im Lachen der Uniformen, fiel auch das Bußgeld gleich deutlich geringer aus. Das waren Momente, die es immer wieder gab. Der weiße Ghanaer und sein dunkler, deutscher Bruder.

Irgendwann standen sie dann in den Straßen von Accra, vom gemeinsamen Schabernack geschüttelt, und schauten sich einmal genauer an, so gegenseitig. Von oben nach unten und wieder zurück, als wäre ihnen der andere genau dort, genau dann, überhaupt erst aufgefallen, mit allen Eigenheiten und Unterschieden. Die beiden dort das Gegenteil von einem Abbild.

Da ist ihnen dann, zum ersten Mal, klar geworden, wie merkwürdig das eigentlich alles ist.

Zwischen ihnen, mit ihnen.

Da, sagt Ericson, tauchte dieser Gedanke auf, dass Kai ja tatsächlich sein Leben in Ghana verbracht und da seine Prägung erhalten hatte. Und ich eben derjenige war, der in Deutschland geblieben ist und den Weg der geradlinigen deutschen Erziehung genossen hatte.

Dort begriffen die Brüder, dass sie das Leben des jeweils anderen leben.

Ein müder Blick auf die Uhr. Spät geworden. Zeiger nach Mitternacht, das Alte Land schläft bereits, die Gläser sind leer. Die Worte, mit jedem neuen Satz, jedem neuen Schluck langsamer geworden, sind für den Moment aufgebraucht. Kai ist in seinem Stuhl zusammengesunken. Und auch Ericson sieht aus, als seien es ausreichend Erinnerungen gewesen für einen Abend.

Er trägt erst die Teller in die Küche, dann den Bruder, löscht das Kerzenlicht. Eine tiefe Dunkelheit umgibt ihn nun. Gute Nacht, sagt er. Dann erlischt auch sein Lächeln, und er legt sich zu den bereits Schlafenden. Er schläft unten, Kai die Treppe hoch. Das Holz der Stufen verrät seine Schritte, dann ist im Haus endgültige Ruhe. Und die Männer versinken in ihren eigenen Träumen.

Am nächsten Morgen liegt der Rum noch auf den Lidern und der Frühnebel über den Feldern. Es ist ein langsames Erwachen. Feuchtigkeit, die nach den Knochen greift.

Kai steht in der Küche und kocht Kaffee, er kann den Regen riechen. Das Land und er, sie gewöhnen sich noch aneinander. Manchmal fremdeln sie, dann steht er plötzlich in Unterhose im Niederschlag, obwohl gerade noch die Sonne schien. Und die Mücken fressen ihn auf, als Lektion. Aber, was soll's, er ist noch nicht lange hier, da sollte man nichts überstürzen.

Wischhafen

Das Land hat seinen eigenen Charakter, es ist wie die Leute, es öffnet sich langsam. Schweigt gern mal länger, hat Geheimnisse. Plattes Land auch. So platt, gäbe es die mit Reet gedeckten Häuser am Horizont nicht, man könnte sicher bis nach Berlin schauen, durch die Windräder hindurch den Fernsehturm sehen. Schöne Vorstellung, Deutschland doch nur eine Karte aus dem New Yorker. Und hinter Berlin beginnt gleich das Oktoberfest. Als würde die plötzliche Weite auf absurde Weise das Land zusammenstauchen. Wobei es doch andersherum sein müsste.

Es gibt nun, längst überfällig, weil am Vortag nach altem Sprichwort ins Wasser gefallen, die Führung über das Land. Altes, geiles Land. Eikermann Homeground, Alter! Sowieso Beste.

Die gestern erst im Regen ertrunkene, dann im Rum ertränkte Spazieridee wird wieder hervorgeholt und mit ihr die Gummistiefel, genug für alle. Plaste, sagt Kai. Sein Qualitätssiegel. Mät inse GDR.

Kai also trägt Gummistiefel, Ericson jedoch weiterhin seine Ledersandalen. Damit ist er jetzt schon, es ist gerade 10 Uhr, der geilere, der härtere Typ. Aber er war schließlich auch bei der Armee. Ericson kann aus Flipflops und einem Meter Angelschnur einen Unterstand für zehn Personen bauen, Ehrensache.

Und bei jedem Schritt schmatzt es, als hätte die Erde einen gesunden Appetit. Deshalb muss man richtig laufen, große Schritte, rausstapfen mit der doppelbödigen Lehnsherrenattitüde des Chefironikers und Landbesitzers Kai Eikermann. Ausgestreckte Arme, Gesten bis an den Horizont. Das alles gehört jetzt ihm. Den Weg runter bis zu den Mooren, den Weg hoch, bis der Blick an den Torf stößt. 2,7 Hektar besitzt er hier, darauf auch ein paar Kühe des Nachbarn. Schwarze, die Kaffee geben, und rotbraune, zu denen ihm noch kein Witz eingefallen ist.

Das Haus ist ein Versuch gegen die Enge der Stadt. Er

braucht das. Er ist so aufgewachsen. Dort, wo ich in Ghana gelebt habe, sagt er, rund um die Häuser, da gab es immer viel Land. Da gab es immer die Möglichkeit, ein Feuer zu machen. Da konnten die Kinder, er und die Geschwister, einfach rumlaufen, der Neugierde hinterher. Keine Zäune, vor allen Dingen keine in den Köpfen. Frontalnatur. Tiere untersuchen, sagt er, oder einfach nur Mangos pflücken. Und immer roch es nach brennendem Holz. Das waren die Gerüche der Ghanajahre.

Immer, sagt er, schwelte oder rauchte etwas, der Geruch hing in der Stadt, zwischen den Häusern. Essen, das gekocht wurde, Reis auf kleiner Flamme, Holz, das den Kessel heizt. Dazu das Summen der Stromleitungen, der Abfall in der Straße. Accra, sagt er, stinkt richtig. Afrika ist roh. Natürlich fand er auch das: geil. Die Weite und das Feuer, sagt Kai, das gehört unbedingt zusammen. Heimat ist dort, wo ich ein Feuer machen kann. Deshalb fühle ich mich hier zuhause.

Mehr noch als in der Stadt, mehr sogar als in Ostberlin, wo die Kindheit zurückkehrt, sobald er den Gleisen der Straßenbahnen folgt, die es im Westen nie gab. Durch die Straßen, die ihre Fassaden und Mieter, nicht aber ihre Namen verändert haben.

Deshalb wollte er wieder raus, hat also zugesehen, dass er Land gewinnt. Abstand zwischen sich und die Stadt bringt, denn Ruhe entsteht, wo die Zeit auf den Himmel trifft. Genau dort zeichnen sich Hügel gegen den Horizont ab, gestochene Torferde, schwer vor Nässe, die von bulgarischen Saisonarbeitern ausgehoben und auf Lastwagen geladen wird, damit sie in Berlin später im Baumarkt liegt. Muttererde, 60 Liter zu 9,99 Euro.

Noch aber liegt sie hier, mal geschichtet, mal wild übereinander, als hätten Kinder damit gespielt, und verdunkelt die Ebene. Sie müsste längst auf dem Weg in die Stadt sein, doch der Regen der vergangenen Tage hat die Arbeit verlangsamt und jetzt ist Wochenende, die Bulgaren sind bei ihren Familien oder schlafen ihren Rausch aus, keine Maschine bewegt sich. Kein Motor zerschneidet den Morgen. Ihr Dröhnen sonst wie eine Ahnung vom Krieg.

Es sind Maschinen, die Gesichter zu haben scheinen und Glieder wie Insekten. Maschinen, die aus einer Ridley-Scott-Zukunft stammen könnten und sich doch nur durch die Gegenwart wühlen. Jetzt stehen sie still.

Wir laufen, ein bisschen.

Bis uns, auf halbem Wege, der Bauer entgegenkommt, dem die Kühe am Zaun gehören. Er hat den Pachtvertrag für das Land dabei, gerade unterschrieben. Gut, sagt Kai, und zeigt auf uns, seine Begleiter. Weil er den Blick des Bauern gesehen hat, der offensichtlich nicht genau weiß, was er mit der merkwürdig bunten Reisegruppe anfangen soll. Das ist mein Bruder, er legt Ericson seine linke Hand auf die rechte Schulter. Und das ist ein Reporter, der schreibt unser Leben auf.

Der Bauer schaut. Erst nach links, Eikermanngrinsen, dann nach rechts, freundlich grüßender Ecke. Hallo. Weiß und schwarz wie seine Kühe, lustige Tupfen in der Landschaft. Über seiner Mütze ein Fragezeichen. Jo, sagt er dann, nach ausgiebiger Überlegung. Macht ihr mal. Den Vertrag drückt er Kai in die Hand, tippt sich an die Schiebermütze und verschwindet im Feld.

Siehste, sagt Kai. Ja, sagt Ericson. Alles wie immer.

Und die Männer, schmatzend im neuen Matsch des Alten Landes, wühlen sich wieder in die Vergangenheit, mit jedem Schritt ein bisschen tiefer. Die Luft, ganz klar, katalysiert die Erinnerungen, der Blick geht in die Ferne. Sie laufen, im Gleichschritt, und machen doch dort weiter, wo sie gestern Abend stehen geblieben waren.

Tief einatmen und erzählen.

Von ihren Leben, den getauschten, die nicht nur die Geschichte von Schwarz und Weiß erzählen können, sondern auch die Geschichte von Ost und West, die Geschichte einer innerdeutschen Teilung.

Kai und Ericson haben ihre Kindheit auf zwei verschiedenen Kontinenten verbracht, erwachsen aber wurden sie in zwei Ländern, die einmal eins gewesen waren. Luftlinie zehn Kilometer, dazwischen Todesstreifen und Schießbefehl. Von der Mauer getrennt, in Berlin. Ost und West. Dort erlebten sie die Achtzigerjahre.

Der eine als Tänzer. Der andere als Grenzer.

Reimt sich, sagt Kai, das ist ja das Geile.

Und Ericson nickt.

Man muss sich das mal überlegen, sagt er nun, während Kai einfach über die Grenze hinweggeflogen ist, habe ich alles dafür getan, diese Grenze irgendwann sichern zu dürfen.

Kai ist 1981 zurückgekommen aus Ghana, 18 Jahre alt nun, sowas wie ein Mann.

Letztendlich, sagt er, bin ich über Ghana ausgereist. Mit dem Flugzeug in den Westen. Das muss man sich auch mal überlegen. Ohne den alten Mann wäre ich doch in der DDR geblieben. Da kommt also, verrückt genug, ein Ghanaer nach Ostberlin und hilft einem deutschen Jungen dabei, das Land zu verlassen. Kai ist dem alten Mann bis heute dankbar dafür. Für die Möglichkeit, auf der anderen Seite leben zu können. Für das Ticket von Accra nach Tegel, die Landung auf der für ihn sicheren Seite. So war es schließlich. Kai Eikermann kam, nach Ghana, am Ende seiner Jahre dort, wieder in ein ihm fremdes Land. In das andere Deutschland, das er zuvor nur aus dem Radio kannte, den Erzählungen der Älteren.

Nach seiner Rückkehr merkte er, dass er anders war. Vorher in Ghana war es ihm nicht aufgefallen, weil es ihm überhaupt erst jetzt, erst dort auffallen konnte, in Berlin, unter den Deutschen. Er bewegte sich nicht wie sie. Sein Gang war wippender, federnder, leichter. Schon das Laufen ein Tanz. Und er spürte, dass da noch mehr war, dass er etwas mitgebracht hatte aus Accra.

Etwas, das rauswollte.

Wie bei Alien damals, weeßte.

Er konnte es nur noch nicht benennen, ging in die Disko und machte den Hampelmann, wenn sie die Musik spielten, die er so liebte, den Sound des Vaters, wenn da Bässe waren, ein Rhythmus, der ihm in die Glieder fuhr. Konnte ja schon in der Schule nicht still sitzen. Zappelkai. Und die Mädchen kamen zu ihm und sagten: Das ist nicht cool, was du da machst. Aber er zuckte nur mit den Schultern und machte weiter. Ging ja gar nicht anders, was von innen kommt, kann von außen ruhig komisch aussehen.

Dann stand er an einem Abend im Foyer der Philharmonie, Jazz Festival 1983, und schaute ein paar Tänzern aus New York zu, die sich wild drehten, auf den Schultern, dem Kopf, Mensch gewordene Hubschrauber, geile Kasper mit dicken Mützen, die sich zu den Bässen der Sugarhill Gang, den Breaks und den Cuts von Grandmaster Flash einem Anfall hingegeben hatten. Die einfach machten. Er hat noch heute Kontakt zu ihnen.

Da dachte ich, sagt Kai, ahja! Das ist das! Das ist genau das! Ich hatte mich schon in Ghana auf den Boden geworfen, aber jetzt wusste ich, was das war. Das war Breakdance.

Klar machte er mit. Gründete eine Crew. So sagt man das ja, mit anderen Jungs, die auch Crew sagten. TDB nannten sie sich, Tod durch Breakdance, weil sie in einem viel zu kleinen Keller turnten und jeder falsche Schritt, jede Drehung zu weit bedeutet hätte, dass der Kopf an die Mauer klatscht, einer hatte sich gleich ein Bein gebrochen, Knochen krachend auf Westberliner Sandstein.

Die anderen haben dann irgendwann wieder aufgehört, sind auf den nächsten Zug aufgesprungen, der lautstark und farbenfroh durch dieses Jahrzehnt raste. Wurden Rapper oder Skater, später auch Technokids, im Tresor, wo man sich nicht aufm Kopf drehen musste, weil sich ja im Kopf schon alles drehte.

Kai ist dabeigeblieben, im Grunde bis heute. Da, sagt er, war ich deutsch. Da war ich wie meine Mutter. Dickköpfig unter der Pudelmütze.

Mir war das wichtig, sagt er, das war meine Kunstform. Er war dann auch einer der Ersten, die Breakdance unterrichtet haben, ist in Jugendheime gegangen, zu den Kanaken nach Kreuzberg, wo jeder einen Bruder hatte, der glaubte, es noch besser zu können. Abi, die guten Moves, den ganzen Respekt. Der Großteil von denen, die es noch gibt, sagt er, die haben mit mir zu tun. Auch im Wedding hat er lange tanzen lassen, die Flying Steps, eine der bekanntesten Breakdancegruppen überhaupt, dort trainiert. Und er ist irgendwann nach New York gefahren, dort im Club der einzige Weiße. Wieder stand die Welt kopf.

Im Alten Land unter schwermütigen Birken steht nun diese Bank, das Holz morsch und von moosigem Grün. Man kann von hier aus ganz wunderbar über die Felder schauen, über das Moor, den Himmel mal wirken lassen. Ericson und Kai setzen sich. Mach mal ein Foto, sagt Ericson. Die Bildunterschrift ist ja nur folgerichtig, die kennen sie schon. Der eine ist Tänzer, sagt Kai. Und es ist nicht der Schwarze.

Dann stellen sich beide sehr schlau dabei an, besonders dumm dreinzuschauen. Wobei Kai hinten raus noch die bessere Grimasse gelingt. Wettkampftyp eben. 1991 wurde er Weltmeister in Frankreich, gewann danach auch das Battle of the year. Größer ging es nicht mehr. Da hatte er längst seinen Spitznamen erhalten, von der Straße geadelt. Dort nur noch der Funkadelic Robot, weil er das Mechanische beherrschte, Bewegungen wie Schwarzenegger als Terminator, der Robokopp. Kai hat das gemacht, lange bevor Hip-Hop nach Deutschland kam. Er war damit wieder Pionier, natürlich auffällig – wenn das die Eierköppe in der DDR gewusst hätten.

Während er sich im Westen auf den Asphalt warf, hatten die Eierköppe im Osten jedoch Wichtigeres zu tun. Sie mussten den Sozialismus verteidigen gegen die Zersetzung durch den Westen, sie mussten darauf achten, dass ihnen in der Kälte des Krieges nicht die Soldaten ausgingen. 1986 kam sein Bruder Ericson zur Armee, Unteroffiziersschule, gezogen am 6. Mai. Fünf Tage nach seinem 18. Geburtstag. Lehrgang zum Gruppenführer. Auch davon gibt es Fotos.

Die aber hat er im Auto, in einer kleinen Holzkiste und in einem Album, das lange in einer Schublade lag. Um also noch einmal in die Vergangenheit zu treten, müssen die Männer zurück durch den Torf, an den Kühen vorbei. Zurück ins Haus. Bevor Ericson noch kalte Füße bekommt. Sie laufen zurück, ohne Hast, schweigen, Schulter an Schulter. Und blicken einander an, als versuchten sie, etwas von sich selbst im Schweigen des anderen zu erkennen. Dann wieder machen sie Gesichter, um mal zu schauen, wer als Erster lacht. Hinter ihnen atmet das Land. Die nächsten Wolken ziehen heran.

Zurück im Haus, kochen sie Kaffee. Schwarz, sagt Kai. Weiß, sagt Ericson. Dann lachen sie, gleichzeitig. Haben also beide verloren. Aber diesmal zählt es nicht. Ericson holt das Album aus dem Auto und legt ein Foto auf den Tisch. Dort steht er vor der Flagge, in Uniform, das Lächeln kaum merklich. Es ist ein irres Foto, er ganz dunkel, hinter ihm Hammer und Zirkel, er sieht aus, als hätte er sich dorthin verirrt, als wäre er auf dem Rückweg von einem Kostümfest in diese Veranstaltung hineingeraten. 1000 Kadetten an der Offiziersschule, darunter nur zwei Farbige.

Der Neger bei der Armee, sagt Ericson, da haben die natürlich auch nicht schlecht geschaut. Die Quadratschädel.

Eigentlich, sagt er nun, weil so alle irren Geschichten

beginnen müssen, eigentlich wollte ich Hunde ausbilden, das war die Idee. Zur Armee und Hundeführer werden. Dafür allerdings hätte er innerhalb von drei Tagen ein spezielles Formular ausfüllen müssen. Das wusste er nicht, es hatte ihm niemand gesagt. DDR halt, sagt er. Stattdessen saß er bald in jenen ungarischen Panzern, die der deutsch-demokratische Volksmund irgendwann Pusztascheißhaus getauft hatte, wegen der seriellen Abkürzung: PSH. Panzer wie schlechte Witze. Höllenkisten aus Leichtmetall. Drinnen stank es nach Diesel und im Winter ist einem, so sagt ja der Berliner, der Charakter erfroren. Aber Panzer sind sie dann ohnehin kaum gefahren, die meiste Zeit eher aus Perleberg zum Truppenübungsplatz rausgelatscht. Zum Schießen.

Fünf Monate dauerte die Ausbildung, in der sie schließlich auch ihn auf links gedreht, irgendwie den Quellcode seiner Gesinnung überschrieben haben. Innerhalb der fünf Monate, sagt er, habe ich gemerkt, wie sich meine Einstellung geändert hat.

Das Foto, das nach diesen fünf Monaten entstanden ist, gleicht dem ersten sehr. Die Kulisse, Flagge und Uniform, identisch. Das erste zeigt einen Jungen, der irgendwie Zuversicht schwitzt, in den Augen Glanz. Da ist etwas, das schimmert. Das zweite Bild zeigt dann schon einen Mann, der dem Leben begegnet ist, dem Ernst auch, der dieses Leben immer begleitet, als würde er es beschatten.

Wir waren, sagt Ericson, danach bereit zu schießen.

Sie hatten ihn komplett umgekrempelt. Aber, sagt er, und es ist ein großes Aber, eines, das man nur verstehen kann, wenn man in seiner Haut steckt. Aber, sagt er also, ich war gern beim Militär. Es war der erste Ort, an dem er richtig war. In der Schule gehörte er nicht dazu, die Dachdeckerausbildung hat er auch nur gerade so geschafft. Ach und Krach. Im Militär, sagt er, wurde der Grundstein für alles gelegt, was ich heute bin, das Fundament meines Lebens. Keine Illusionen. Ohne das Militär wäre ich heute nicht Steuerberater.

Er hatte dort Freunde gefunden und neben dem unnötigen auch den nötigen Ernst. Hatte den Drill verstanden und Haltung angenommen.

Nur an die Grenze durfte er dann erst mal nicht, weil die Eierköppe und Quadratschädel ihn dort nicht gebrauchen konnten. Seine Hautfarbe war nun tatsächlich ein Problem. Weil allein seine Anwesenheit am Schlagbaum, im Wachturm, zu einer diplomatischen Krise hätte führen können. Die hatten die Schlagzeilen in der Westpresse schon vor Augen, sagt Ericson. Die Titelseiten von *BILD*, *Spiegel*, *Stern*: *Angolaner schützen innerdeutsche Grenze*. Innen dann zum Text sein Bild, der Schwarze vor der Flagge, bereit zu schießen.

Nur einmal durfte er mit, mitten in der Nacht. Der Schwarze im Dunkeln. Perfekt abgetarnt, sagt Ericson. Schwarz ist ja die Abwesenheit von Reflexion.

Die Grenze also blieb unerreichbar, dafür fand er bei der Armee zu jener Leidenschaft, die ihn dem Bruder näher bringen sollte, als es beide je geahnt hätten. Denn auch Ericson war irgendwann, in alten Kisten, auf die wenigen Platten gestoßen, die sein Vater damals zurückgelassen hatte. Und natürlich hörte er Westradio, auch heimlich, die Jacke aus Kunstleder. Percy Sledge, Aretha Franklin, James Brown.

Ich habe mich für zehn Jahre verpflichten lassen, sagt Ericson, aber währenddessen habe ich auch getanzt. Richtig Breakdance, in Uniform. Er lässt die Worte kurz wirken. Und sieht nun, wie Kai sich aufrichtet. Tatsache? Er zieht Luft durch die Zähne, eine Augenbraue hoch.

Kai hat diese Geschichte noch nie gehört. Ein breakdancender Ericson, der Steuerberater als Tänzer, bisher schien ihm das eher unvorstellbar. In seinem Gesicht liegt nun die Verwirrung eines Mannes, der vor 30 Jahren in der DDR eingefroren wurde und kurz nach dem Auftauen nicht nur erfahren muss, dass die Mauer gefallen ist, zum Einsturz gebracht von David Hasselhoff, sondern auch, dass eine ehemalige Schülerin der Polytechnischen Oberschule in Templin die Kanzlerschaft übernommen hat. Unglaubbar, wie der Berliner sagt. Das musst du erzählen, Alter!

Und Ericson erzählt. Davon, wie er die Geduld seiner Vorgesetzten einer tollkühnen Probe unterziehen wollte, indem er zusammen mit ein paar anderen das alte Wehrmachtslied *Blutrot sank die Sonn* als Rap aufführt. Wir dachten, sagt Ericson, wir wären die Beastie Boys.

Erzählt von den Diskotanzmeisterschaften, die damals in Suhl ausgetragen wurden. Im Kaluga, kannste googeln.

Da ist er angetreten und hat tatsächlich einen der vorderen Plätze belegt. Ein Kumpel, sagt er nun, hat letztens auch erzählt, dass ich damals den Detlef D! Soost gebattlet hätte. In Marzahn. Da dachte ich nur: Nee, echt?

Und Kai denkt: Nee, echt?

Und ich denke auch: Nee, echt.

Und Ericson lacht sich kaputt: Ja, echt.

Detlef D! Soost, ein Ostberliner Choreograph, der vor allem als Jury-Mitglied des RTL-2-Formats *Popstars* Privatfernsehberühmtheit erlangte, blickt auf eine Geschichte zurück, die der Ericsons durchaus ähnelt. Soosts leiblicher Vater stammte ebenfalls aus Ghana und war als Medizinstudent nach Berlin gekommen, wo er eine Affäre mit einer Deutschen begann. Seine Mutter starb, als Soost gerade 12 Jahre alt war, auch er wuchs in einem Heim auf.

Später schrieb er seine etwas zu dick geratene Biographie. *Heimkind, Neger, Pionier.* Ein Titel, der sich allerdings auf seltsame Weise wie das wilde Mash-Up der Kindheiten von Kai und Ericson liest. Kai schüttelt den Kopf. Ein Wahnsinn, sagt er, da treffen sich die zwei einzigen in Ostberlin aufgewachsenen Ghanesen, die eigentlich beide hätten in Ghana aufwachsen sollen, in Marzahn und batteln einander. Er lacht, dass es dröhnt. Und für einen kurzen Moment sind sich die ungleichen Brüder ganz nah, sitzen auf dieser Terrasse zwei Tänzer, der Breakdance-Weltmeister von 1991 und der Zweitplatzierte der Diskotanzmeisterschaften von Suhl.

Vielleicht, sagt Kai schließlich, wären wir uns irgendwann begegnet.

Ja, sagt Ericson, vielleicht.

Jetzt sind wir doch noch im Konjunktiv gelandet. Und damit auch bei der Frage, wieso der eine aufgehört und der andere weitergemacht hat. Gegen jede Wette, gegen jeden guten Ratschlag. Die Antwort darauf, sie führt mitten hinein ins Jahr 1989. In die letzten Stunden der DDR und die Wochen, die darauf folgen sollten. 1989, das ist nicht nur ein deutsches Schicksalsjahr, sondern auch das Jahr, in dem sich die Brüder entscheiden mussten. Spaß oder Ernst.

Was nur wenige wissen, sagt Ericson, ich war am 9. November an der Mauer.

Dann doch. Kai atmet hörbar durch, schon wieder ein Geheimnis. Aber so ist das nun mal, auch unter Brüdern. Und Ericson erzählt das nicht gern, die ganze Sache mit den Grenztruppen, die Leute reagieren da nicht gut drauf. Es gibt ein paar Vereinigungen, deren Mitgliedschaft nicht gerade als Auszeichnung gesehen wird, weil da immer gleich der Schießbefehl mitmarschiert.

Jedenfalls, Ericson und die Kameraden, sie saßen am 9. November 1989 mit den anderen in ihrer Unterkunft in Groß Köris bei Königs Wusterhausen, keine Ahnung von nichts. Sie hatten schon ihre Bierration bekommen, eine Flasche jeder, normaler Abend, kurz vor Zapfenstreich, solider Suff in Uniform. Fümwe gerade sein lassen. ßum Wohl. Gegen Mitternacht aber gab es einen Alarm, mischte sich schrill die Geschichte ein.

Eine knappe Ansage gab es, Alarm. Ausrücken, 15 Minuten Zeit! Mehr nicht. Also wieder raus, Uniformen glatt gestrichen. Dann ging es los. Die Männer, im Laster, wurden ans Brandenburger Tor gefahren, der Auftrag ganz simpel:

Die Sicherung der Heimat DDR.

Der Pariser Platz schon voller Menschen, in der Luft dieser Geruch, eine Ankündigung von etwas Großem. Unruhe. Flutlicht und Tumulte. Der Platz, das war jetzt ihr Einsatzort, direkt an der Frontlinie der Historie. Dort blieben sie 36 Stunden lang. Bis zum Mittag des übernächsten Tages, in einem Zelt, hörten die Menge, das Rauschen, den Puls der Zeit. Sahen die Wende heraufziehen.

Einige von ihnen standen später auf den Mauerkronen, zogen die Menschen hinauf, weil die Leitern zu kurz waren, bekamen Applaus, wurden umarmt. Sie trugen keine Waffen, es fielen nur Schnappschüsse.

Die Stimmung, sagt Ericson, war friedlich. Die Luft in dieser Nacht, Winter schon, warm von Euphorie. Die Männer im Abspann von *Good Bye, Lenin*, sagt er, das sind wir. Man kann da, in diesem Abspann, ganz kurz auch mein Ohr sehen. Ganz sicher.

Ericson Ecke also hat sein Ohr in die Geschichte gehalten. Es ist der Forrest-Gump-Moment seines Lebens.

In Westberlin, am selben Abend, war sein Bruder mit seiner Frau ins Kino gegangen. Delphi an der Kantstraße, gibt es heute immer noch. Als sie aus der Vorstellung kamen, war eine große Aufregung in den Straßen. Kai hielt, nichtsahnend, ein Taxi an.

Es folgte ein normaler Berliner Dialog.

Er, im Spaß zum Fahrer: Watt isn hier los, ist die Mauer offen?

Und der Fahrer, Türke, ganz im Ernst, sagte: Ja. Und ich fahre gleich zur Bornholmer Brücke, um da ein paar Leute einzusammeln. Es ist der Moment, in dem Kai gern sein eigenes Gesicht gesehen hätte.

Am nächsten Tag schon lief er mit Teilen der Ostverwandtschaft über den Ku'damm, mit ihnen Hunderttausende. Und in derselben Woche zeugte er seinen Sohn, er sollte neun Monate später, pünktlich zur Währungsunion, auf eine Welt kommen, die wenig gemein hatte mit jener der Jahrzehnte zuvor.

Ein Land hatte sich aufgelöst und irgendwo blühten Landschaften. Die große Veränderung, das ganze Wendetheater, Ericson und die anderen Grenzschützer hatten die besten Plätze, als es begann. Erste Reihe, 36 Stunden lang, das bekommst nicht oft. Und dann, die Mauer gefallen, Westhände auf Trabidächern, Schabowskis Zettel schon Legende, die große Einladung in den Westen, wurde den jungen Männern am Brandenburger Tor plötzlich klar, dass nach ihrer Rückkehr nichts mehr dasselbe sein würde. Sie spürten nun, dass sich auch ihre Welt in diesen 36 Stunden grundlegend verändert hatte, dass sie nicht nur auf dem Kopf stand, sondern verschwunden war.

Wir wussten, sagt Ericson, unsere Heimat ist jetzt Geschichte. Eine Erkenntnis wie die flache Hand vor die Stirn. Keine Heimat, keine Grenze. Nichts mehr da, was sie hätten schützen können. Stattdessen nur ein Gefühl. Haltlosigkeit. Als wäre das Zuhause eingestürzt. Ein Gefühl von Obdachlosigkeit, nur größer. Ein Haus kannst du wieder aufbauen, ein Land bekommst du nicht zurück. Die Gerüche ihrer Kindheit, sagt seine Frau immer, die vermisse sie. Die gibt es nicht mehr. Ein Verlust, schwer zu beschreiben. Schwer zu verstehen auch.

Und die DDR, das war für Ericson nun mal ein Land, das gut gepasst hatte. Wie die Uniform, sagt er. Die DDR hat immer Sicherheit vermittelt. Du musstest dich da schon anstrengen, um keine Arbeit zu haben. Mit dem Mauerfall, sagt Ericson, ist auch mein Lebenskonzept den Gully runter, die Karriere war ja vorgeplant im Militär, danach aber: nichts mehr.

Und wie die einen vor den Trümmern der Mauer, standen die Brüder, jeder für sich, ratlos vor den eigenen Plänen. Die Lebensentwürfe wie zur Überprüfung mit Reißzwecken an die Wände geheftet. Das geschah parallel.

Kai hatte mittlerweile ein Luft- und Raumfahrtstudium begonnen, weil man allein vom Kopfdrehen nicht leben konnte, auch klar. Und Ericson, der immer in Uniform hatte tanzen müssen, hatte nicht mal mehr eine Uniform. Beide waren kurz davor, Vater zu werden. Ericson erwartete eine Tochter, Kai einen Sohn. Beide mussten sich entscheiden. Und entschieden sich auch.

Da rief die Pflicht, sagt Ericson. Und die Pflicht war seine Tochter, die Mutter dazu, die von ihm jetzt erwartete, dass er die Verantwortung übernimmt, die einem erwachsenen Mann nur angemessen wäre. Er hatte da gerade einen Rechtsanwalt kennengelernt, der ihm Startkapital leihen wollte für eine Karriere als DJ auf Ibiza. Das waren so die Pläne.

Ziemlich geil, sagt Kai. Natürlich.

Ja, sagt Ericson, aber die Mutter meiner Tochter sah das anders. Die fand DJ auf Ibiza eher nicht so geil. Und so entschied er sich schließlich, in Steuer zu machen.

Kai aber ging, Prägung würde Ecke wohl sagen, den genau entgegengesetzten Weg. Er verabschiedete sich von der Universität, von all den Weltraumträumen und machte, was er am besten konnte, den Clown auf der Bühne. Raumfahrtingenieur, Tänzer: Am Ende so oder so eine Rampensau. Seitdem tritt er auf, im Club, im Varieté, dreht immer noch auf dem Kopf, er kann davon leben, auch wenn er oft genug auf dem Drahtseil tanzt, das ist der Preis für ein Leben als Akrobat. Und Ericson macht seine Steuern, ganz ohne Show.

Am Ende war das eine Bauchentscheidung, sagt Kai.

Bist du der Bauch?, fragt sein Bruder.

Ja. Ich bin der Bauch.

Wischhafen

Gut, sagt Ericson, dann bin ich der Kopf.

Alles wie immer. Die Brüder schauen sich an und lachen wieder, wie man sonst nur unter Ghanaern lacht, aber das sind sie dann wohl, wenn sie zusammen sind. Dann kehrt Stille ein über dem Alten Land, hinten am Horizont stehen glückliche Kühe.

Ein paar Wochen später fährt Ericson noch einmal zu seinem Bruder, im Kofferraum ein Schild aus schwerer Eiche, darauf, mit Bedacht ins Holz gefräst, ein Schriftzug.

Heimat.

Es hängt jetzt dort, über der Küchentür.

Der Wüstensohn

Yasin el Harrouk begegnete mir das erste Mal in einer kurzen, verwackelten Aufnahme. Ein Auftritt, 30 Sekunden lang, abgespielt von einem am Block. Auf dem Handy. Der Sound blechern. Ich konnte ihn kaum verstehen. Die Wucht hinter seiner Stimme nur erahnen. Das Video wurde mir hingehalten, kleiner Bildschirm, als wäre es großes Kino.

Macht man so, im Wedding. Auch das habe ich gelernt. Videos sammeln, horten, tauschen. Jede Frage mit einem schnellen Film beantworten. Die Jungs hier haben die Festplatten voll damit, jedes Telefon eine Videothek ihrer Realität.

Oft sitzen sie dann am Abend im Eingang des Hauses auf der Treppe, nebeneinander, übereinander, jedes Gesicht vom Widerschein eines Displays erhellt. Das Internet dort ist gut, weil der Nachbar aus dem Erdgeschoss vergessen hat, es zu verschlüsseln. Das hat sich rumgesprochen, ist eine echte Attraktion. Freies Netz für den Block. Das Lagerfeuerding, blaues Licht, in dem die Welt lauert. Eine Welt, auf die sie jedoch ganz anders schauen, als es ihre Eltern tun, die oben noch den Fernseher haben, der die Nachrichten aus der Heimat zeigt, empfangen über die Schüsseln auf dem Dach.

Ganz anders auch als die Alten, die Pantoffelrentner, die es hier ja auch noch immer gibt. Männer von den Jahrzehnten gegerbt, denen es reicht, ein Kissen auf das Fensterbrett zu legen, um den Reigen der Straße zu kommentieren, als wäre er das letztgültig beste Fußballspiel, immer gleich Abstiegskampf. Schimpfen dann, dort unten nur Tore. Großartiges Alkoholikerblöken, zwischen zwei tiefen Zügen, aus der Flasche, an der Camel ohne. Der alte

Wedding zieht die Rotze hoch, der alte Wedding kauft morgens beim Bäcker zwei Kurier. Zum Stereolesen. Der alte Wedding weiß noch, wann im *RBB* Ulli Zelle läuft und wann die Lottozahlen, wieder nüscht dabei.

Der neue Wedding schaut durch ein anderes Fenster, die Aussicht wechselt ständig. Die Jungs, es ist ihre Abendschau, auf den Stufen. Es gibt dort die Videos vom Sport, die zum Spaß. Von Fußballern, die irre Kunststücke vollführen, Trickfilme. Genies in Käfighaltung. Manche aus dem Viertel, ganz nah. Andere einen Kontinent weit entfernt. Und es gibt die vom Krieg. Politik und so, da hört der Spaß bald auf. Videos von Männern mit schwarzen Flaggen, die Kalaschnikow-Pose auf den Rampen der Toyota-Pick-ups. Manche aus dem Viertel, andere einen Kontinent weit entfernt. Natürlich haben es diese Bilder bis hierher geschafft. Es sind Bilder ohne Orte. Sie sind immer schon vorher da, vor den Warnungen der Sozialarbeiter, der Eltern. Syrien ist vom Wedding aus dann gleich um die Ecke.

Als in Brüssel der Flughafen explodierte, waren die Bilder, zittrige Aufnahmen, sofort verfügbar. Als die ersten Flüchtlinge in Berlin ankamen, waren auch ihre Telefone voll mit den Videos ihrer Flucht. Jeder der Jungs hier kennt diese Bilder. Terror und Hoffnung, Blut und Verzweiflung. Ihre Faszination liegt in der Echtheit des Moments, die auf die Unschärfe des Staunens trifft. Nervenkitzelbilder, bisschen Gänsehaut. Die Bilder der anderen, sie sind die eigene große Show.

Es geht ja hier vor allem um die Anerkennung. Um den inoffiziellen Titel: King im Wohngebiet. Und King ist, wer die besten Moves hat, die geilsten Kunststücke, die härtesten Reime und dicksten Bässe, war schon immer so. Wenn die Jungs also das krasseste Video haben und dieses Video dann auf ihrem Facebookprofil teilen, wird schon der Status zum Status.

Die meisten der Handyfilme erzählen Geschichten vom Aufstieg oder der Chance darauf. Sie erzählen von Sehnsucht und von Versprechen. Den echten und den falschen. Und erzählen deshalb auch von der Verführung. Mit Handyvideos, das wissen die Jungs, kannst du richtig berühmt werden. Du tanzt und einer filmt und am nächsten Tag ruft einer an, der einen bei *Popstars* kennt. Der Fußballer im Video jedenfalls hat es geschafft. Der Rapper, dessen AMG um die Ecke schleicht, sowieso. Dicke Karre, pralle Weiber. In der Gleichzeitigkeit, dem Dauerrauschen, in der Enge des Displays, das immer nur einen Ausschnitt zeigen kann, hat es jedoch auch der Mann mit der schwarzen Flagge geschafft. Die Videos des Islamischen Staates ähneln nicht zufällig den Videos des Gangster Rap. Nike Air Max und ein krachender Soundtrack. Die Pose ist jeweils eine Pose maximaler Härte, AKs im Anschlag, ich ficke deine Mutter, dann schneide ich ihr den Kopf ab. Dicke Karren, von Benz oder Toyota, irgendwann macht auch das keinen Unterschied mehr.

Irgendwann vermischt es sich.

In dem Video vom Block nun sitzt Yasin el Harrouk, ein junger Mann mit dunklen Augen und noch dunklerem Haar, inmitten der Jungs, die ihre Nachmittage auch hier am Jugendclub verbringen, gegenüber vom Block, bisschen zocken, Playstation, Basketball. Der Albino ist dabei und ein anderer mit Basecap, der immer mal wieder bei uns auf der Treppe hockt. Sie schauen gebannt, offene Münder.

Yasin el Harrouk trägt in diesem Video zu den dunklen Augen und den noch dunkleren Haaren ein leichtes Jackett, sitzt dort lässig, die Lehne des Stuhls vor dem Bauch. Und plötzlich fängt er zu singen an. Singt Kurdisch, das kein Kurdisch ist, und Arabisch, das kein Arabisch ist. Singt in allen Sprachen der Jungs, die dort mit ihm sitzen. Und sie können es nicht fassen, schlagen sich gegenseitig auf die Schulter, halten sich die Faust vors Gesicht und fallen fast vom Stuhl vor Lachen. Und natürlich filmen sie. Das beste Video am Block.

Er, der Besucher, der Yasin, ist Marokkaner. Und er ist der Beweis, dass das wirklich geht: Mit den Videos auf dem Handy bekannt werden. Es gibt auf Youtube und auf seinem Facebookprofil eine ganze Reihe kurzer Clips, in denen er, spontanen Eingebungen folgend, auf seine Umgebung schlägt, bis aus den Schlägen Rhythmus entsteht, aus seinem Alltag Text wird. Ein Lied in allen Dingen.

Mal 30 Sekunden, mal ein paar Minuten lang.

50 000 Menschen folgen ihm auf Facebook. Das ist, unter den Jungs, im Wedding und anderswo, die Währung des Erfolgs, sie messen Berühmtheit daran. Deshalb war er auch zu Besuch im Wedding. Als gutes Beispiel, als Figur, vor der die Jungs Respekt haben können. Ein Vorbild. Er war mal einer wie sie. Einer, der die Tage stahl, Spielplatzkanake. Und läuft jetzt im Fernsehen. Auf dem ganz großen Bildschirm. War vor zwei Jahren im *Tatort* zu sehen. Die erste große Rolle, jene für den Durchbruch.

Yasin el Harrouk ist also auf dem kleinen Display zuhause, aber auch im Fernsehgerät der Eltern, der großen Plasmabühne. Geht beides, zwei Welten. Dort im Fernsehen, Sonntagabendkrimi, spielte er den wütenden Prinzen, den Sohn Gaddafis. Die silberne Knarre im Anschlag so blank wie der Hass im Gesicht. Und es gibt auch davon ein Video, einen Trailer auf *YouTube*. Dort sitzt er auf einem Schemel, in der Mitte eines Raumes ohne Fenster, der Versteck sein kann oder Kammer für Folter, und auch dort singt er. Arabisch, das vielleicht sogar Arabisch ist, so genau weiß man das bei ihm nie. Es ist ein Wehklagen, das dem Zuschauer in die Knochen fährt. Dann jagt er mit einem Wahnsinnsauto durch die künstlich hellen Straßen von München. Die Laternen in Lachen gespiegelt.

Die Flucht und die Wut unterlegt von dieser Stimme.

Yasin el Harrouk ist Schauspieler. Yasin el Harrouk ist Musiker. Und manchmal ist er beides zur selben Zeit, da verwischen die Grenzen, wie sie auch in seiner Biographie verwischen. Er ist da tatsächlich nicht zu fassen. Am Theater Münster verkörpert er Othello. Den Mohren von Venedig. Während des Vorsprechens, so erfuhr ich bald, hatte er sich nicht am Text festgehalten, sondern erst in einen Löwen verwandelt, dann in einen Kranich. Deshalb bekam er die Rolle.

Yasin el Harrouk hat den Wahnsinn im Repertoire. Und weil seine Eltern auf dem Weg von Marokko nach Deutschland angeblich seine Geburtsurkunde verloren haben, weiß niemand genau, wie alt er ist. Irre, nicht greifbar. Ein altersloser Mohr als Kranich.

Natürlich musste ich den kennenlernen.

Nun warte ich auf ihn, Tage vergangen, gegenüber vom Stuttgarter Hauptbahnhof. Er hat mir noch eine Nachricht geschrieben, ist wohl auf dem Weg. Wir treffen uns, so gehört sich das, wie die Jungs es immer getan haben, zwischen Media Markt und Einkaufscenter, zugige Kommerzschluchten, durch die der Wind pfeift. Hinten weint eine Frau. An der Rolltreppe die Bettelgesichter, do you speak English. Daneben die Dealer, die so unauffällig gekleidet sind, dass man sie aus 300 Metern Entfernung bereits erkennt.

Von hier aus lässt sich auch das stetige Vorüberziehen der harten Jungs beobachten, die Inszenierung von Gefahr und Lässigkeit, Klappmesser und Kamm. Westside Stuggi. Dort also flanieren nun die amtlichen Gangster der Landeshauptstadt Stuttgart. Alles ganz vertraut. Aus dem Wedding kenne ich die Abläufe, die Muster, nach denen all das funktioniert. Das Laufen in kleinen Gruppen, breit genug, damit der Gehweg zum Hoheitsgebiet wird, mal auch versetzt, einer tanzt immer voran, einer macht den Lärm, rollt den Klangteppich aus, auf dem der Rest sich bewegen kann. Auch die Klamotten ähneln sich, alles wie direkt aus dem Schaufenster einer *New Yorker*-Filiale heraus geklaut. Die Bomberjacke muss ganz unbedingt zu den Schuhen passen. Und mitunter blinkt es wild, als hätte einer gleich noch den *Swarovski* daneben ausgeräumt. Die Nieten, sie tragen Strass.

Allerdings, und das fällt sofort auf, ist das eine ganz andere Kaputtheit, das noch mal andere Gangsterding, es wirkt wie inszeniert. Wie tatsächlich vom Fernseher abgeschaut. Die Jeans zu sauber, die Haare, dieser allgemeingültige Boxerschnitt zu akkurat geschnitten, gerade frisch vom Barbier. Die Bärte, zu feinen Linien rasiert, heben sich dunkel ab gegen künstlich gebräunte Haut. Es ist eine Aufführung, Kanakenkarneval, und Harald Glööckler geht als Bushido.

Natürlich gibt es auch in Stuttgart die harten Aufschläge, die wirklich krassen Biographien, die gibt es schließlich in jeder Stadt. Diesen Jungen, der aus dem Fenster steigt, um mit anderen einen Gemüseladen auszuräumen, weil es hier nicht mehr um Taschengeld geht, sondern immer auch um das nächste große Ding, und am Ende fallen dann Schüsse. Das passiert. Großstadtmeldungen. Und wäre dem nicht so, würde ich jetzt nicht genau hier stehen und auf einen warten, der genau davon erzählen kann, von jenen, die durchrutschen, abgleiten und manchmal auch den Verstand verlieren, oft hinter verschlossenen Türen, ganz unbemerkt.

Der sichtbare, der öffentliche Gangster, der Testosteronmime in der Fußgängerzone aber, er ist hier, viel mehr als in Berlin, ein Spiel, ein Zeitvertreib. Eine Modeerscheinung. Man kann ihn so tragen. Er ist nicht aus der Not heraus geboren. Die Jungs in Stuttgart sind dann meist eben doch die Söhne von Vätern, die Arbeit gefunden haben. An den Bändern von Daimler und Porsche. Die Industrie, die es auch im Wedding mal gab, sie ist hier keine

Erinnerung an bessere Zeiten. Der Daimler aus einem der Videos, er steht ganz echt vor der Tür, in der Garage. In Stuttgart gab es immer schon Arbeit, für jene, die Arbeit wollten. Und Arbeit bedeutet Wohlstand, mag er noch so bescheiden sein. Die Jungs also, sie wachsen in Einfamilienhäusern auf, der Stern am Schlüsselbund des Vaters, und wären gern so wie die Jungs in Berlin. Eine absurde Verkehrung der Sehnsüchte.

In Stuttgart nun gibt es einen Stadtteil, der bis vor ein paar Jahren immer ein bisschen abgerockter war als der Rest der Stadt: den Hallschlag. Für Menschen, die niemals in den Wedding fahren würden, weil sie dort den Mord und den Totschlag vermuten, war auch der Hallschlag ein Ghetto. Eine Erzählung vom fiesen Ende der Stadt. Mittlerweile wurde er aufgehübscht, für zwölf Millionen Euro. Grünflächen, Restaurants, Spielplätze. Solide Wohnqualität. Wo, bitteschön, soll der Nachwuchs da noch auf hart machen, wenn selbst das Ghetto weichgezeichnet wird. Und ohnehin, zwölf Millionen Euro. Damit könnte man bestimmt den Wedding kaufen und hätte noch genug Geld übrig für den einen oder anderen Daimler.

Das sind so meine Gedanken, während sich die Jungs links aus dem Bild schieben und sich vom rechten Rand her ein Wagen der Polizei nähert, Schritttempo. Der Vorplatz leert sich, schnell, ein Wimpernschlag im Auge des Gesetzes. Die Dealer, sie sind noch mal eine ganz andere Geschichte.

Yasin el Harrouk kennt sich aus an diesem Ort, am Platz. Versteht den Bahnhof. Er hat vor ein paar Jahren einen Test gemacht. Damals noch Schüler an der Schauspielschule, die Straße als Bühne, hing er hier am Bahnhof ein bisschen ab. Zwischen den Gleisen, den Läden der Unterführung. Schaute grimmig in das Treiben, das Ankommen und Abfahren der Menschen. Bis ihn, zwangsläufig, die Polizei kontrollierte. Er hat nun mal diese Dealerfresse, dieses Aussehen von einem, der gerade noch dabei war. Deshalb also: den Ausweis, bitte! Und er starrte die Beamten an, aus leeren Augen, der dumme Araber, der übliche Verdächtige.

Entschuldigung, sagte er, nix verstehen.

Versteckte die Sprache hinter Brüchen, löchrige Sätze, als hätte er Teile davon auf einer Flucht verloren. Ratlose Polizisten. Was soll man machen, fragte der eine. Filzen, sagte der andere, als wäre es die logische, die einzige Antwort.

Sie haben ihn dann mitgenommen auf die Wache. Viele Fragen, kaum Antworten. Bis sie ihn nach fünf Stunden gehen ließen. Am nächsten Tag stand er wieder am Bahnhof, wartete und glotzte. Eine andere Stelle, eine andere Streife. Also den Ausweis, bitte.

Diesmal antwortete Yasin el Harrouk in der Sprache der Beamten, in der Sprache der Stadt, in der er groß geworden ist, hinter dem Gesicht eines Fremden der vertraute Klang. I kenn meine Rächde, sagt er also. Und die Männer in den Uniformen entschuldigten sich und ließen ihn stehen. So erzählt er es, Yasin el Harrouk, an diesem Nachmittag, nachdem er endlich am Media Markt angekommen war, mich begrüßt hatte, nun auf dem Weg durch die Stadt.

Er mag diese Geschichte, es ist eine seiner besten. Die Leute lachen, wenn er sie auspackt. Er hat sie deshalb, in etwas abgewandelter Form, auch vor zwei Jahren in Hamburg aufgeführt, oben auf der Bühne des Thalia Theaters. An diesem Abend wurde er vom Studio Hamburg auch für die Darstellung des Prinzen im *Tatort* als bester Nachwuchsschauspieler ausgezeichnet. Yasin el Harrouk, so stand es in der Begründung der Jury, kommt aus dem Nichts wie eine Urgewalt. Radikal und mutig, die Entdeckung eines Schauspielers.

Herzlichen Glückwunsch.

Und dort auf der Bühne gab er den Dialog, war erst er

selbst, war dann beide Polizisten. Schwäbelrasseln. Was haben wir denn hier, fragte er sich also selbst. Um sofort zu antworten: Einen Marokkaner, der sich als Schwabe ausgibt. Das große Lachen im Saal, wieder hatte die Geschichte funktioniert. Eine Geschichte, die jedoch nur beim ersten Zuhören eine lustige ist, weil hinter der Komik, dem drolligen Dialekt, dem Bullenwitz auch, die Tragik der Moral lauert. Die volle Breitseite Gegenwart, in einem Land, in dem die Menschen zunehmend die Orientierung verlieren, weil sie sich nicht mehr auskennen, nicht wissen, wo sie eigentlich stehen sollen. Mit der Staatsmacht ebenso fremdeln wie mit der Zuwanderung. Deutschland, nix verstehen. Und Yasin el Harrouk ist nun einmal das Gesicht zu den Zweifeln, sie können sich darin spiegeln, die Leute, auch an ihm abarbeiten. Die Sorgen und Ängste, eine Verkörperung. Sein Spiel ist ein Spiel mit den Identitäten.

Yasin el Harrouk hat im Frühjahr des vergangenen Jahres einen deutschen Pass beantragt. Dauert noch, Ankommen in der Superzeitlupe der Bürokratie. Doch wenn er heute gefragt wird, woher er stammt, sagt Yasin el Harrouk: Ich bin Marokkaner, aber ich war in Köln nicht dabei. Legt die Domplatte auf. Ich bin, sagt er dann, kein Sexmob. Es ist sein Schritt nach vorn, eine Offensive, die der Anklage, der zweiten Frage zuvorkommt. Es ist doch so, sagt er, ich bin ein Fremder, solange ich meinen Mund halte. Er überlegt kurz, weil jeder Satz aus seiner Biographie auch gleich einer zur Lage der Nation sein kann. Ich muss jetzt, sagt er schließlich, noch besser Deutsch sprechen, damit die Leute sehen, dass ich keiner von den schlechten Ausländern bin, sondern einer von hier, ein Deutscher wie sie.

Er hastet durch die Stuttgarter Innenstadt, über das Kopfsteinpflaster, zwischen den Touristen hindurch, es ist schwer, ihm zu folgen. Yasin el Harrouk, immer Vollgas. Als hätte er tatsächlich Angst, ihm laufe die Zeit davon.

Spricht also im Gehen, und die Füße sind leicht, und die Worte sind schwer. Doch mitunter überholt er sich selbst. Dann kollidieren die Sätze, die Sprachen, die Rollen, in die er schlüpft, weil er immer gleich viele ist.

Yasin el Harrouk kann der krasse Araber sein oder der angepasste. Der gute Deutsche oder der schlechte Migrant. Und er will sich, so erzählt er es jetzt, auch gar nicht für eine Seite entscheiden. Ich liebe es, sagt er, dazwischen zu stehen und dann hin und her zu springen. So kann ich den Schwaben verstehen mit seinen Spätzle und den Marokkaner mit seinem Couscous. Yasin el Harrouk nennt es: goldene Mitte. Von dort geht es los. Sie ist der Ausgangspunkt, ein sicherer Ort, dort kann ihm keiner was. Ein Ort, an dem er beweglich bleibt. Diese Mitte aber, er musste sie erst finden. Sich ihr nähern, vom Rand her.

Yasin el Harrouk wurde in Stuttgart geboren, er hat Teile seiner Kindheit in Marokko verbracht. Heimat der Eltern, immer hin und her. Von Feuerbach nach Casablanca, oft Monate in einem anderen Land. Nach der Rückkehr dann war Deutschland jedes Mal wieder etwas anderes, fremder. Unverständlich, sagt er, zu schnell, zu viel. Und er, das sagten die Noten, dafür zu langsam, zu wenig. Kam deshalb auf die Hauptschule. Im Kopf die Sprache der Eltern, im Kopf den Unsinn der Straße.

Du musst wissen, sagt er, du lebst hier zwischen zwei Kulturen. So wachsen wir auf. Er nennt es Zuhause und draußen. Und in seiner Erzählung sind das tatsächlich zwei Welten. Eine deutsche und eine arabische. Getrennt wie durch einen Vorhang.

Ich habe, sagt er, in den vergangenen Jahren so viel gelernt. Dinge, die meine Eltern nicht kennen, nicht verstehen, nie gesehen haben. Allein die Literatur, die Stücke, die ich gespielt habe, die Filme. Das ist von Feuerbach aus, dem Wohnzimmer der Eltern, so unfassbar weit weg.

Mein Vater, sagt er, ist bis heute ein Fremder geblieben.

Er war in tausend Firmen angestellt, Drucker, Mechaniker, um die Familie durchzubringen, hat am Band gestanden, um sich hier etwas aufzubauen. Es ist die Geschichte der Eltern, eine wie viele in Deutschland. Fließbandgeschichten, von Menschen, die jahrzehntelang deutsche Autos zusammengeschraubt haben, die Unsichtbaren des Aufschwungs, die in Fabriken leben und in der Moschee. In Zuffenhausen wie auch im Wedding. Menschen, die durch Bilder über dem Sofa, durch den Fernseher hindurch in die Heimat schauen. Ein Meer, ein ganzes Leben dazwischen.

    Mein Vater, sagt Yasin el Harrouk, hat keinen deutschen Freund. Er lebt in diesem Land, aber dieses Land lebt nicht in ihm. Und dann komme ich nach Hause zurück, von den Reisen, den Dreharbeiten. Komme zurück in meine arabische Welt, zu meiner Familie und sehe, was da los ist, und denke immer: Da ist so viel, was die Deutschen nicht kennen. Wie ist das möglich, fragt er mich, wir leben gemeinsam in diesem Land, direkte Nachbarn und sind doch Unwissende. Er schaut mich an, fragend, fordernd, wahrscheinlich auch hier: beides. Und ich sage nichts, weil ich nur meine Welt kenne, meine Eltern und jeder Versuch einer Ahnung doch nur wieder vom Klischee erdrückt werden würde. Das sind die Momente, in diesem Gespräch, den Stunden, die ich mit Yasin el Harrouk verbringe, in denen tatsächlich auch zwischen uns ein Land zu liegen scheint, wir an Grenzen stoßen. Wir laufen dann über Stuttgarter Kopfsteinpflaster, nebeneinander. Aber doch aneinander vorbei. Und manchmal lache ich, über eine wilde Formulierung, die Schönheit des Sinnlosen in dem Hin und Her zweier Quatschköpfe. Doch er schaut ganz ernst. Dann wieder lacht er und ich weiß wirklich nicht, wieso.

    Die Deutschen haben Witze, sagt Yasin el Harrouk, die ich nicht verstehe. Und wir haben Witze zuhause, die kein Deutscher versteht.

So läuft es doch, nebeneinanderher. Wir beide, in der Parallelgesellschaft des anderen. Muss man auch mal erlebt haben. Dann wieder weiter im Text, weiter mit ihm.

Man baut sich, sagt er nun, eine eigene Welt außerhalb von zu Hause. Ein Beispiel nur. Zu Hause gibt es keinen Alkohol, zu Hause gibt es die Regeln des Vaters, die Strenge, die Religion. Draußen gibt es Alkohol, dafür aber keine Regeln. Du gibst dir also die Kante, übertreibst auch, kennst draußen keine Grenzen, weil die Grenzen zu Hause so klar sind, so unverrückbar.

Draußen, auf der Straße übernehmen dann andere das Wort. Falsche Prediger als Anführer der Gutgläubigen. Auf der Straße, sagt Yasin el Harrouk, entsteht auch ein anderer Islam, werden die Gesetze in den Asphalt geschrieben. Viele Sachen sind dort passiert, er zeigt eine Narbe am Ellenbogen. Ich war ein richtiger Kanake, sagt er. Was soll man machen. Schaut zurück, zieht die Schultern nach.

Weißt du, fragt er mich nun, was der Unterschied zwischen dir ist, dem Deutschen, der auf dem Gymnasium war, und dem Kanaken von der Hauptschule.

Und weil ich auch jetzt nicht sofort antworte, erzählt er es mir natürlich. Also. Während du liest, baut der andere einen Joint. Während du schreibst, raucht er. Und während du deine Note bekommst und dich freust, schmeißt er den Filter weg. Und mit dem Filter die Zukunft.

Einer wie du hat Eltern, die ihm in den Hintern treten, auf die Schule achten. Erwartung und Leistung. Aber bei uns ist das anders. Was, fragt Yasin el Harrouk, will mir mein Vater sagen. Der geht morgens früh in die Fabrik, schiebt seine 12-Stunden-Schicht, kommt am Abend nach Hause, ausgelaugt. Meinst du, sagt er, mein Vater hat dann noch Bock, mich anzuschauen. Er bewegt den Zeigefinger, lächelt nicht mehr. Nein, sagt er, da wird *Al Jazeera* angemacht. Fernsehen. Saddam Hussein gestürzt, Irak, das läuft. Aber er hat keinen Kopf für mich.

Das Leben wird dann egal. Mit 16 stand er deshalb da, und wusste nicht, wohin mit sich. Die Schule vorbei, der Blick nach vorn ohne Aussicht. Wer will schon einen Araber mit einem Hauptschulabschluss. Also machte er nicht viel. Unguter Zeitvertreib, weil doch die einzigen Gelegenheiten, die sich dann noch ergeben, jene sind, die Diebe machen. Der falsche Weg, mit Gras bewachsen. Eine Zukunft, die du in der Pfeife rauchst.

Schließlich gab es zu Hause den Zorn der Mutter, aus Verzweiflung geboren.

Ich bekam damals, sagt er, einen Schlag von ihr. Einen Schlag mit Worten. Wach auf, mein Junge. Wo soll das enden, Yasin. Du hast nichts, mein Sohn.

Da entdeckte er eine Zeitungsannonce. Darin ein Satz, eine Aufforderung: Migranten gesucht. Das hat mir, sagt er, meine Zukunft gebracht.

Das Stadttheater Stuttgart brauchte damals für eine Inszenierung des ARD-Films *Wut* junge Ausländer. Kanaken, sagt er, wie mich. Die Picaldi-Prolls vom Bahnhof, die Provokationsglotzer und Abziehbilder. Sie sollten im Chor den bösen Jungen geben. Beim Vorsprechen musste er einen Text aufsagen, der für ihn nur der Ausschnitt aus dem Gelaber des Alltags war. Ich ficke deine Mutter, was willst du von mir. Die erste Rolle war eigentlich keine, Yasin el Harrouk spielte in der wütenden Sprache, dem Kopfsteinpflasteridiom des Problemviertels, wo der Schwache ein Opfer ist und die Mutter jedes Schwachen eine Hure. Er spielte das Klischee seiner Jugend. Üblich, verdächtig. Das Theater die Geisterbahn der Integrationsskeptiker, er selbst der Buhmann hinter der nächsten Ecke, erschreckend echt. Ich fand das damals geil, sagt er heute, aber natürlich haben sie uns auch ausgenutzt. Die eigenen Gesten gegen uns verwandt. Gegen die Jungs, wütende Clowns aus der Vorstadt.

Aber, sagt er, ich bin da auf der Bühne die Straße losgeworden. Mit jedem Auftritt ein bisschen mehr. Ich habe mich dort oben ausgekotzt, etwas abgelegt. Diese Rolle, die man sich aneignet, mit den falschen Freunden. Irgendwann habe ich gemerkt, dass mir da unten, in den ersten Reihen, genau die Leute applaudieren, die sich sonst in der Bahn wegsetzen, wenn ich einsteige. Jene Leute, die sonst unwillkürlich ihre Tasche fester greifen, Abstand zwischen sich und ihn bringen, den Fremden mit den dunklen Haaren, den Ölaugenkontakt meiden.

Plötzlich, sagt er, haben die mir Respekt entgegengebracht. Für das, was ich bin. Für mein Spiel.

Jeder Schritt auf der Bühne einer auf dem Weg in die Köpfe der Menschen.

Anerkennung, es war ein Gefühl, das haften blieb. Auch nach der Vorstellung. Die Pose im Licht der Scheinwerfer hatte die Pose auf der Straße überflüssig gemacht. Und Yasin el Harrouk wusste nun, wohin mit sich. Bewarb sich an der Staatlichen Hochschule für Musik und Darstellende Kunst in Stuttgart. Urbanstraße, gegenüber die Staatsoper, in der die Mutter als Reinigungskraft arbeitet. Zwei Welten. Jahre später sollte er dort selbst auf der Bühne stehen, als der Prophet Jochanaan in *Salome*.

Erst mal war das ein Irrsinn. 800 Bewerber, zehn nur wurden genommen. Neun andere und er, der Araber mit dem Hauptschulzeugnis. Sein Spiel bedingungslos, ohne Alternative. Geholfen hat mir, sagt er heute, die Leichtigkeit des Idioten. Die Naivität des Ungebildeten.

Er ist jetzt angekommen, vor ihm die Glasfront des Eingangs der Hochschule, ein Spiegel in die Vergangenheit. Will dort kurz mal rein, guten Tag sagen. Er kommt immer noch gern hierher. Er ist einer von denen, die es geschafft haben, oben in dem Aufenthaltsraum der Studenten hängt sein Gesicht an der Tür in Schwarzweiß.

Unten vor dem Gebäude sieht er nun, ein Zufall, seine ehemalige Sprachtrainerin. Schleicht sich von hinten an.

Hält ihr die Augen zu, ein Spiel nun schon, und lässt sie raten. So lange nicht gesehen. Yasin, sagt sie endlich und sie umarmen sich, zwei Menschen, die einen langen Weg gegangen sind.

Und er überredet sie, ihm zu helfen. Mit dem Text, dem Othello. Er muss noch eine Szene durchgehen, und mit ihr ginge das doch gleich leichter. Alte Verbundenheit. Tiefes Vertrauen. Sie nickt, gern, dann fahren die beiden mit dem Fahrstuhl in eines der Untergeschosse. Hinter einer schweren Tür, die den Schall abhält, ist ein Raum ohne Fenster, Lautsprecher an den Decken, schwarze Vorhänge an den Wänden, der Boden vom Spiel der Jahrzehnte geschliffen, die Laufwege der Ehemaligen als helle Kratzer auf dem Holz. Hinten stehen vier Reihen Stühle. Die Arbeitsbühne, Yasin muss hier nun zurückfinden in den Othello, seine Rolle der vergangenen Monate am Theater in Münster. Am kommenden Abend der finale Vorhang. Noch einmal wird er dann der Mohr von Venedig sein, im Geifer die Verzweiflung des Hintergangenen. Nun schreit er die Zeilen heraus, gegen die Nervosität, will der Sprachtrainerin auch beweisen, dass er nichts verlernt hat. Er ist der General, sie alle anderen. Geliebte und Verräter, weint in seinen Armen, lacht in seinem Rücken.

Und Yasin el Harrouk spricht die Worte, jahrhundertealt, von Booten, die kamen, und Sklaven, die starben. Von Toten auf dem Mittelmeer. Plötzlich, in diesen Tagen, wieder so aktuell. Shakespeare hier Chronist einer zukünftigen Krise. Und die Sprachtrainerin sagt: Das ist doch auch deine Geschichte, das kannst du persönlicher machen. Auch wenn du nicht mit einem kleinen Boot gekommen bist. Mehr Marokkaner in diesen Othello mischen, in den Mauren. Er fängt noch einmal an, hohe Herren, große Liebe. Am Ende der Tod an seinen Händen.

Die Sprache, sie ist jetzt eine andere. Wie auch er in diesen Strophen ein anderer ist. Ein Unterschied, gut hörbar, der sich auch auf seine Bewegungen überträgt. Er schlüpft da tatsächlich gänzlich hinein. Das ist mir wichtig, sagt er, dieser Unterschied. Ich trage auf der Bühne kein Kostüm, ich ziehe die Sprache an. Er sagt: Altdeutsch.

Die Zeilen hat er immer dabei, kann das alles auswendig. Verteilt gern Kostproben, spricht jetzt den Jago. Hätte die Waage unsres Lebens, sagt er also, voller Ernst, nicht eine Schale voll Vernunft, um eine andere von Sinnlichkeit aufzuwiegen, so würde unser Blut und die Bösartigkeit unsrer Triebe uns zu den ausschweifendsten Verkehrtheiten führen.

Sagt: Ich liebe das. Für mich ist das Deutsch, die deutsche Kultur. Eben nicht: Ey Alter, was geht. Das ist nur ein Mischmasch aus Straße und geistiger Trägheit. Yasin el Harrouk kann dann mitunter richtig wütend werden. Im Grunde hat er die Sprache, das Deutsch, an der Schauspielschule noch einmal gelernt. Heine und Büchner. Und wurde damit der Ausländer, der zwischen Ausländern fremde Worte benutzte. Bruder, sagten die alten Freunde irgendwann, du bist kompliziert geworden. So erzählt er es an einer anderen Stelle seiner Geschichte.

Und ich frage ihn, ganz ehrlich, ob das auch nur eine Rolle ist: Yasin, der Deutsche. Nein, sagt er dann, lacht. Der lebt, der ist echt. Er gehört genauso dazu.

Im Keller, große Schritte auf dunklem Holz gegangen, harte Worte in den hellen Raum gedrückt, die Szene am Ende, rinnt ihm der Schweiß über die Stirn, langsam klärt sich der Blick, streift er die Sprache, den Othello wieder ab. Schließt dann, zum Runterkommen, seinen Mp3-Player an die Boxen der Bühne. Er möchte jetzt noch etwas zeigen, etwas Persönliches, seine Musik.

Ein Lied in allen Dingen.

Seit Monaten sitzt er nach den Proben und Vorstellungen, den Interviews und den Dreharbeiten irgendwo in Stuttgart im Studio und schreibt Songs. Für das erste

Album. Aber er kann sich auch hier nicht entscheiden. Das Deutsche ist leicht. Soul, der über den Beat perlt. Aufzeichnungen aus seinem Leben. Teilweise witzig. Es ist kein Kanakenrap, sagt er, ich mache nicht auf Gangster.

Dann gibt es die Stücke auf Arabisch. Und das ist tatsächlich, klar schon nach zwei Takten, nach einer halben Strophe, eine andere, seine Welt. Er ist da hörbar zuhause, in der Sprache, im Klang. Herzmusik, die Stimme verrät seine Sehnsucht. Heimat ist immer das Land der Mutter.

Ich weiß es nicht, sagt er, nachdem er die Musik gestoppt, den Ton abgestellt hat. Er würde gern, das erzählt er nun, auf Deutsch bekannt werden. Aber im Arabischen erzählt er die echten Geschichten, das Innerste nach außen. Deshalb dreht er nun die Anlage noch einmal auf.

Sein jüngster Song, ganz frisch. Der Refrain jeweils nur drei Worte, Anklage und Entschuldigung zugleich. Er hat diesen Song nach den Attentaten von Paris geschrieben, den Schüssen im Bataclan, auch Marokkaner unter den Tätern.

Nun singt er.

Migration, Intégration, Attention!

Er legt den Zeigefinger auf die Lippen.

Munition, Kalaschnikow, Attention!

Und hier, in der Musik, wird es plötzlich ganz deutlich: Yasin el Harrouk muss sich ständig zurechtfinden, orientieren. Die goldene Mitte, von der er gesprochen hatte, sie ist viel eher eine wütend laute Kreuzung, an der alles zusammenläuft. Yasin el Harrouk, Junge von der Straße, bewegt sich von dort aus ständig zwischen Feuerbach und Casablanca, zwischen Köln und Paris. Ein Dauerrauschen, da kann es laut werden im Kopf. Kein Wunder, denke ich, dass er ständig auf den Beinen ist, ständig spielen muss. Trieb und Täter, Wut und Bürger.

Was bleibt, ist ein flüchtiger Hauch auf der Wange der

Sprachtrainerin, die nach dieser Begegnung aussieht, als wäre auch ihre Sprache erschöpft. Bis bald, Yasin.

Am Nachmittag schließlich sitzen wir auf der Couch eines deutschen Freundes, der Fernseher läuft. Und Yasin, der hier, auf dem Weg nach Münster, hinein in den Othello, nur kurz bisschen Zeug abholen wollte, zeigt dem Freund seine neuesten Videos auf Facebook. Der Freund rollt einen ziemlich beeindruckenden Joint und feiert Yasins Talent, sagt ihm durch den Dunst des Kiffs eine große Zukunft voraus. Bruder, sagt er, du bist unglaublich. Inhaliert den Moment. Will dann wissen, was wir hier überhaupt machen. Der Reporter aus Berlin und der Bruder aus Stuttgart. Ob das so eine Art Doku wird. Und wo dann, bitteschön, die Kamera sei.

Yasin erklärt es ihm. Das ganze Ding mit dem Deutschsein, dem Spiel, den Identitäten. Verstehst du, mein Leben. Und der Freund, aus dem die Zeit einen Bruder gemacht hat, nickt und wischt ein bisschen auf seinem iPad, bis oben auf dem Fernseher das Bild wechselt und ein Musikvideo beginnt.

Kennst du das, fragt der Freund. Yasin schüttelt den Kopf. Dann schau mal, Bruder.

Erste Takte, vier Männer an einem runden Tisch. Vier Rapper. Aus Hamburg, Stuttgart, Berlin und Aachen. Samy Deluxe, der Vater aus dem Sudan. Afrob, die Eltern aus Eritrea. Eko, die Eltern aus der Türkei. Und MoTrip, Libanese.

Sitzen dort, Ballhaus-Kamerafahrt, im Hintergrund der Schleiertanz einer türkischen Hochzeit, und erzählen aus ihrem Leben als Ausländer in diesem Land, Reime auf Deutsch. Der Song heißt *Mimimi*. Das klingt wie eine in die oberen Tonlagen der Satire gezogene Wutbürgerrede, heul doch, Digger, ist tatsächlich aber eine selbst erdachte Abkürzung, steht also für: Mitbürger mit Migrationshintergrund. Und Samy Deluxe rappt:

Viele von uns sind hier geboren / Doch die Herkunft steht immer im Mittelpunkt

Die Menschlichkeit ist ein Minimum / Sie schalten unsere Stimmen stumm / Sie nannten uns als Kinder dumm

Und Afrob rappt:

Ich kenne alle deutschen Kaiser / Peter, Alexander und noch Hans Meiser

Sing das Lied der Deutschen, doch nicht alle drei Strophen / Eine ist erlaubt und die zwei sind verboten

Und MoTrip rappt:

Eine Frage: Bin ich wirklich deutsch / Oder gebe ich mich nur als Deutscher aus?

Was soll ich sagen, Mann, ich fühl mich deutsch / Doch ich seh nicht wie ein Deutscher aus

Und Yasin el Harrouk, in diesem Wohnzimmer in Stuttgart, sagt: Das ist direkt aus meinem Kopf, Innerstes nach außen.

Seine Geschichte, die von so vielen seiner Freunde, erzählt und zusammengefasst in diesem Video, 5:40 Minuten lang. Das ganze Dazwischen in Reime gebannt, Identität und Krise. Dann endet es. Der Fernseher, der gerade noch Spiegel war, ist nun schwarz. Und Yasin el Harrouk, zum ersten Mal an diesem Tag, ganz kurz ganz still. Der Rest, so viel Shakespeare muss sein, ist Schweigen.

Ein paar Tage später stellt er ein neues Video auf seine Facebookseite. Hochkant, es wackelt. Spontaner Freestyle in der Eisdiele. Schönes Wochenende. Alles, was ich mach', singt er dort, ist deutscharabisch. Es ist der Hashtag seines Lebens: #deutscharabisch. 20 000 Menschen schauen sich das an. Und einer schreibt: Der Junge ist sowas von King. Das gleich wieder beste Video am Block.

Hausaufgaben

Berlin-Spandau

Die Fahrt nach Hause ist immer die weiteste Reise. Wenn ich nach Hause möchte, steige ich am S-Bahnhof Gesundbrunnen in die Regionalbahn und fahre zwei Stationen in Richtung Westen. Ich bewege mich während dieser Fahrt innerhalb der Grenzen Berlins, verlasse die Stadt nicht. Und doch macht diese Reise etwas mit mir, denn es ist eine Reise durch die Zeit. Hin und wieder brauche ich das, die Rückkehr, Vergangenheit.

Auch Erinnerung ist ein Muskel, den man trainieren muss. Sehen, woher man kommt, um zu verstehen, wer man geworden ist. Dazu braucht es die Konfrontation mit dem Ort, der immer ein Teil von dir sein wird. Er definiert dich. Er lässt dich nicht los, egal, wie groß die Distanz ist, die du zwischen ihn und dich gebracht hast. Egal, wie groß dein neues Leben ist, das du über das alte gezogen hast, als wolltest du es verheimlichen. Der Secondhand-Parka aus Neukölln über der Chicago-Bulls-Fälschung aus Mallorca, das Retro-Adidas-Sweatshirt über dem fehlgestickten FuBu-Pullover. Khaki statt Picaldi. Das zweite Leben, gleich eine Nummer größer, weil da die Hoffnung ist, aus dem ersten herauszuwachsen. Wenn das nur so einfach wäre. Man kann sich seine Herkunft nicht aussuchen. Es ist eine Tätowierung, die dir ein anderer gestochen hat. Man nimmt sie mit, hinein in die Welt.

Am Anfang jeden Heimwehs liegt das Fernweh. Die meisten, die ich kenne, sind irgendwann fortgegangen. Aber auch sie kommen zurück, immer wieder.

Weil Zuhause etwas ist, größer als sie.

Wenn ich in der Regionalbahn sitze und durch den Dunst der Innenstadt langsam die Silhouette meiner Heimat erahnen kann, dann passiert etwas mit mir, dann spüre ich die Zeit. In mir eine Sanduhr, die jemand auf den Kopf gestellt hat.

Hinter den Schloten der alten Bewag, die ihren Rauch in den Himmel stoßen, als würden sie allein die Wolken über dieser Stadt produzieren, hinter den weithin sichtbaren IKEA-Buchstaben, da war mal was. Da war ich mal. Hat der Zug den Bahnhof Stresow durchschnitten, atme ich anders, über die Havel bedeutet auf eine Insel. Ab hier ändert sich die Perspektive, ab hier muss ich zurückschauen, um Berlin noch sehen zu können. Und bis wir in den Bahnhof einfahren, ringen zwei Gefühle in mir. Ein seltsamer Stolz, der die Ärmel hochgekrempelt hat und die Basecap noch immer falschherum trägt. Und die Scham, die ihn begleitet, aber eigentlich nicht mit ihm gesehen werden möchte.

Dann geht die Regionalbahnmusik an und die Regionalbahnfrauenstimme spricht. Berlin-Spandau, sagt sie. Zuhause, denke ich. Muss das sein? Ich kenne die Antwort. Da kann ich nichts machen. Ich gehöre hierher. Berlin-Spandau. Früher mal 1000 Berlin 20, kann man heute als Pulli kaufen. Das erste Leben zum Drüberziehen. Der Stolz, da ist er wieder. Er gehört hier genauso hin wie ich.

Früher gab es an der Wohnungstür meiner Großmutter, dunkles Sperrholz, Messingknauf, einen Aufkleber. Darauf, schwarz auf gelb, ein Wegweiser mit zwei Pfeilen. Links ab ging es da nach Berlin, vorortklein. Geradeaus lag, in fetten Großbuchstaben, Spandau. Wobei die Schriftgröße auch gleich das Selbstverständnis der Bewohner zusammenfasste. Spandauer, ließ die SPD damals auf Plastiktüten drucken, sind schlauer. Heimat ist auf eine Karte gemalte Hybris. Sie klingt gut.

Dann beginnen die Bremsen, betäuben die Ohren, Mark und Bein, und rechts neben dem Bahnhof tauchen das Rathaus und, links davon, die Arcaden auf. Die zwei

Türme. Politik und Konsum. Zu Weihnachten steht auf beiden ein Baum und leuchtet.

Ich kenne die Gesichter hier, das kraftlose Starren der Pendler nach Feierabend, die müden Augen der Schichtwechsler. Ihre Züge so leer, die Züge so voll. Sie fahren ins Umland, als wäre ihnen ganz plötzlich die Stadt zu eng, doch hinter dem Rand wartet ja doch nur der nächste. Ich habe sie alle schon mal gesehen. Was natürlich nicht stimmen kann. Aber dort ankommen, nach der Arbeit, nach dem Ausflug, nach dem Urlaub, das immer wieder Aussteigen in Berlin-Spandau, das ist die gewollte Wiederholung. Heimat, ein Déjà-vu.

Im Zug, neben den Erinnerungen und Erwartungen, sitzt dann auch die innere Ablehnung, sich jetzt selbst zu besuchen. So muss es sich auch für jene anfühlen, die nicht am Rand dieser Stadt, sondern am Arsch dieser Welt geboren wurden, die umsteigen und weiterfahren, in ihre Dörfer, aussteigen an Provinzbahnhöfen, in Regionalbahnortschaften, die lediglich gebaut wurden, damit dem Lokführer beim Durchfahren zwischen Berlin und Hamburg, zwischen Hannover und Frankfurt, zwischen Leipzig und München, nicht auf freier Strecke fad wird. Es sind Orte wie Selbstmörder, sie halten den Zug auf, verlangsamen die Reise. Das Nachhausefahren, dieses immer noch große Ding. Dorthin, wo der Mensch noch einen Koffer hat. Denn, da hat sich Marlene Dietrich geirrt, der eine Koffer, für den sich die Reise lohnt und in den man die Sehnsucht gepackt hat, steht dann doch im Ort der Kindheit, im Haus der Eltern. Und deshalb eher selten in Berlin, einer Stadt, die für viele Menschen Zuhause sein kann, aber nur den wenigsten eine Heimat. Die Koffer, sie stehen stattdessen in Abensberg in Bayern, in Hungen in Hessen, in Witten bei Bochum, auf der Alb und im Traum. Die Koffer, sie stehen auch am Schwarzen Meer, in einem Haselnussdorf in Anatolien, in der Stube der Mutter in der

Herzegowina, in Damaskus unter dem Schreibpult des Vaters, im Keller der Erinnerungen. Und dann gibt es Menschen, meine Nachbarn im Wedding, die davon erzählen, wie sie ihren Urlaub in der Heimat verbringen, obwohl sie in Wahrheit ihre Heimat dort im Urlaub suchen. So lange schon weg, das Leder des Koffers längst brüchig. Und sie kommen zurück und fahren wieder hin, immer im Transit. Und auf der Strecke geht ihnen erst die Sehnsucht verloren und dann der innere Kompass, bis sie nicht mehr wissen, ob sie gerade gekommen sind oder schon wieder los müssen.

Tausende Kilometer dazwischen.

Spandau hat einen Bahnhof, an dem die Welt kurz verschnaufen muss, weil hier die ICEs halten, wieso auch immer, bevor es weitergeht nach Hamburg. Für mich aber ist Spandau an Tagen, die nach Hause führen, Endhaltestelle. Weit weg vom Wedding, weit weg von der Stadt. Eine Schussfahrt in die Kindheit. Spandau ist Mama und Papa, Kaffee und Kuchen. Sonntags Rouladen, zum Geburtstag Bienenstich. Eiersuchen im Forst. Spandau, das war eine Bullerbü-Kindheit. Eine Altbauwohnung, ein Spielplatz mit Seilbahn, zwei Tore neben einer Pferdekoppel. Drachen steigen lassen im Herbst, Kakao an Sankt Martin. Lagerfeuergeschichten. Berlin ist von hier aus nur über Brücken erreichbar. Und wenn meine Eltern früher sagten, wir fahren in die Stadt, meinten sie nie Berlin, dann meinten sie Hertie neben dem Rathaus, vor dem auch immer eine alte englische Telefonzelle stand. Weil Spandau Partnerstadt ist von Luton bei London. Und weil so eine Telefonzelle dann dazugehört zur Verständigung unter den Völkern.

Zu jener Zeit gab es auch noch diese besonderen Doppeldeckerbusse, mit roten Bezügen, die hier viel länger fuhren als auf den Straßen im Zentrum. Spandau hat sich nie hetzen lassen, nicht alles mitgemacht. Die Achtzigerjahre haben Spandau, da bin ich mir sicher, auch erst 1996 verlassen. Sie mussten schließlich erst mal über eine der Brücken.

Später wurde die Telefonzelle zum Treffpunkt. Für die Skater, die ihre Hosen in den Kniekehlen trugen, und die Hip-Hopper, die ihre Hosen ebenfalls in den Kniekehlen trugen, aber kein Skateboard besaßen. Die Telefonzelle war damals auch Anlaufstelle für die amtlichen Auf-die-Fresse-Treffen, die Massenschlägereien der Jungs, die nicht unbedingt auf unser Gymnasium gingen.

An der Telefonzelle, da wurden die Dinge geklärt.

Rathaus Spandau, hieß es dann, Einzelkampf. Obwohl doch jeder wusste, dass niemand allein kommen und schon gar nicht einzeln kämpfen würde. Sie kamen eher alle auf einmal. Weil es um die Ehre ging und weil gerade das Handy in Mode gekommen und dann zur Waffe geworden war. Am anderen Ende einer sehr kurzen Leitung immer ein sehr großer Bruder. Und vielleicht ist das der einzige Witz in dieser sonst sehr ernsten Geschichte, dass eine Telefonzelle als Treffpunkt diente, von der bald niemand mehr telefonieren sollte. Sie kamen schließlich auch so. Und kämpften. Türken gegen Russen, Kurden gegen Türken. Russen gegen Kurden. Manchmal auch Araber oder Türken unter sich, kam drauf an, wer den falschen Blick riskiert, die richtigen Worte gefunden hatte. Mütter hatten ja alle und viel Zeit am Nachmittag, zum Totschlagen.

Der S- und U-Bahnhof Rathaus Spandau war damals also kein Ort zum Verweilen, hier klatschte es, hier standen die Dealer, hier war das neue Handy nur der Grund für die alten Maschen. Zeig doch mal, ich nehme nicht weg. Dort an der Rolltreppe, das war damals zugleich der urbanste und der dörflichste Ort, den ich kannte. Wie gesagt: Berlin hinter Brücken. Die Tauben fraßen auch hier aus den Händen der Trinker. Und von dort gingen die

Busse, in alle Ecken des Bezirks. In einige fuhr man nicht freiwillig, so einfach war das. Es gab da eine Karte, die man in Gedanken über den Fahrplan legte, die heißen Orte grell markiert. Westerwaldstraße, Lynarstraße, Stadtrandstraße, die wirklich so hieß. Dort hatte man nichts verloren, man konnte dort auch nichts gewinnen.

Es gab also Buslinien, die waren tabu. Vor allem nachts. Und auch bei Tag setzte sich, wer bei Verstand war, nicht nach ganz hinten. Denn dort saßen die Spinner und jonglierten mit ihren Messern, heute heißen sie Babos.

Wir kannten immerhin noch ihre Namen.

Einer dieser Busse ist der 137er, früher mal 92, er fährt heute wie damals bis zur Obstallee, Heerstraße Nord.

Dort ist Raed Saleh aufgewachsen, dort steht er an einem Nachmittag im Sommer und schaut in seine Kindheit hinein, auf dem Spielplatz noch dasselbe Klettergerüst, weinrote Taue zur Pyramide getakelt. Schiffe aus Holz, gestrandet an einer Sandbank ohne Meerblick. Als Kulisse ein Graffitidschungel. Einen Moment stehen wir dort gemeinsam und schauen einfach, Altbekanntes flirrt in der Hitze. Erinnerungsschweigen, muss erst mal sein, wir werden noch genug sprechen. Erst einmal teilen wir uns diese Sekunden des Ankommens, des Wiedererkennens.

Mein Cousin hat viele Jahre im Haus nebenan gelebt, in direkter Nachbarschaft zu Raed Saleh. Sie kennen sich, sind heute gemeinsam in der Spandauer SPD. Genosse Cousin.

Saleh ist eine Figur, die zu meinem Spandau dazugehört. Er ist bekannt, einer jener Männer, die den Menschen hier erst auf der Straße entgegenkamen und später aus dem Fernseher entgegenlächelten. Bezirksprominente, es gibt ja ein paar.

Oliver Petszokat spielte bei uns im Viertel Basketball, bis er seinen Nachnamen zu einem P. verkürzte und berühmt wurde, Gute Zeiten, schlechte Zeiten, Flugzeuge im Bauch, heute tanzt er auf RTL. Adil Tawil, das eine Ich von Ich+Ich, lebte auch am Stadtrand, dreht seine Vorstadtvideos heute lieber in Hamburg, als könnte ihn die Handkamera sonst verraten.

Raed Saleh stand immer dann vor mir, wenn ich mit meinem Vater zu Burger King gehen durfte. Er arbeitete dort hinter dem Tresen, erst in der Küche, dann an der Kasse. Legte Hackfleischfladen auf den Grill, später führte er den Laden gleich selbst. Es gab Mitschüler, die arbeiteten für ihn. Verteilten Flyer, verteilten Rabatte. Sein Name war bald synonym mit dem Schnellrestaurant am alten Marktplatz. Und die Alteingesessenen sagten, den Burger kaum zerkaut: Bei dem Saleh, da muss man vorsichtig sein, dem gehört bald die ganze Altstadt.

Das sind Westberliner-Sätze, die sich nach Konrad Birkholz sehnen, dem ehemaligen Bezirksbürgermeister, der zwischen 1995 und 2011 feist den Zug der Schützen anführte, eine rote Schärpe über dem Wams, und frivol zu den Balkonen hinauf winkte, ein Marschmännchen wie übrig geblieben aus der Adenauerzeit, während sich hinter ihm die Trommeln überschlugen, ein Wal im Wahlkampf. Dem vertrauten die Alten, weil er zu ihnen nach Hause kam, in die Vor- und die Schrebergärten, dort gern einen mittrank, eine Bierseele mit deutschem Schnauzer.

Raed Saleh trinkt nicht, er ist schon deshalb verdächtig. Der führt was im Schilde.

Die Altstadt aber blieb Altstadt und Hertie blieb erst mal Hertie, wurde später dann Karstadt. Birkholz ging irgendwann, wurde ersetzt von einem, der Kleebank heißt, im Namen schon das Glück und das Geld. Saleh, der Genosse, eroberte währenddessen den öffentlichen Raum. Mit einem Lächeln. Sein Gesicht auf den Plakaten an den Laternen. Wurde Fraktionsvorsitzender der SPD im Abgeordnetenhaus, lief nun im Fernsehen, stand in der Zeitung. Auf den Bildern direkt neben Wowereit. Du + Du,

Junge, Junge. Einer von uns, sagten die Leute, als hätten sie ihn zum Burger dazubekommen, eine Identifikationsfigur in der Juniortüte. Die Altstadt schien da schon zu klein für ihn, die Heerstraße Nord plötzlich weit weg. Er aber sagt: Ich bin Spandauer. Es ist ein Satz, den er trägt statt der weinroten Schärpe. Sein Bürgerbüro liegt direkt neben Karstadt in einer schmalen Gasse. Von dort kommen wir gerade, ich habe ihn am Mittag abgeholt. Für die Saleh-Tour: Altstadt, Problemkiez, Elternhaus, die er bereitwillig macht.

Nun klettern seine Blicke Fassaden. Das Hochhaus, in dem Raed Saleh mit seiner Familie gelebt hat, steht an einer Kurve, die hineinführt in die Stadtrandwirklichkeit. Blasewitzer Ring 16. Quartier unter Aufsicht, kriminell belastete Ortschaft. Schlagworte wie Schlagringe. Die Platten, einst weiß, sind nun an den Rändern dunkel angelaufen. Nicht weit von hier hatte einer Uran im Keller gelagert. Bis die Polizei kam. Im Parkhaus wurden früher mal geklaute Pkws umgespritzt. Bis die Polizei kam. Wer sich etwas dazuverdienen möchte, arbeitet bei Penny an der Ecke. Oder dealt an einer anderen. Bis die Polizei kommt. Vorn kauern die Trinker. Es ist der Ort mit den niedrigsten Mieten in ganz Berlin, hierher zieht, wer sich Neukölln oder Wedding, den Dreck der Innenstädte, nicht mehr leisten kann. Bedarfsgemeinschaften, Wohnberechtigungsscheine, Transferleistungen, hier definiert das Amt die Nachbarschaft. Dieses Berlin, der Rand vom Rand, ist arm, ohne dabei sexy sein zu können. Raed Saleh kommt gern hierher, atmet durch. Er sagt: Es ist schön hier. Seine Mutter ist nie weggezogen. Dort hinten, er zeigt über den Spielplatz hinweg, wo die Blumen sind, da wohnt sie. Achter Stock, noch immer. Einen alten Baum, sagt die Mutter, verpflanzt man nicht. Der schönste Balkon, sagt Saleh. Und geht ein paar Schritte. Vor ihm spielende Kinder. Der Junge mit dem Ball, sagt er, das könnte ich sein. Die Kinder, das Viertel, er kann daraus sofort eine Zwangsläufigkeit ableiten, ein Referat aus dem Stegreif.

Raed Saleh hat die Zahlen dabei, seine Statistiken. 70 Prozent der Kinder, sagt er, glauben hier nicht an den Aufstieg. 80 Prozent der Eltern beziehen Transferleistungen. Sie stocken auf. Es ist eine Formulierung, die nach Wachstum klingt, als würde es nach oben gehen, die doch das Gegenteil bedeutet. Wer aufstockt, kann nicht aufsteigen. Der Junge mit dem Ball ist fort. Es ist schön hier, sagt Saleh, aber nicht gerecht. Und es klingt, als könne er sich gerade nicht entscheiden, ob er nun als Sohn dieses Viertels hier steht oder als Politiker dieser Stadt. Er hat das Jackett abgelegt, im Wagen gelassen. Bei seinem Fahrer, der immer schon dort ist. Ein richtiger Harry. Wahrscheinlich ist Raed Saleh beides zu gleichen Teilen, weil sich die Motivation des einen aus der Erfahrung des anderen speist. Raed Saleh rennt durch die Stadt und wer ihn dabei begleitet, rennt auch immer durch seine Biographie. Ein Irrgarten der Möglichkeiten, große Heimatkunde.

Denn Raed Saleh hat viel vor. Im Herbst 2014 war er der große Name in den Berliner Zeitungen. Klaus Wowereit hatte sein Ende als Bürgermeister verkündet und nun stand da die Frage nach seiner Nachfolge im Raum, standen da in der SPD drei Männer zur Wahl. Michael Müller, Jan Stöß und eben Raed Saleh.

Der große Außenseiter.

Ich habe ihn damals einige Tage begleitet, durch die Altstadt, ins Abgeordnetenhaus, habe ehemalige Freunde getroffen, Wegbegleiter, Lehrer und Förderer. Die Person Raed Saleh hat mich danach nicht wieder losgelassen. Ich bin Spandauer, Berliner, Deutscher, hat er damals gesagt. Er wird es wieder sagen, später in einer Kneipe in Spandau, das frische Hemd da schon schweißgetränkt von der langen Rede.

Saleh ist ein politischer Seiltänzer zwischen den Klippen

seiner Identitäten, darunter doppelter Boden. Er, Sohn eines palästinensischen Gastarbeiters, hätte damals der erste deutsche Ministerpräsident mit arabischen Wurzeln werden können.

Er wurde es dann nicht, stattdessen regiert Michael Müller Berlin. Was ja schon allein vom Namen her die Antithese zum Fremden ist. Müller, das ist ein beherrschbarer Name, den hätte man auch gern als Nachbarn. Müller wischt durch, Müller räumt die Akten weg, Müller macht die Bude. Es müllert wieder. Es ist auch ein Weltmeistername. Gerd, Thomas, Michael. Da konnte nicht viel schiefgehen.

Raed Saleh muss sich jedoch erst noch beweisen. Für die einen ist er der Migrationsbürgermeister, der Araber im Roten Rathaus. Ein Irrsinn, das hat uns gerade noch gefehlt. Im Argwohn der anderen ist Saleh einer von denen, die nach Deutschland kommen und den Deutschen nun auch noch die Rathäuser wegnehmen. Sie wissen schon, Dolch im Gewande. Der Muselmann im Wandschrank der Vorstadtvillen. [Scheiße.] Erst ein Schwuler, jetzt ein Kanake.

Für die anderen ist er eine logische Konsequenz, der richtige Bürgermeister für eine bunte Stadt.

Hurra. Erst ein Homosexueller, jetzt ein Migrant.

Sie verbinden Hoffnungen mit ihm. Er ist der deutsche Khan, sagen sie. Genossen, Freunde. Und meinen Sadiq Aman Khan, seit Mai 2016 der neue Bürgermeister von London, Sohn pakistanischer Einwanderer. Es gibt da ja durchaus Parallelen. Raed Saleh mag diese Vergleiche nicht, er fälscht sie ab.

Er sagt: Wir haben einen guten Regierenden. Er stärkt Michael Müller öffentlich den Rücken, wann immer er kann. Kein Dolch, nirgends. Der Regierende Bürgermeister ein Ausländer, das wäre schon damals eine große Sache gewesen, ein Statement, klar.

Die Geschichte hat ihn in den vergangenen Jahren noch einmal nach vorn gespült, in das Schaufenster der Befindlichkeiten gestellt. Vor dem Hintergrund der Ereignisse seitdem, Flüchtlingskrise, Pegida, die Terroranschläge in Paris, Nizza oder Brüssel, ist diese Personalie, die Idee eines arabischen Stadtwächters, des Moslems als König der Hauptstadt, zur Glaubensfrage geworden. Und die Gräben, die seitdem aufreißen, klaffende Wunden einer zunehmend gespaltenen Gesellschaft, die Sorgen und Ängste, sie sind zu seinem Thema geworden. Zwangsläufig. Auch und gerade in einem Bezirk wie Spandau, Brennpunkte als Venngläser, unübersehbar.

Er hat die Biographie dafür.

Raed Saleh ist jetzt der Vermittler, ein Dolmetscher der Besorgten, und mitunter muss er dabei der Heimat die Heimat erklären. Die Aufgabe meiner politischen Generation ist es, sagt er, die neuen Mauern einzureißen. Er spricht von einer zweiten Versöhnungsgeschichte. Nach Ost und West, jetzt alt und neu, Muslime und Christen. Seit zwei Jahren predigt er deshalb eine neue deutsche Leitkultur. Verankert im Boden des Grundgesetzes, der Demokratie. Deutsche Werte, sagt er. Die Gleichberechtigung von Mann und Frau dabei ebenso wenig verhandelbar wie eine gewaltfreie Erziehung. Die westlichen Werte des Zusammenlebens, sie bilden den Kern seiner Politik. Er trägt sie von Tür zu Tür. In die Schulen, die Kneipen und in die Moscheen.

Dabei immer auf der Suche. Nach Dingen, die verbinden. Den gemeinsamen Nenner, wird er später noch sagen, den muss man doch, bitteschön, finden. Noch ist nicht klar, ob er sich an all diesen Dingen verheben wird, ein Kollateralschaden des Eifers, oder ob die Zeit nicht doch auf seiner Seite steht, für ihn gereift. Dann wäre er tatsächlich der Nächste. Und es gibt Menschen im politischen Berlin, Kommentatoren, Genossen auch, die sagen:

Raed Saleh hat sich in Position gebracht. Scheitert Müller, schrieb die *Berliner Morgenpost*, ist einer noch da: Raed Saleh.

Er sucht, er versöhnt, er lauert. Das alles hat er gelernt, oben in der Küche der Eltern, unten zwischen den Häusern am Blasewitzer Ring. Drinnen die harte Hand des Vaters, draußen die vielen Tunnel und Brücken zwischen den einzelnen Hausnummern, Übergänge und Unterschlupfe, Versteckspiele.

Das hat mich, sagt er, geprägt. Manchmal träumt er davon. Und wenn er von den Träumen der Kindheit erzählt, sind da immer gleich auch die mahnenden Worte der Mutter, ist da die Strenge des Vaters. Raed Saleh, so erzählen es Freunde von damals, musste immer früher hoch als die anderen. Sie, Nachbarskinder, spielten Schiffeversenken mit Pflastersteinen, bis Blut in den Sand tropfte. Immer noch kein Meer. Raed saß dann oben und lernte. Sie, halbstark verbeult, Pubertätsbolzen, surften auf einem der Fahrstühle, um den Mut der Probe zu unterziehen, bis die Polizei kam. Raed saß zuhause und lernte. Sie tranken, Erwachsene bald, feierten, strömten durch die Parkhäuser, zersplitterte Wodkaflaschen, zelebrierten den Absturz. Raed Saleh ging da schon arbeiten. Fett in der Fritteuse.

Sein Vater hat viel Wert auf Bildung gelegt. Ihm widmet Saleh seine Gebete, 2002 ist er verstorben, mit 66 Jahren. Jahrzehnte zuvor, ein kleiner Mann von großer Autorität, hatte er sein Heimatdorf Sebastia verlassen, um in Deutschland etwas Neues aufzubauen. Eine Zukunft zu finden. Lebte erst mit sieben anderen Männern in einem Zimmer in Stuttgart, zog dann nach Berlin und holte die Familie nach. Hier arbeitete er in einer Großbäckerei. Schlüterbrot. Alte Westberliner Firma. Raed Saleh, sechstes von neun Kindern, war fünf Jahre alt, als die Familie in ein anderes Land kam. Elf Personen auf 84 Quadratmetern, die Hausaufgaben erledigte er auf dem Boden, weil es keinen

Schreibtisch gab. Das erdet, ein Leben lang. Mein Vater, sagt er, hat uns gut erzogen.

Wenn Raed Saleh von seinem Vater erzählt, ist er sofort ganz bei sich, sofort bei seiner Partei, von Salehs Vater zur SPD ist es ein kurzer Weg. Mein Vater wäre ein guter Politiker gewesen, sagt er dann. Und beschreibt einen Mann, der sich gekümmert hat, um die Kinder, die Leute aus der Nachbarschaft. Während er spricht, mit der Liebe des Sohnes in jedem Wort, ist es nicht schwer, sich vorzustellen, wie viel er sich bei diesem Mann abgeschaut hat. Den Umgang mit den Menschen, das offene Ohr, die Autorität. Vor allem die Strenge sich selbst gegenüber, eine fast preußische Arbeitsethik, so nennt er das. Ein Erbe, seine Bewegungen wie seine Worte ein Spiegel wohl auch.

Raed Saleh ist gerade 17 Jahre alt, 1994, als er im Spandauer Burger-King-Franchise eine Stelle in der Küche annimmt. Er hat damals auch am Wochenende gearbeitet und in den Ferien, manchmal mehr als 140 Stunden im Monat. Mir hat das Spaß gemacht, sagt er. Auch das gehört zu seiner Erzählung. In der Schule aber, das ist ihm wichtig, Worte des Vaters, hat er trotz allem nie gefehlt. Kam selbst dann am Morgen pünktlich, wenn er am Abend zuvor noch bis spät im Laden war, schlaflos im Heißhunger der Nachtmenschen. Gute Noten trotz Schichtdienst. Sein Abitur war gut, in Deutsch besonders. Christa Wolf, Der geteilte Himmel. Der Einzug des Sozialismus in die Literatur, das lag ihm. 13 Punkte, Eins minus.

Er ist bei Burger King dann schnell aufgestiegen, die alte Geschichte, vom Fritteusenjungen zum leitenden Angestellten. Und hat in dieser Zeit gelernt, wie ein Unternehmer zu denken. Ein Kaufmann. Unter ihm wurde die Burger-King-Filiale in Spandau eine der erfolgreichsten in ganz Deutschland. Weil Raed Saleh seinen Ideen vertraute. Er bot, als Erster überhaupt, einen Lieferservice für seine Burger an. Er hatte verstanden. Wenn man die Menschen erreichen will, muss man ab und an auch an ihrer Haustür klingeln. Irgendwann ist es dann egal, ob man Burger verkauft oder politische Ideen.

Saleh ist ein paar Monate nach der ersten Schicht bei Burger King in die SPD eingetreten. Zu Beginn nur eine weitere Nebenbeschäftigung, hat er auch dort irgendwann begonnen, seinen Weg zu gehen. Nach oben, durch die Institutionen. Mit den Themen, Jugend, Bildung, Integration, die vor der Haustür lagen. Politik für die Kinder, Politik für den Vater.

Nun, an diesem Nachmittag, läuft er durch die frühere Nachbarschaft, grüßt alte Damen, die ihn gestern noch im RBB gesehen haben, sie grüßen zurück. Schwiegermütter, die ihren Liebling erkennen. Merkt man in diesen Szenen ganz deutlich, er hat hier ein Heimspiel. Oft bleibt er stehen, kommt kaum voran, weil ein Rentner noch von seiner Rente, der Mann vom Döner, die Schürze vom Fett verschmiert, noch vom Wucher der Mieten und den Toren der Hertha erzählen möchte. Saleh beginnt zu schwitzen, krempelt zum ersten Mal die Ärmel hoch. Ganz schön was los hier, sagt er, mitten am Tag, mitten in der Woche. Läuft dann durch eine der automatischen Türen hinein in das Einkaufszentrum an der Obstallee, drinnen ein Woolworth, Senioren im kühlen Hauch der Klimaanlage, Kaffee und Kuchen. Dahinter, noch mal automatische Türen, noch mal der Schatten der Tunnel, der ehemalige Kinderclub. Er heißt heute, in der Abkürzung gefangen, nur noch Kik. Und das könnte süße Satire sein, wäre es nicht bitterer Ernst. Raed Saleh hat hier damals, acht Jahre alt erst, den *Treffpunkt* ausgetragen. Ein Gemeindeblatt, zum Lohn eine Tasse Kakao.

Hinten kreischt eine Mutter, in einer fremden Sprache. Am Kiosk, hinter Folie, wird die neue *Compact* beworben, ein rechtes Kampfblatt, Groschenheft voll Dolchstoßlegenden. Die Menschen, sie leben in geordnetem Misstrauen aneinander vorbei. Und Raed Saleh sagt: Ich will hier den Aufstieg organisieren. Er spricht auch hier von Versöhnung. Als wäre er den Menschen in diesem Viertel, den Schreimüttern, den Weltkriegsrentnern etwas schuldig. Versöhnung, das Wort wirkt sperrig hier, hingestellt wie ein Möbel, das in keine der Sozialwohnungen passt. Zu groß für diese Gegend, wie auch die Namen zu groß sind, die er bei sich führt wie Trumpfkarten. Weizsäcker und Brandt, Reuter und Schmidt. Eine amtliche Sammlung an Altkanzlern und Genossen, aus der er sich beliebig bedienen kann.

Er hat so immer die große Politik dabei, während er der kleinen begegnet. Als könnte er sich daran festhalten. Deshalb läuft er durch die Straßen seiner Kindheit und erzählt von einem Telefonat mit Gerhard Schröder. Steht er vor dem Einkaufszentrum seiner Jugend und erzählt von einem Treffen mit Sigmar Gabriel. Es sind Namen, die in ihrer Popularität fast unangebracht sind. Echos aus dem Fernsehen. Schröder und Gabriel, eine halbe Elefantenrunde, sie sind hier, an der Heerstraße Nord, tatsächlich nur Männer aus Talkshows, Tagesschau-Gesichter. Namen, die manchmal in den Überschriften auftauchen, hinter dem Plastik am Kiosk. Weit weg.

Raed Saleh ist in Spandau unweigerlich ganz nah dran. In der Heimat kommt ihm die Distanz abhanden.

Vor dem Eingang zum Kaufhaus sitzt eine ältere Dame, den massigen Körper auf ihre Krücke gestützt. Sie erkennt Saleh und winkt ihn heran, schleudert eine Begrüßung in den Tag, die Befehl ist. Kommse mal. Trägheit der Masse. Unterarme wie Unterschenkel. Jeder Tag auch ein Kampf mit der Schwerkraft. Sie schnauft. Das Alter zieht an ihr, die Hitze auch. Und die Nachbarn, die ziehen ohnehin an ihr, die machen sie fertig. Sie weiß nicht mehr weiter. Mal unter uns, junger Mann. Er legt ihr eine Hand auf die Schulter, das Ohr ganz nah an ihre Stimme. Ja, unter uns.

Sie deutet mit der Krücke nach rechts. Was da jetzt ins Haus zieht, schlimm. Sagt die Alte. Nur noch Asoziale. Neben ihr sitzt die Tochter. Ach, Mutti. Und daneben sitzt einer, der aussieht, wie Schnaps riecht. Er schaut Raed Saleh an, von unten nach oben. Kommt ihm bekannt vor, der junge Mann, irgendwie. Fragt dann die Frau, sie wie auch er neben sich, ist der Inder? Sie gibt die Frage weiter. Sind Sie Inder, Herr Saleh? Und Raed Saleh sagt: Nein, ich bin Palästinenser. Sie kennen mich doch. Und wünscht einen guten Tag.

Adme, das war immer das Lieblingswort seines Vaters. Es bedeutet nett. Aber dieses Nett, sagt Raed Saleh, gibt es im Deutschen nicht. Es ist ein anderes Nett, es meint eher: anständig, aufrecht, echt. Meine Mutter, sagt er, hat die Menschen danach eingeteilt. Der Nachbar, der grüßt, ist adme. Der Busfahrer, der wartet, ist adme. Darum geht es. Es gab früher, sagt Raed Saleh, mehr Nachbarn, die so waren.

Er hat jene, die auch dem kritischen Blick der Mutter standhalten würden, die Jungs, die seine Biographie teilen und wohl auch seine Geheimnisse kennen, zu Helfern gemacht. Heimat ist Zusammenhalt. Die Aufsteiger, sagt Saleh später, die Jungs, die es geschafft haben, die kennen sich natürlich. Einer von ihnen ist Ismail Öner. Er und Saleh sind gemeinsam zur Schule gegangen, ganz kurz, dann Freunde geblieben. Saleh hat ihn, Jahre später, in die SPD geholt. Ein Genosse nun auch, auf den er sich verlassen kann. Ismail Öner ist adme.

Um ihn zu treffen, muss man mit dem 137er wieder zurück in Richtung Rathaus Spandau fahren, eine Haltestelle weiter aussteigen, wenn man die große aufblasbare Gitarre des Musikhauses sieht, am Puff vorbei, der blauen Maus, die jeder kennt, der alt genug ist. Dann nach rechts und dann einfach rein, man braucht da keine Anmeldung. Ismail Öner ist da oder eben nicht. Heute ist er da und sitzt, lässig natürlich, hinter dem Tresen seines Jugendcafés in der Spandauer Altstadt, Jüdenstraße 46, und wartet auf die Jungs, die sonst nicht wissen, wohin mit sich. Öner bietet das freundliche Alternativprogramm zum Einzelkampf am Rathaus, aber auch zu ihm kommen sie alle. Die Türken und Kurden, die Russen und Araber, Streit gibt es hier nicht. Denn wer Streit sucht, findet Ismail Öner, und das ist immer gleich maximal unangenehm. Weil der alle Tricks kennt, und alle Brüder. Öner ist Kurde. So einfach ist das. Und wer sich bei ihm einen Fußball ausleihen möchte, lässt das Handy hier als Pfand. Sonst gibt es nur einen Spruch und mit dem kann man nicht spielen.

Jetzt aber ist nichts los, also nüscht, weil das ja Spandau hier ist und man den Rand schon auch hören muss, raspelkurzes Berlinerisch, das sich mit Minderheitenslang der Straße mischt, irgendwie Shisha und Kneipe, Haftbefehl und Wowereit. In der Ecke nur ein Kollege, Polizist, der mal schauen wollte, ob alles in Ordnung ist. Und weil in der Jüdenstraße gerade alles in Ordnung ist, gibt es erst mal was zu essen. Ghettofrühstück, sagt Öner. Oliven und Brot, bisschen Wurst. Halal, sagt Öner, logisch. Und der Kollege lacht, komische Zeiten, in denen das plötzlich wichtig ist. Früher war das nur Wurst, fertig.

Womit wir ja gleich wieder beim Thema wären. Was auch keine große Sache ist, weil Ismail Öner für alle Themen und sowieso immer der richtige Ansprechpartner ist. Das wird sich gleich wieder zeigen. Ich kenne Ismail Öner seit einigen Jahren. Wir sind 2012 gemeinsam für eine Geschichte über das Spandaugefühl, Heimatstolz und Vorurteil, durch unseren Bezirk gefahren. Das war was. Vor allem sehr lustig, weil die Herkunft eben doch verbindet, die Gesten und Witze doch ähnliche sind. Du willst über Spandau reden, sagte er damals, erstes Telefonat, da kann ich dir viel erzählen. Das ist meine Heimat.

Er, Diplom-Sozialarbeiter, trug damals, es gibt ein Foto

davon, eine Adidas-Trainingsjacke, mit drei Streifen in den Farben Jamaikas, die zugleich die Farben der kurdischen Flagge sind. Damit war das geklärt. Diese Jacke, er hat sie noch immer, war ein Bekenntnis zu seinen Wurzeln. Einer der ersten Öner-Sätze damals: Ich bin Spandau-Nationalist. Damit war auch das geklärt.

Wir sind dann in sein Viertel gefahren, über eine der Brücken. Unter uns, neben uns, überall das Havelglitzern der Wasserstadt. Dort, im Fahrtwind, am höchsten Punkt der Brücke, Ausflugsdampferpanorama, ganz kurzes Gefühl der Erhabenheit, ist Spandau tatsächlich der schönste Ort der Erde. Dann aber sind da wieder die Flachdächer und Platten, das Gedrungene der Sozialbauten, die am Straßenrand kauern, als wären sie sich selbst peinlich, die graue Ohrfeige der Stadtrandrealität, in der sowas wie Gefühle immer irgendwie schwul sind.

Er ist in der Kleinraumsiedlung am Pulvermühlenweg aufgewachsen, die der Volksmund der Sechzigerjahre einst Mau-Mau-Siedlung getauft hat. Früher standen dort die Baracken für die Spätheimkehrer aus dem Zweiten Weltkrieg, für Flüchtlinge und Vertriebene. Bald sollen hier wieder Container stehen, für die neuen Einwanderer. In den Wohnungen, meist nicht mal 50 Quadratmeter groß, lebten Arbeiterfamilien mit acht, manchmal dreizehn Kindern. Später kamen die Gastarbeiter dazu. Männer wie Öners Vater Yilmaz, ein kurdischer Bauer. Einwanderung 1967. Die Mau-Mau-Siedlung, das ist Heerstraße Nord mit Seeblick. Raed Saleh und Ismail Öner spiegeln deshalb die Erzählungen des jeweils anderen, sie ähneln sich. Auch logisch. Zwei Spandau-Nationalisten.

Nur in einem unterscheiden sie sich, da gehen die Erzählungen auseinander. Dann, wenn Öner und Saleh von ihren Vätern erzählen, vom Ankommen in Deutschland. Vom Verhältnis zum damals neuen Zuhause, der Bereitschaft eines emotionalen Einzugs. Der Entscheidung darüber, ob aus einem Zuhause wirklich eine Heimat werden kann. Öners Vater ist damals nach Deutschland gekommen, weil das Echo der Wirtschaftswunderjahre bis in die kurdische Provinz gedrungen war, ein Ruf nach Arbeit. Der Wiederaufbau eines Landes, damit kannte er sich aus, das Elternhaus mitten in einer Region, jeher von Erdbeben erschüttert. In Deutschland wollte er nur kurz bleiben, Geld verdienen, genug für ein Stück Land, einen Traktor vielleicht. Jedes Jahr hieß es, das erinnern die Kinder, bald gehen wir wieder. Nächsten Sommer, ganz sicher. Die Familie, sagt Öner, saß immer auf gepackten Koffern. 30 Jahre lang, zurück ging es nie. Für die Kinder wurde die Türkei, Heimat der Eltern, zu einem merkwürdig fremden Ort. Eine Dreitagereise mit dem Auto, in ein Land, in dem sie erst nur die Deutschländer waren, und später, nach der Eskalation des türkisch-kurdischen Konflikts 1984, die Kurden. Unerwünschte Gäste. In der Mau-Mau-Siedlung blieben Öner und seine Geschwister fremd unter Fremden, anders unter anderen. Vielleicht ist das die Definition von Zuhause.

Als Raed Saleh mit seiner Familie in ein anderes Land kam, packten sie ihre Koffer gleich aus. Und der Vater sagte: Das hier ist euer neues Zuhause. Hier bleiben wir. Benehmt euch. Die Familie sollte ankommen, es gab kein mentales Rückflugticket. Deutschland, das hatte der Vater beschlossen, sollte das Land sein, in dem seine Kinder ihren Weg gehen. Auch deshalb mied er Kreuzberg oder Neukölln, zu jener Zeit Kristallisationspunkte der Einwanderer, und zog stattdessen nach Spandau.

Öner kennt diese Geschichte, Raed Saleh hat sie oft genug erzählt. Deshalb wird nun, hier im Café, ganz kurz der Unterschied zwischen den Einwanderern aus der Türkei und jenen aus dem Libanon verhandelt, bisschen Geschichtsstunde vom Ghettokurden. Die Libanesen, sagt

Öner, waren viel eher deutsche Staatsbürger als die Arbeitsmigranten aus der Türkei. Mitte der Neunziger war es in Mode, einen deutschen Pass zu beantragen. Die Libanesen, sagt Öner, die waren geflüchtet. Sie wussten doch, sie können nie wieder zurück. Wir aber hatten nur einen Vertrag. Und ein Sparbuch. Waren immer mit einem Bein wieder drüben, der ständige Spagat, mitunter konnte das anstrengend sein.

Deshalb, sagt Öner, warst du als Kind heimatlos, irgendwie dazwischen. Mittlerweile haben wir Wurzeln geschlagen. Mittlerweile ist auch er deutscher Staatsbürger, mit Dokument. Ein sauberer Doppelpass, er lacht, wie früher im Käfig, aufm Platz. Ein Doppelpass hebelt die beste Abwehr aus. Das Ankommen, es hat nur etwas länger gedauert als bei Raed Saleh. Bei den Kurden war es die zweite Generation, die schließlich die Koffer auspackte. Die Kinder, die sich wirklich entschieden hatten und diesen Ort annahmen als einen von Dauer. Und wenn man Ismail Öner nun fragt, was er eigentlich ist, der kurdische Deutsche oder der deutsche Kurde, hat er gleich die bestmögliche Antwort. Ich bin Spandauer. Er kann das gut, den Stolz, ganz ohne Scham. Einer von hier. Einer, der diesen Bezirk tatsächlich auch verändert hat.

2007 hat Ismail Öner den Mitternachtsfußball erfunden, das ist seine Geschichte. Auch diese Idee geboren in der Heerstraße Nord, weil dort zu jener Zeit die Gewalt eskalierte, zwischen der Jugend und der Polizei. Jede Nacht aufs Neue. Auf dem Höhepunkt der Ausschreitungen öffnete Öner die Tür einer Sporthalle, Monate später spielten die Polizisten und die Jungs ein Turnier, miteinander.

Er ist seitdem der Mann mit dem Schlüssel zur Spandauer Nacht. Das ganze Ding ein Riesenerfolg. Die Jungs in den Hallen, sie nennen ihn abi. Bald hatte Öner seine ganz eigene Familie beisammen. Bundesligaprofis, die hin und wieder vorbeischauten in den Hallen. Vorbilder. Öner nennt sie große Brüder. Gleich viele abis. Sie stehen als Pappaufsteller in der Jüdenstraße. Manuel Schmiedebach, ebenfalls in Spandau groß geworden und heute Kapitän bei Hannover 96, Änis Ben-Hatira, einst Profi bei Hertha BSC, Tunesier aus dem Wedding, gewachsen auf Beton. Und ganz hinten: Jérôme Boateng. Da staunste. Vielleicht die beste Gang der Stadt.

Sie, Öner und seine Jungs, die großen Brüder, haben mit dem ganzen Projekt, dem Verein, MitternachtsSport e.V. seitdem so ziemlich alles gewonnen, was man gewinnen kann. Öner und seine Jungs, sie sind der FC Bayern unter den Integrationsprojekten. Das muss man sich mal überlegen, sagt Öner, und zeigt auf das Regal über seinem Kopf. Trophäensammlung, polierter Stolz. Letztes Jahr haben wir das Triple perfekt gemacht, sagt er, und zählt auf: 2013 den Integrationsbambi, den bekommen sonst nur deutschtürkische Nationalspieler oder berlintunesische Rapper mit abgeschlossenem Bundestagspraktikum. Ismail Öner also, ein Atemzug, steht jetzt neben Mesut Özil und Bushido. 2014 gewannen sie dann den Integrationspreis des DFB. Und 2015 schließlich den Laureus Award. Alter, sagt Öner, das ist der Oscar des Sports.

Und weil Ismail Öner alle und jeden kennt, hat er natürlich am Rande der Verleihung des Integrationspreises, geile Gala, auch Jimmy Hartwig kennengelernt. Wie sagte Raed Saleh, die Aufsteiger, die kennen sich doch. Und der Jimmy ist schließlich der Botschafter der Integration und deshalb standen sich die beiden, der Jimmy und der Ismail, irgendwann gegenüber und kamen ins Gespräch. Erst an der Bar, dann später im gemeinsamen Bus, der sie von einer Veranstaltung zur nächsten fuhr, Fototermine, der ganz geile Ruhm. Zwei Tage haben sie schließlich miteinander verbracht. Der Jimmy, sagt Öner nun. Was für ein Typ, Alter! Der Kollege nickt, er war dabei, das vergisst man nicht.

Und natürlich hat Jimmy Hartwig dort im Bus und sowieso immer alle umarmt und von früher erzählt. Die ganzen Jimmywitze. Und sie haben sich kaputtgelacht, bis einer fast kotzen musste, so lustig war das. Der Jimmy und die Kanaken, sagt Öner. Dreamteam. Und Jimmy hat erzählt, wie er es immer macht, mit großen Gesten. Die Jimmybiographie. Zwei Länderspiele nur. Was für eine Geschichte, sagt Öner. Der hat die Champions League gewonnen, mit dem Magath gespielt, den kannten alle. Dann hat er plötzlich mitten im Bus Theater gemacht, sagt der Kollege. Seinen Woyzeck gespielt. Den kannte keiner. Aber zugehört haben sie, weil dieser Jimmy, Alter, nun mal diese Stimme hat. Der ist ja Schauspieler, irre. Der hat geschrien, über alle Sitze hinweg, sagt Öner. Das war eine Sternstunde, sagt der Kollege. Dann schweigen sie kurz, andächtig.

Und nun, dort in Bayern der Integrationsbotschafter, hier in Spandau der Integrationsbambi, hängt doch wieder alles mit allem zusammen. Während hinten im Café in der Jüdenstraße Jérôme Boateng als Pappkamerad in Originalgröße steht und man wohl auch gegen diese zweidimensionale Kopie von ihm keinen Zweikampf gewinnen würde. Großer Bruder, guter Nachbar. Seit einigen Wochen gibt es den Mitternachtssport nun auch im Wedding. Es läuft, sagt Öner nun. Und schlägt so den Bogen zurück zu Raed Saleh, weil doch ohne den Raed nicht mehr viel laufen und es auch kein Café geben würde. Ohne Raed, sagt Ismail Öner, hätten wir kein Dach über dem Kopf.

2015 noch hätte Öner den ganzen Laden fast dichtmachen müssen. Alte Leier: Die Presse war gut, es gab viele Hände auf seinen Schultern, nur Geld gab es nicht. Der Raed, wie er so ist, sagt Öner, hat Wort gehalten. Eine schützende Hand. Raed hat sich gekümmert. Wir sind jetzt in den Berliner Haushalt gerutscht, Bildung, Jugend,

Wissenschaft. Solange der Raed in der hohen Politik unterwegs ist, sagt Öner, kann ich hier weitermachen. So lange also Raed Saleh mit seinem dunklen Audi durch Berlin fährt, Hände schüttelt, Menschen öffnet, kann Ismail Öner die Nacht aufschließen. Deshalb muss er jetzt noch etwas erzählen. Etwas von früher.

Wenn Öner an Raed Saleh denkt, hat er immer ein Bild im Kopf, aus Schultagen noch. 1990, siebte Klasse. Coolnesszeit. Die Hosen hingen tief, Hip-Hop war der Soundtrack des Schulhofs. Und jeder hatte einen Rucksack. Nur einer nicht. Raed Saleh trug einen Aktenkoffer. Dieser Koffer, sagt Öner, ist ein Symbol für mich geworden: Raed trägt in diesem Aktenkoffer von 1990 heute die Hausaufgaben, die ihm die Stadt aufgibt. Und natürlich erledigt er sie gründlich. Es geht ja nicht nur um ihn. Heimat, sagt Öner, ist der Ort, der dir nicht egal ist. Der Park, in dem du Müll sammelst. Das Wasser, aus dem du den Unrat ziehst und manchmal eine Leiche. Die Luft, die du so lange atmest, bis sie sauber ist. Das war immer meine Urmotivation: etwas zurückzugeben. Ein gutes Ende eigentlich, schöner Rausschmeißer, Ghettoromantik.

Dann sagt Öner noch einen Satz, in dem plötzlich Verbitterung steckt. Weißt du, sagt er, wir haben viel erreicht. Oscar des Sports. Da stehst du als Kanake auf der Bühne und erzählst von der Heimat, stehst da für Spandau und hast es geschafft. Richtig große Nummer, aber die Leute in Spandau, die Alten, die tun immer noch so, als hätten wir nur ein Plüschtier auf dem Weihnachtsmarkt vor dem Rathaus gewonnen. Damit sie nicht anerkennen müssen, sagt der Kollege, dass der Kanake auch was geleistet hat. Es ist ein Resümee, das so gar nicht nach Salehs Versöhnung klingt.

Und ein Satz, an den ich wieder denken muss, als ich Tage später vor einer Kneipe in der Seeburger Straße stehe. Spandauer Kater, hier trinkt das alte Spandau, hier warten die Menschen auf Raed Saleh. Er hat sich angekündigt, Kneipentour, Stammtischgespräche. Das macht er seit Monaten nun, jede Woche eine andere Ecke. Beginn: 19 Uhr. Was natürlich gleich die beste Kneipenzeit ist. Draußen noch hell, drinnen schon Schnäpse. Man kann von der Straße aus bequem hineinschauen, muss also nicht gleich den ganzen Schritt machen, zwei schmale Stufen hinauf und über die Schwelle, einstmals poliertes Blech. Nicht gleich mit der Tür ins Haus. Erst mal dem Zögern Raum geben, weil man ja doch nie weiß, was einen an solch einem Ort, zwischen den Menschen, erwartet. So eine Kneipe, das ist ja noch mal was ganz anderes, da am Tresen wirken andere Gesetze, da kann, wenn du Pech hast, der erste Spruch gleich dein letzter sein. Kann eine Geste, draußen unverfänglich, zu einer handfesten Krise führen. Die Regeln, die hier gelten, die sollte man kennen. Meist hängen sie an der Wand neben der Wirtin, mit einem Lötkolben eingebrannt in helles Holz. Manchmal hängt dort auch nur ein Knüppel und darüber steht: Hausordnung. Dann weißte Bescheid. Man kann auch hier ein Fremder sein.

Deshalb also besser nichts überstürzen, erst mal abwarten. Gleich rein geht nicht, da bringt man nur alles durcheinander, vor allem sich selbst. Besser ist es deshalb, sich langsam heranzutasten, noch mal das wirklich sehr großartige Kneipenschild anzuschauen. Das schwungvoll gemalte Tier, der Suffbuckel hinter den Buchstaben, sofort durstig. Spandauer Kater, das ist ohnehin mehr Warnung vor dem Tag danach als ein Name für den Abend dazu. Ein Versprechen, dass morgen der Schädel brummt.

Ich stehe also dort und ordne die Schemen im Halbdunkel, atme den Menschendunst ein, der mit jedem, der jetzt schon geht, heraus auf die Straße weht. Dann aber, Saleh noch immer nicht da, gehe ich rein. Hilft ja nichts. Amtliche Kneipenbegrüßung des Willkommenstrinkers auf dem ersten Hocker, wie geht's, wie steht's. Ein Schultheiss, bitte! Immer die beste, weil ehrlichste Antwort. Bierchen, kannst du nichts falsch machen. Schöne Molle. Frisch gezapftes Schultheiss, in der Kugel mit Blume. Dazu noch ein Schnäpperken. Das feine Gedeck für den Herrn. Gehört unbedingt dazu, erste wichtige Regel. Also trinken, ankommen. Alles Roger in Kambodscha, prost. Die Sinne sofort eingefangen vom Dunst der tausend heute hier gerauchten Zigaretten. Ich schaue mich um. Hinten ein paar Kümmerlinge, sie trinken Bier.

Am Tresen und an den Tischen hängen die zu erwartenden Gesichter, die solide Prominenz eines solchen Ortes. Lokalpatrioten. Die Zweifler, die Argwöhnischen, Deutschland und Fahne. Hier müllert es noch, und in der Ferne macht es leise bumm. Alles wie gespielt, alles wie vorher versprochen. Eine richtige Kaschemme, hatte Saleh am Telefon gesagt. Da müssen Sie mitkommen.

Besser, also fieser, wird es nicht mehr. Die Leute hier so abgehängt wie die Fenster. Altdeutsche, hatte er gesagt, die nicht mehr mitkommen. Sozial hintendran. Richtige Arbeitergegend also. Und für ihn doch wieder Heimspiel. Das Hochhaus am Blasewitzer Ring steht nicht mal einen Kilometer entfernt in der Kurve. Wenn einer im Kater rülpst, wackeln an der Heerstraße Nord die Fenster.

Es ist kurz nach sieben jetzt, Saleh noch immer nicht da. Wird schon. Dafür sitzt am Tisch ein Kollege vom *Tagesspiegel* und schreibt schon mit. Gut, geht also heute um was. Der lässt sich Zeit, sagt der ganz vorn. Das ist wie bei den Stones. Je größer die Show. Rock 'n' roll, Baby. Er macht solange die Vorband. Noch eine Molle, bitte.

Nach und nach füllt sich die Kneipe, bis an den Rand. Wird die Luft dünner, der Rauch dicker. Als Raed Saleh schließlich durch die Tür tritt, ist der Kater voll, jeder Platz besetzt. Die große Show, die Leute, das spürt man, erwarten jetzt was. Sie wollen ihn, den Mann aus dem Fernsehen, hören, vor allem wollen sie, dass er sie hört. Alt und neu. Jetzt mal ehrlich. Ich grüße den großen Vorsitzenden, sagt der Mann ganz vorn. Und Saleh, auch diesmal ohne Jackett, krempelt wirklich die Ärmel hoch. Gute Symbolik. Das kann er. Er bestellt bei der Wirtin ein Malzbier. Ist ja Ramadan. Und begrüßt die Anwesenden im Lokal. Grüßt den Kater, meine Damen und Herren, guten Abend, streichelt ihm ein bisschen über den Buckel.

Draußen, im Audi, wartet sein Fahrer. Raed Saleh ist hier, in dieser Kneipe, wieder der Aktenkoffer-Saleh, er hat alles dabei. Seine deutsche Leitkultur, den Versöhnungsgedanken. Die Gastarbeitergeschichte des Vaters, das Schattenkabinett der Großgenossen, fein säuberlich geordnet. Raed Saleh schleppt, er schwitzt im Dunst, in dieser Luft, die auf ihm liegt wie die Erwartungen. Nun mal los, junger Mann.

So geht es gleich mittenrein. Flüchtlingskrise. Sein Thema. Natürlich kennt er auch hier die Zahlen. Wir sind 219000 Einwohner, wir haben 4650 Flüchtlinge.

Am meisten, ruft einer. Zum Stammtisch gehören auch die Parolen.

Ja, am meisten, sagt Saleh.

So geht es nun, hin und her, eine ganze Stunde lang. Über den Köpfen staut sich die Hitze.

Wir gehen arbeiten und die nicht, ruft dann ein älterer Herr. Wird aber von seinem Tischnachbarn direkt zur, so sagt man ja hier, Räson gebracht. Hör uff, dazwischen zu sabbeln, du Komiker.

Älterer Herr: 'tschuldigung.
Saleh: Nicht entschuldigen.
Älterer Herr: Ist aber so.
Saleh: Zwischenfragen sind erlaubt.
Älterer Herr: Ja, man zahlt dafür. Man zahlt für alle.

Es hängt ja tatsächlich alles mit allem zusammen. Der Müll im Flüchtlingsheim an der Mertensstraße, wo die

Menschen in einer Halle untergebracht sind, in der früher Zigaretten produziert wurden. Der große Dreck der Neuen. Die soziale Ungerechtigkeit, Hartz IV, die Wut auf die Ämter. Raed Saleh schreitet durch den Wutraum der Kneipe, erinnert dort an einen einsamen Bundestrainer in seiner Coachingzone. Verschieben, Leute, achtet auch auf die Defensive. Wir, sagt er nun, müssen uns zusammenraufen. Für den sozialen Frieden. Das funktioniert nur, indem wir klare Regeln definieren. Regeln, ohne Knüppel.

Und aus dem Dunst der Menge fragt einer: Für wen? Für wen? Für uns? Oder für die, die kommen?

Klare Regeln für alle, sagt Saleh. Er ist in dieser Talkshow nun Gast, aber auch Moderator, treibt seine Rede voran, ganze Arbeit. Heilloses Durcheinander, es wird lauter, unüberhörbar, unübersichtlich. Dann entstehen doch jene wunderbaren Dialoge, in denen immer die Wahrheit lauert. Er stellt sich neben eine ältere Dame, die noch nicht so recht weiß, was sie davon halten soll.

Saleh: Sie haben vorhin etwas reingerufen, sagen Sie es noch mal laut. Für alle.

Dame: Nein, ich will heute nicht.

Saleh: Aber es ist eine berechtigte Frage.

Dame: Ich habe gefragt, ob wir uns integrieren müssen.

Saleh: Wen meinen Sie mit wir?

Dame: Na, wir. Wir, die Deutschen.

Saleh: Was heißt wir? Sie und ich?

Dame: Ja, die Berliner Bürger meine ich.

Saleh: Ja, genau.

Die Dame nickt, sie lächelt sogar.

Ich habe, sagt er jetzt, die Aufgabe, Politik für die Leute zu machen. Und für die Leute heißt für die Menschen, die in Berlin zuhause sind. Das heißt, für Sie, die schon hier in Berlin geboren wurden. Er legt der Dame die Hand auf die Schulter, spricht ruhig weiter. Und für Menschen wie mich. Einen Jungen, der mit fünf Jahren nach Berlin gekommen ist und nun seit 33 Jahren in dem wunderschönsten Bezirk Deutschlands lebt. Da gibt es, Ehrensache, Zwischenapplaus der Lokalpatrioten, da lässt sich die Kneipe nicht lumpen. Die Dame bestellt sich noch ein Schultheiss, auf einem Bein kann man schließlich nicht stehen. Und am Tresen, sichtbare Underbergverwirrung, hebt eine andere ihr Glas, ein Toast hinein in den Taumel, und ruft: Ich liebe unseren Wowereit.

Und Saleh gibt ihr ein Echo: Ich liebe ihn auch, wir haben gestern noch gekuschelt. Da gibt es gleich richtig Applaus, logisch. Der Homosexuelle und der Migrant, Arm in Arm, aber sexy – ein Bild für die Götter. Die Kneipe lehnt sich zurück. Guter Mann, dieser Saleh. Und man spürt auch, jetzt hat er sie. Ehrlich, adme. Am Ende, Blick auf die Uhr, hat er eine halbe Stunde überzogen. Junge, Junge. Wie der Gottschalk, sagt der ganz vorn. Große Show. Auch er zufrieden.

Saleh geht dann noch von Tisch zu Tisch, schüttelt Hände. Sie sind in Ordnung, sagt er zu dem älteren Herrn, dem Komiker, bleiben Sie anständig.

Neben der Theke hängt ein Schild. Die ganze Welt ist ein Irrenhaus, steht darauf, aber hier ist die Zentrale. Davor unterhalten sich zwei, Mann und Frau, über Saleh. Seine Zeit wird kommen, sagt die Frau. Seine Zeit war noch nicht reif. Er ist jetzt besser geworden, sagt der Mann, der Akzent schwächer. Als würde er seine Stimme von einer Stimme abhängig machen. Dann noch ein allerletztes Bier, ist ja Mittwoch und morgen wieder Maloche.

Draußen vor der Kneipe steht Saleh im Abend und sieht, kann man so sagen, politisch aus. Ein Redner, warmgelaufen. Hinter ihm steht schon der Wagen, wartet der Fahrer. Kurz bevor er einsteigt, lädt er mich noch ein, ihn in der Woche darauf zum Iftar, dem traditionellen Fastenbrechen, zu begleiten. In einer Moschee im Wedding. Der denkbar härteste Gegenschnitt zum Abend hier im Spandauer Kater, aber beides gehört dazu, zu beidem gehört er. Für die Menschen hier in der Kneipe, sagt er, bin ich ein Hoffnungsträger. Und für die Muslime in der Moschee bin ich es auch. Dann fährt der Audi davon.

Eine Woche später spuckt der Audi ihn wieder aus. Letzte Station, damit sich der Kreis schließt. Diesmal vor einem Fabrikgelände an der Osloer Straße, Höfe, eingebettet in in Höfen eingebettete Höfe, eine Welt hinter der Welt, tatsächlich parallel, tatsächlich halal. Türkischer Supermarkt, türkischer Mechaniker, arabische Schriftzeichen, Fleischproduktion, Imbiss. Männer, die auf Handys starren, flimmernde Fenster.

Hier, im fünften Stock eines wie achtlos ins Abseits gebauten Flachbaus ohne besondere Eigenschaften, vorn an der Fassade nur die Werbung für türkische Festsaalhochzeiten, schon verblichen, liegen die Räume des Interkulturellen Zentrums für Dialog und Bildung, hierher kommen die Muslime aus der Gegend zum Freitagsgebet. Raed Saleh war noch nie hier, kann deshalb den Eingang nicht finden, Wedding, kein Heimspiel. Schließlich telefoniert er kurz, dann steht ein junger Mann vor uns. Mohammed, von Saleh herzlich begrüßt. Wangenküsse, Umarmung. Ein kurzer Tanz der Vertrautheit. Und Raed Saleh stellt ihn mir vor, mit dem Stolz, den sonst nur Eltern kennen für ihre Kinder. Mohammed kam als Flüchtling nach Spandau, Anfang der Neunziger. Durfte damals nicht studieren, wegen der Aufenthaltsbestimmungen. Heute hat er sein Jurastudium beendet als Bester seines Jahrgangs. Ein großes Talent, sagt Saleh. Mohammed nickt, was soll er auch sagen.

Zwischen den beiden Männern, wirklich in ihrer Mitte, ist das Ankommen an diesem Ort, der angefüllt ist von anderen Sprachen, den Gerüchen der Kohle und der Gewürze, voll hastig niedergeschlagener Blicke und dem

Vorüberziehen weißer Gewänder, nicht schwer. Sie nehmen mich mit. Wir nur drei Spandauer, auf dem Weg zu einem gemeinsamen Abendessen. Wir steigen in einen Lastenaufzug, mit uns noch andere Männer, Araber mit schmalen Bärten, Türken mit breiten Gesten. As-salāmu 'alaikum. Merhaba. Juten Tach.

In einem langen Gang stehen die Schuhe der Menschen, die hinter der Tür schon sitzen, an zu Tafeln zusammengeschobenen Tischen. Junge Moslems. Sie nennen sich Brüder und Schwestern. Die einen links, die anderen rechts. Die jungen Frauen tragen Kopftuch, die jungen Männer, selbst unter vereinzelten Bärten, noch Jungsgesichter. Es wird wirklich viel gelacht. Ein Beamer wirft Bilder an die Wand. Einer nach dem anderen stellen sich die muslimischen Jugendverbände vor, ihre Ziele, ihr Engagement. Die Vorträge sind ausnahmslos auf Deutsch, obwohl ich in diesem Raum der einzige auf den ersten Blick Deutsche bin.

Saleh beugt sich zu mir. Das sind alles große Talente, sagt er, ganz leise, für die ist die deutsche Sprache normal. Und es klingt als müsste er das oft erklären. Routine, sicher ist sicher. Moslem sein, sagt nun eine der Schwestern, sie ist die Wortführerin, heißt auch, Verantwortung zu übernehmen. Für Senioren, Obdachlose. Es ist ein Vortrag, der aus dem Aktenkoffer von Raed Saleh stammen könnte. Die Wir-Gedanken des Sozialdemokraten.

Dann begrüßt die Schwester den Bruder Raed und er tritt nach vorn, steht nun im gleißenden Licht des Beamers, die Schuhe ausgezogen, ein Ehrengast auf Socken. Sein Gesicht ist kaum zu erkennen. Am Tag zuvor war in Istanbul wieder eine Bombe gezündet worden, der Terror zurückgekehrt ins Bewusstsein. War der Islam wieder nur die Schwarze Fahne mit den weißen Zeichen. Am Abend wird die türkische Flagge auf das Brandenburger Tor projiziert. Der Halbmond als Symbol einer Freundschaft. Das letzte Mal für eine lange Zeit, aber das kann Raed Saleh da noch nicht wissen. An diesem Tag werden die Schlagzeilen noch von einer anderen Angst dominiert.

Es ist also hier im Wedding ein Freitag nach dem Terror und deshalb auch ein weiterer Freitag vor dem nächsten Pegida-Montag in Dresden. Dazwischen bewegt sich Saleh, hinter ihm der Terror, vor ihm der Hass. Hinter ihm die Alten in Spandau, der Müll der Flüchtlinge, vor ihm an den Tischen die jungen Moslems. Und er spricht von Asylbewerbern, die kommen und von Gotteshäusern, die brennen, von Konfessionskriegen, von Kopftüchern und einer Welt, der die Ordnung abhandengekommen ist. Zieht die großen Linien durch diesen Raum. Früher, sagt er schließlich, hätten wir uns empört. Heute ist das alles schrecklich normal.

Und zum ersten Mal, seitdem ich mit ihm unterwegs bin, ändert sich etwas in Salehs Stimme, in seiner ganzen Haltung. Er, der sonst von Hoffnung spricht und von Versöhnung, steht nun dort vorn und warnt vor dem Hass, der die Demokratie zersetzt. Einmal haben sie gesagt, es sind die Flüchtlinge, die das Problem sind, dann waren es die Griechen, die Ausländer. Jetzt sagen sie, die Moslems sind das Problem oder Menschen mit dunkler Hautfarbe. Die Brüder und Schwestern nicken, sie sind hier geboren, jeder von ihnen kennt den Rassismus des Alltags. Deshalb, sagt Saleh nun, müssen wir Vorbilder sein. Er deutet auf Mohammed, deutet im Grunde aber auf sich selbst. Er ist ja sein stärkstes Argument. Es muss euer Anspruch sein, sagt er, Brüder und Schwestern, euch zu beteiligen. Im Herzen der Gesellschaft. Wenn das gelingt, könnt ihr für die Menschen, die hier leben, einen enorm hohen Beitrag leisten. Dafür, dass die Gesellschaft wirklich toleranter wird. Für eine, Inschallah!, versöhnlichere und bessere Welt. Noch mal Inschallah und vielen Dank.

Wenn Saleh von einem Gefühl erfasst wird, ihm etwas

wirklich nahe kommt, dann entgleitet ihm mitunter die Sprache, dann geraten ihm die Worte zu groß. Die Brüder und Schwestern, sie verlassen jetzt den Raum, um ein Stockwerk höher zu beten. Ramadan Mubarak. Raed Saleh aber bleibt. Weil ich sein Gast bin an diesem Abend und man einen Gast, adme, nicht allein zurücklässt. Und sowieso betet er nicht oft. Ich bin da, sagt er, sehr säkular. Deshalb ja auch Malzbier am Ramadan. Gebetsverweigerer, sagen sie deshalb auch zu ihm, die Hardliner-Muslime. Er wird es niemals allen recht machen können.

Nach dem Essen dann, das Fasten gebrochen, stellt er mir noch einige andere junge Männer und Frauen vor, auch ihre Biographien kennt er auswendig. Alles große Talente, sagt Saleh. Die Zukunft der Gesellschaft. Und dort, zwischen den Schwestern und Brüdern, den Tellern voll Hähnchen und Reis, hinter den Fenstern die Weddinger Nacht, verstehe ich: Je größer in Spandau, zwischen den Porzellankatzen, am Tresen, die Bedenken und die Ängste werden, desto größer werden auch die Talente des Raed Saleh.

Auf die Frage nach der Zukunft, die Angst vor dem Abstieg, antwortet er mit der Gegenwart, dem Erfolg eines Aufsteigers. Hat die Biographien zur Hand, mit ihnen hält er dagegen. Seine eigene dabei als Schablone für die Chancen der anderen. So verargumentiert er seinen Lebenslauf, ist Feind- und Vorbild gleichermaßen. Er versucht, für alle eine Tür offen zu halten, adme zu sein. Einer für alle. Das zumindest ist die Hoffnung, die er hegt. Gerade als er gehen möchte, es ist wieder spät geworden, stellt sich noch eine der Schwestern in seinen Weg. Eine Frage nur. Er nickt, bitteschön. Wann, fragt sie also, werden Sie endlich Bürgermeister, Herr Saleh? Wir beten dafür. Er lächelt und sagt, was er immer sagt. In der Kneipe, auf dem Marktplatz, öffentlich. Wir haben einen guten Bürgermeister. Dann verabschiedet er sich.

Draußen die Schuhe, der Aufzug, unten warme, aber klare Nachtluft. Unten auch Menschen die strömen, Gebetszeit. Junge Männer und alte, in Gewändern. Frauen verhüllt oder nicht. Raed Saleh steht nun dazwischen und möchte den Abend, die Reise in die Heimat und in den Wedding, gern mit einem Vergleich beenden, den nur Spandauer verstehen können, es ist ein Vergleich vom U-Bahnhof am Rathaus, aus den Tränen der Trinker.

Seit Jahren steht dort, zwischen der Rolltreppe und den Bussen, ein zotteliger, kaputter, von der Welt irgendwie abgezogener Typ und brüllt. Nie hört er auf. Brüllt in das Ankommen und das Abfahren, ein Brüllen, als würde die Seele kotzen. Das Besondere: Der Typ, er wohnt in einer Einrichtung, die den Wahn betreut, malt sich an jedem Morgen einen blauen Schatten um eines seiner Augen, mal links, mal rechts. Er sieht deshalb immer aus, als wäre er gerade gestürzt, in eine Schlägerei geraten, überfahren vom Schicksal. Die Menschen in Spandau, sie nennen ihn deshalb: Blauauge. Er ist dort so berühmt wie Adel Tawil, ein Maskottchen am Rathaus. Natürlich, sagt Raed Saleh, gibt es einen Blauauge. Aber es gibt nicht tausend. Jeder Spandauer kennt ihn, aber nicht jeder Spandauer ist ein Blauauge.

Und so schaut er noch einmal in das Strömen der Gläubigen. Sieht dort wieder Talente. Wirkt dabei sehr zufrieden mit sich. Das mit der Versöhnung, das wird schon. Wir gehen langsam zu seinem Auto, der Fahrer lehnt über der geöffneten Tür. Er sieht unglücklich aus. Wie ist es Ihnen ergangen, fragt Saleh. Der Fahrer schüttelt den Kopf. Das ist ja hier, sagt er, tiefster Wedding. Die Glut der Zigarette leuchtet auf. Was hier so rumrennt. Hier möchte ich nicht mal tot vom Baum hängen.

Was meinen Sie, fragt Saleh.

Weiß nicht. Verschleierte, Hunderte. Woher kommen die, aus der Wüste?

Das sind die Kluften anderer Religionen, sagt Saleh. Schaut erst den Fahrer an, dann mich. Und wirkt dabei wie einer, der zusehen muss, wie sein gerade erst mit größter Mühe und ruhiger Hand aufgestelltes Kartenhaus in sich zusammenfällt. Einfach umgepustet, einfach so.

Auf einmal, sagt der Fahrer, kamen die alle.

Und, fragt Saleh, haben Sie sich eingeschlossen?

Kopfschütteln.

Ich bin doch auch einer von denen, sagt Saleh, und Sie fahren mich und wir verstehen uns doch gut.

Kopfnicken, was soll's.

Kommen Sie, sagt er, wir rauchen jetzt. Bevor die schlimmen Muselmanen wieder kommen.

Dann rauchen sie, still. Der Heimat die Heimat erklären, manchmal muss man dafür auch schweigen können. Schließlich verabschiedet er sich bei mir, steigt ein. Und fährt in seinem schwarzen Audi aus dem Wedding hinaus. An der nächsten Kreuzung zwei Pfeile. Geradeaus geht es nach Berlin-Mitte, Zentrum, Rotes Rathaus, ein langer Weg noch. Linksrum geht es zurück nach Spandau. Immer die weiteste Reise.

Gärten der Welt

Castrop-Rauxel

Wenn zwischen den Häusern die Hitze steht, der Hochsommer die Stadt unmöglich macht, muss man raus aus dem Wedding, weiß ja jeder. Am besten gleich los, ohne Zögern, bevor man noch blöde wird im Betondunst, der Block zu schwitzen beginnt, dieses steinerne Tier.

Nun aber gibt es bei uns am Block Menschen, die sich kleine Fluchten leisten. Und andere, die eben nicht wegkönnen, gefangen in den Grenzen ihrer Mittel, der Horizont dahinter direkt an der Bezirksgrenze aufgespannt. Es sind die Väter, die das Geld auf die Seite schaffen und dann, immer am Ende des Frühlings, die Kasse stürzen und schauen, was möglich ist. Ob das mit dem Urlaub diesmal was wird. Meist, in jedem zweiten Jahr, wird es aber eher nichts. Weil schon der Alltag mit vier Kindern mehr kostet als ein Pauschalurlaub in Alanya. Dann schütteln sie traurig den Kopf und die Frauen wissen, was das bedeutet. Wieder ein Sommer zu Hause, kein Sommer in der Heimat.

Es sind die Mütter, die ihre Kinderwagen den Hügel hinauf in den Humboldthain schieben. Die Wagen schwer beladen mit vielerlei Süßigkeiten und wild behangen mit allerhand Spielzeug, den Wasserpistolen der Söhne, den mit Luft gefüllten Fabelwesen der Töchter, glitzernd in Rosa. Schon in Schweiß gebadet, drücken sie sich durch die Drehkreuze des Sommerbads, es ächzt und es quietscht, um dort dann, unterhalb der Wasserrutsche, gemeinsam mit den anderen Müttern ihren Tag zu verbringen, die Decken ausgebreitet auf dem Steinboden am Kinderbecken, wo im Halbschatten die Wünsche wachsen, die Tagträume beginnen. Einmal wieder ans Mittelmeer, das wäre doch was. Einmal wieder die Füße in die Strömung halten. In ihren Träumen sind die Mütter des Viertels immer die jungen Frauen von einst. Dann reißt sie ein vertrautes Kreischen aus den Gedanken und sie stehen auf, mühsam, und stellen sich am Kiosk für Pommes an.

Das Bad ist der nächstbeste Ort einer Zuflucht unter Bäumen, aber auch übervoll mit den anderen Leibern, die nach Abkühlung gieren. Man liegt dort im Schweiß der bis zur Unkenntlichkeit entblößten Nachbarn, auf dem Chlorwasser immer ein Film fremder Sonnenmilch, und versucht, nicht so genau hinzuschauen.

Jene, die wissen, wohin, verlassen den Wedding. Auch sie kommen nicht weit, aber doch weit genug. Haben Land in der Stadt, haben die Ruhe gepachtet. Beladen deshalb ihre Autos mit dem Nötigen und dem Unnötigen, den Vorratskörben und Zeitvertreibern, und fahren die Straße hoch nach Moabit über eine der Brücken, von denen aus man den Fernsehturm sehen kann, auf den schon die frühe Sonne seit jeher ein gleißendes Kreuz wirft, die Rache des Papstes am Sozialismus.

Rechts dann die Bahngleise und die Kräne des Hafens, auch sie stehen still, weil doch an Arbeit nicht zu denken ist. Die Menschen, die es sich leisten können, verlassen also die verschwitzte Enge des Wedding, fahren Richtung Stadtrand, fahren ins Grüne, wie man hier sagt, wo die Füße mit dem ersten Schritt auf weichem Rasen den Asphalt vergessen. Ein Sehnsuchtsort hinter Hecken. Einige hundert Quadratmeter sauber gemähte und ordentlich zurechtgeschnittene Freiheit. Dahin geht es, weil es nur dort wirklich geht, weil sich nur dort die Zumutungen der dampfenden Stadt ertragen lassen. Eine ganz andere Sphäre, privat. Dort, bitteschön, kann man noch Mensch sein, wirklich mal Fümwe gerade sein lassen.

Frau Kullack besitzt einen Garten im Westen der Stadt, seit vielen Jahren schon. Auch Fikret und Diana haben ein kleines Grundstück, ganz in der Nähe, hinter den Gleisen, wo Moabit auf Charlottenburg trifft. Seit einiger Zeit also sind sie, was man gemeinhin als Laubenpieper bezeichnet, ein Umstand, der mitunter so gewöhnungsbedürftig sein kann wie das Wort selbst, das lustig klingt, aber mit vollem Ernst gesprochen werden muss.

Frau Kullack, Weddinger Pflanze, ist Laubenpieper aus Überzeugung. Kleingärtnerin mit Leib und Seele, sagt sie. Ohne den Garten, sie sagt gerne auch Häuschen, das wäre nüscht. Da kann man sich ja gleich einbetonieren lassen, ein Sommer ohne Garten, das wäre wie lebendig begraben.

Sie fährt immer dann raus zu ihrem Häuschen, wenn ihr der Balkon zu eng wird, sie mal richtig durchatmen will, den Wedding nicht mehr hören kann, das Dröhnen der Stimmen und der Motoren. Die Kinder, die schreien, und die Männer, die bellen. Durchfahrtsstraßenköter, die ihr Revier markieren müssen.

Zum Häuschen bedeutet zur Ruhe. Der Weg dorthin ist längst Ritual. Er beginnt kurz nach Sonnenaufgang, dann packt Frau Kullack ihre erstaunlich große Handtasche, darin Hab und Gut und vielleicht ein Stück Kuchen vom Vortag. Sie verstaut sie im Gepäcknetz ihres Rollators, der ihr das Gehen erleichtert, die Welt ermöglicht, seit die Füße nicht mehr so wollen wie der Kopf, der noch rege ist und sie nach draußen drängt. Am Fahrstuhl schon fährt ihr die Vorfreude in die Glieder, jedes Mal.

Der Garten ist ihr noch immer der schönste Ort, weil dort ganz andere Pflanzen wachsen, ganz andere Blumen blühen, die Hortensien, der Hibiskus. Farne wie in den Tropen. Dazu die Tulpen in allen Farben, die Rosen in allen Arten. Der Garten füllt die Lunge mit Leben, zieht das Grau aus dem Kopf. Frau Kullack, Weddinger Pflanze, sie topft sich dann selbst um.

Das Häuschen hatte sie schon, als die Mauer noch stand. Westberlinerin, niemals würde sie Datsche sagen. Wenn, dann sagt man Laube, keine Frage. Laubenpieper, da steht der Stolz in der Satzung. Das ist ihr wichtig. Die Regeln dazu und die Ordnung.

Im Garten vergeht die Zeit anders, langsamer. Und manchmal scheint sie gänzlich stillzustehen, dann dehnt sich der Sonntag hinein in die neue Woche und sie kann dem Gras tatsächlich beim Wachsen zusehen. Was auf der anderen Seite der Hecke passiert, braucht deshalb eine Weile, bis es seinen Weg über den Zaun findet. Die Veränderungen haben den Garten schon immer verzögert erreicht, aber wenn sie schließlich vor dem Tor stehen, fallen sie erst recht auf.

Wenn Frau Kullack heute in ihrem Garten sitzt, sind die Menschen, die sie sieht, sind die Sprachen, die sie hört, andere als noch vor ein paar Jahren. In der Kolonie hat sich, wie auch am Block im Wedding, die Nachbarschaft verändert. Sind Menschen dazugekommen, die man hier eher nicht vermutet hätte, waren die Schrebergärten doch einmal urdeutscher Rückzugsraum. Allein, wie das klingt: Schrebergarten. Sag das mal laut. Da hat man doch gleich den Fallersleben im Ohr und die Kartoffel auf der Zunge. Kleingartenkolonien, des Glückes Unterpfand, stehen auf der Liste grandioser Deutschtümeleien ganz sicher ganz oben, gleich neben Schützenverein und der Freiwilligen Feuerwehr. Das war immer so, ehernes Gesetz, in jeden Kissenbezug gestickt.

In der Parzelle nebenan aber, sagt Frau Kullack, da beten sie jetzt. Ohne Scheiß. Mal nur ein paar, dann gleich im Dutzend. Nachbarn aus Afghanistan. Großfamilienfeste, grillen das Lamm direkt von den Knochen, warmes Blut, das auf den Rasen tropft. Eher befremdlich. Und vorne, am Ende des Weges, wohnen jetzt Syrer, was wiederum den Türken daneben nicht gefällt. Da gibt es seitdem immer wieder Streit, laute Worte, diese Kleinbürgerkriege der Spießer, in denen es mal um Nichtigkeiten geht und mal um den Kompost. Der Türke droht dann, und der Syrer droht zurück. Und sie verstehen sich nicht, weil der Türke kein Arabisch spricht und der Syrer kaum Deutsch. Die Alteingesessenen lugen dann über ihre schmiedeeisernen Tore und schütteln die Köpfe.

Babel, sagt Frau Kullack. Das ist jetzt, bei ihr draußen in Charlottenburg, wie sonst nur draußen in Marzahn, Gärten der Welt. Der Eintritt kostet den Verstand. Und Frau Kullack muss also, um erkennen zu können, wie sich die Welt verändert, nur über ihre Hecke schauen. Es ist ein ähnlicher Blick wie der Blick von ihrem Balkon. Im Zeitraffer das Ankommen und Wegziehen, der Austausch der Gewissheiten.

Lauf der Dinge, sagt sie.

Auch Fikret ist nicht der einzige Ausländer in seiner Kolonie, bei Weitem nicht.

Da wohnen welche, sagt er, Türken, Polen, Marokkaner, die sind seit 30 Jahren hier. Die haben wirklich Wurzeln geschlagen. Wie deutsche Eichen.

So ist das bei ihnen in der Kolonie. Deutsche links, Ausländer rechts. Seine Laube steht genau dazwischen. Mischmaschendraht, dahinter die Russen, die saufen wie die Löcher, und die Araber, die er nicht leiden kann, weil die nicht wissen, wie man sich benimmt.

Mittagsruhe, sagt er, kennen die nicht. Sonntagsruhe kennen die auch nicht. Überhaupt nichts kennen die. Wahrscheinlich kennen die nicht mal den Fallersleben. Aber sonst ist das die beste Nachbarschaft, die er sich vorstellen kann. Das ist hier die geilste Kolonie Europas, sagt Fikret, das schwöre ich dir. Einmal nur hat einer der deutschen Nachbarn einen blöden Spruch über den Zaun geworfen, seiner Tochter verboten, mit den Türkenkindern zu spielen. Ein Scherz wohl, aber ein schlechter. Deshalb wollte Fikret ihm ganz kurz mit der sehr schweren Heckenschere ein sehr breites Lächeln verpassen, sie haben es dann jedoch anders geklärt, besonnen unter Nachbarn: zusammen ein Bier getrunken und mit Fikrets Feuer den Grill angezündet. Kein Stress, sagt er, vor allem nicht am Sonntag. Sie sind ja schließlich keine Araber, er lacht. Man sollte das alles nicht so ernst nehmen. Besser die Nase in die Rosen halten, die duften so herrlich, ich schwöre es dir.

Fikret liebt seinen Garten, und es ist eine Liebe, die ihn selbst noch immer am meisten überrascht.

Denn er, der Junge aus Moabit, man sagt: Mohabet, der in den Straßen zu Hause ist, immer auf Achse, der oft laut wird, weil er der Ruhe nicht traut, stand dem Garten anfangs, sagen wir, eher ablehnend gegenüber, die muskulösen Arme vor der Brust verschränkt. Ich hatte, sagt er, da keine Lust drauf. Rasenschneiden, auf dem Boden kriechen, irgendwelche Pflanzen lieben. Weißt du, dieses ganze Deutsche: Vier Kartoffeln, fünf Tomaten. Es war die Idee seiner Frau, die ihre Kindheit im Garten der Mutter verbracht hatte, ein richtiges Laubenmädchen. Sie hat ihn, wie sonst auch, überredet, um einen ihrer stark rotlackierten Finger gewickelt. Sie ist seine Prinzessin, sie hat die Hosen an. Was sollte er da machen?

Ein guter Kämpfer, sagt er, weiß, welche Schlacht er nicht gewinnen kann.

Heute ist er ihr dankbar. Zum Glück, sagt er, haben wir das gemacht.

Jetzt im Sommer fahren sie an jedem Tag raus. Die totale Entspannung. Er sitzt dann da, kurz ungestört, die Kinder im Pool, schaut sich seine Hecke an und ist wirklich zufrieden, mit sich und der Welt. Der Garten, sagt er, hat mich ruhiger gemacht, gemütlicher.

Der Garten, sagen seine Kumpels, hat einen richtigen Spießer aus dir gemacht. Er lacht. Leckarsch, ich mag das.

Und an Tagen, an denen ihm das Stillsitzen, das Einfach-Dasein zu wenig ist, geht er sowieso in den Schuppen und schmeißt den Rasenmäher an. So ein geiles Teil, mit Hinterradantrieb und 10 PS, ein Benziner.

Das Ding hat richtig Power, sagt er, ich liebe es.

Und wenn der Rasen dann schön kurz ist, legt er sich wieder hin und zündet sich eine Wasserpfeife an, Apfeltabak aus der Türkei. Und von den Gärten der Nachbarn wehen die anderen Gerüche herüber, der schwarze Tee auf dem Herd, das Lamm auf dem Grill, sonntags gibt es Leber. Tatsächlich wie zu Hause. Ganz normal, sagt Fikret. Kanaken im Schrebergarten. Und die Zahlen geben ihm recht.

Von den etwa eine Million Kleingärten in Deutschland werden mittlerweile 75 000 von Familien bewirtschaftet, die nicht aus Deutschland, sondern aus 80 verschiedenen Nationen stammen. Die Hälfte aller Neuverpachtungen geht heute an Menschen mit Wurzeln in einem anderen Land.

Der Schrebergarten ist also kein rein deutscher Zeitvertreib mehr, dafür aber für viele Menschen ein Stück Deutschland, das sie sich tatsächlich leisten können. Ein Kleingarten ist nicht teurer als ein gebrauchter Kleinwagen und kostet im Unterhalt nicht viel mehr als 370 Euro im Jahr, das ist ein Euro am Tag, das sind ein Flug in die Türkei oder 65 Tage im Sommerbad am Humboldthain.

Und deshalb ist die Laube, der Migrant im Beet, natürlich auch keine Berliner Erfindung, kein Hauptstadtphänomen. Im Gegenteil.

Die Schrebergärten mit dem prozentual höchsten Anteil an ausländischen Pächtern liegen stattdessen knapp 500 Kilometer vom Wedding entfernt in Castrop-Rauxel, mitten im Ruhrgebiet. Wo auf Kohle noch einmal ein ganz anderes Miteinander der Kulturen gewachsen ist.

Den Zutritt dort regelt Stephan Bevc. Er ist der Vorsitzende des Bezirksverbandes Castrop-Rauxel/Waltrop und kennt bis hoch zum Bürgermeister jeden, dazu auch alle Geschichten und alle Pflanzen sowieso. Gerade unter den vermeintlichen Spießern, wird Bevc später sagen, finden sich Menschen, die ganz offen sind, der Welt und ihren Wendungen gegenüber.

Seine Tochter lebt seit einiger Zeit mit einer Frau zusammen, aber auch das ist in den Gärten kein Thema. Mit Stephan Bevc kann man also über alles reden, sofern man bereit ist, ihn dafür auf seiner Terrasse zu besuchen. Nur dort gewährt er, der Zaunkönig, Audienz.

Die Fahrt zu ihm nach Castrop-Rauxel dauert dreieinhalb Stunden und führt einmal durch die Mitte des Landes, über eine sehr flache, sehr gleichgültige Ebene. Vorbei an Wolfsburg, Hannover und Bielefeld. Volkswagen, Hells Angels, Verschwörungstheorie. Ein Dreiklang, mit dem sich Deutschland, seine Nachrichten- und Gemütslage, in diesen Tagen auch treffend zusammenfassen ließe. Der Zustand dieses Landes, mal eben im Vorbeifahren erzählt. Der Horizont lediglich verstellt von den Propellern der Energiewende. Und der Schaffner dankt allen für ihr Vertrauen.

Am Bahnhof von Castrop-Rauxel erwartet mich gleich die volle Breitseite Mensch, das ganze Durch- und Nebeneinander der Unterschiede, der Schichten und Kulturen, ein Wimmelbild des Bekannten und des Fremden. Da sitzt eine albanische Familie, die Frauen in wallenden Röcken, und ist auf dem Weg zu einer Feier, deren kulinarischer Teil, dem Umfang der Tüten nach, auf etwa zwei bis sechs Tage ausgelegt sein muss. Die Männer trommeln zum Zeitvertreib auf den bunten Abfalleimern und entlocken ihnen einen fröhlichen Rhythmus. Dabei grinsen sie zahnlos in Richtung zweier türkischer Mädchen, die unbeeindruckt von den Ethno-Avancen ihre Spiegelbilder in ihren Handydisplays prüfen, während sie sehr laut sehr deutschen Pop von einem dieser Vollsüßrapper mit Plüschmaske hören, der noch immer den besten Reim auf Liebe sucht. Die Mädchen sind überraschend textsicher. Eine trägt Kopftuch, die andere zu dick Schminke. Neben dem Fahrkartenautomaten stehen zwei Syrer und können ihr Fremdeln nicht verbergen, offensichtlich überfordert vom Sound der Albaner, der aufreizenden Arroganz der jungen Türkinnen.

Der eine trägt ein Deutschlandtrikot, das Gold auf der Brust bereits abgeblättert. Sein Freund nur ein schwarzes T-Shirt. Sie haben Plastikmappen in den Händen, sprechen schnell. Ab und an mischen sich deutsche Vokabeln in ein aufgebrachtes arabisches Auf-und-ab. Asylantrag, Sozialamt. Wildwuchs der Bürokratie. Der im Deutschlandtrikot sieht müde aus. Die Worte vom Amt, hart auf dem Papier in seiner Hand, wiegen schwer, ziehen an ihm. Wenn er könnte, er würde wohl auch vor ihnen flüchten. Vor dem Unaussprechlichen. Sein Freund sagt nun noch ein Wort. Bleiberecht. Der Mann im Deutschlandtrikot nickt, er muss sich in die Verlängerung retten.

Ich gehe an ihnen vorbei, auf den Vorplatz des Bahnhofs, wo ein paar amtliche Penner einen Sechserträger PET-Bier vom Netto vernichten. Ein Plastikgesöff mit dem schon fast versöhnlich unpassenden Namen *Schloss*. Sie thronen dort auf ihrer Bank, summen den Mädchen hinterher, einer deutet eine Verbeugung an. Die Könige von Castrop, purpurne Gesichter, sie sind ihre eigenen Narren.

Gegenüber gibt es eine Trinkhalle, daneben hat ein Dönerladen geöffnet, beide verkaufen harten Schnaps und softe Drinks zu gleichen Preisen, man kann es sich also aussuchen. Mit dem Durst oder mit der Gesinnung abstimmen. Ich rufe kurz bei einem Freund an, der hier geboren wurde, hier aufgewachsen ist, die Straße hoch. Er schreibt heute Pointen fürs Fernsehen, aber als ich ihn nach den Sehenswürdigkeiten von Castrop frage, fällt ihm so schnell auch nichts ein. Danke, ich lege auf. Castrop, das wirkt von seiner Bevölkerungsstruktur her, diesem kaputten Charme der Arbeiterstadt, den zerfurchten Gesichtern der Ankunft, ein wenig wie Spandau – abgerockte Heimat. Der Berliner fühlt sich im Pott gleich wohl.

Und die Taxifahrer von Castrop warten auf das bisschen Kundschaft, das sich hierher verirrt, auf diese Insel zwischen Dortmund und Essen. Drei Türken und drei Deutsche stehen dort, dem Reißverschlussprinzip nach angeordnet, aus ihren Fahrerkabinen scheppert der Taxifunk. Ommas, die drei Flaschen Sekt nach Hause bestellen, Hotels, die ihre Gäste verabschieden. Solche Sachen, alles in allem aber nicht viel los. Einer gähnt, Langeweile.

Ich steige in den Wagen ganz vorne, wie es sich gehört. Der Fahrer, älterer Türke, ist seit mehr als 30 Jahren in Deutschland, fährt die Strecke im Halbschlaf, dreht dann das Radio lauter. Es laufen die Nachrichten, wir hören nun die Stimme der Kanzlerin. Sie spricht an diesem Tag zum 70-jährigen Bestehen des Bundeslandes Nordrhein-Westfalen, Gründungsgeburtstag. Herzlichen Glückwunsch, sagt der Fahrer, dreht noch etwas lauter. Angela Merkel, dort auf dem Podium in Düsseldorf, jetzt mit uns hier im Wagen, laut und deutlich, fast kann man hören, wie sie ihre Hände auf Bauchhöhe zur Raute faltet. Es ist eine kurze, eine eindringliche Rede, in der Merkel ihr Anliegen, ihre Ansprache an die Deutschen im Allgemeinen kondensiert. Vor 70 Jahren, sagt die Radiomerkel, lag dieses Land in Trümmern. Es war die Zeit des Steineklopfens. Sie zieht nun ihre Linien von der Nachkriegszeit bis hinein in die Gegenwart, die Flüchtlingskrise. Das dauert nicht lang, sie braucht dafür nicht viele Sätze. Erzählt dann von den Millionen, die sich hier niedergelassen haben und heimisch geworden sind. Von den Arbeitskräften aus Polen, den Vertriebenen und Flüchtlingen nach dem Krieg und auch von den Gastarbeitern, die am deutschen Wirtschaftswunder mitwirkten.

Zitiert Carl Zuckmayer, der die Rheinlande einst als Völkermühle bezeichnet hatte, und nennt die Zuwanderung schließlich einen Riesengewinn für das Bundesland. Nordrhein-Westfalen, sagt Merkel, ist ein starkes Stück Deutschland. Mit einer langen Tradition der Integration. Es ist ein Satz, der merklich holpert. Die Menschen, das will dieser Merkelsatz wohl sagen, haben es hier schon immer geschafft, sie machen das seit Jahrzehnten. Der Taxifahrer stellt den Ton ab.

Die Merkel, sagt er, soll erst mal aufhören, den Erdoğan zu unterstützen. Von der Kanzlerin hält er nichts. Vielleicht, sagt er, wähle ich diesmal AfD. Gegen Merkel, gegen Erdoğan. Gelungenes Beispiel für Integration.

Dann hält er auf einem Parkplatz, der umgeben ist von blühenden Bäumen. Ich verabschiede mich, und nehme die Worte der Kanzlerin, die Gedanken zum Vielvölkerstaat NRW, diesem Gemischtwarenladen der Republik, mit hinein in den Garten von Stephan Bevc.

Er ist der hier Chef der Kleingärtner und unter allen Bekloppten, so sagt er es gleich, der Bekloppteste. Um das zu machen, muss man schließlich ziemlich einen an der Murmel haben, den eigenen Blödsinn gut düngen. Bevc ist in der Laube der Eltern aufgewachsen, in der Enge der Kolonie, und sich deshalb immer sicher gewesen, dass er da niemals mitmachen, nie wie sein Vater werden würde, ein Spießer im Regularienverein. Mit der Volljährigkeit hatte er dann allerdings schon seinen ersten eigenen Garten gepachtet, und damit war die Sache durch, er hat es nie bereut. So ist das Leben, Tel Aviv.

Sowas sagt Bevc, inzwischen Anfang 40, zur eigenen Unterhaltung. Mutterwitz wie Muttererde. Alles in Dortmund. Jetzt sitzt er auf seiner Terrasse und bietet erst mal Käffchen an, dazu gibt es, traditionell fast, Mettbrötchen mit reichlich Zwiebeln. Der Empfang in Castrop ist also schon mal nicht halal, obwohl Bevc an anderen Tagen auch darauf achtet. Lamm und Kalb für seine Nachbarn aus Marokko und dem Iran oder die Muslime aus Bosnien. Auch das gehört hier dazu, man muss doch an alle denken.

Er wischt sich mit der Hand über die glänzende Stirn, ist schon ein bisschen aus der Puste. Weil er seit Stunden durch seinen Garten hetzt wie ein Blöder. Viel zu tun. Mach ruhig so weiter, sagt seine Frau, dann bekommst du noch heute einen Herzinfarkt. Stellt dabei die großzügig bestrichenen Metthälften und den sehr schwarzen Kaffee auf die bunte Plastiktischdecke. Bevc lacht, natürlich. Im Garten sterben, das wäre doch was. Ich, sagt er, möchte hier tot umfallen. Einfach ins Beet, Gesicht voran. Und gut ist. Aber bitte erst nach dem Fest. Er, der Chef, erwartet heute die Nachbarschaft, hat dazu ein Bierzelt in den Garten gestellt, mit den passenden Garnituren, selbstverständlich auch das Fass zum Zelt besorgt und eine eigene Playlist zusammengestellt. Die echten Gassenhauer. Die Hits der Achtziger, Neunziger und das Beste von heute. Denn, so ist das schon immer, auf das Bier folgt der Tanz. Bevc swingt jetzt in seinem Gartenstuhl, das Käffchen hat ihm die Wangen rosig getuscht. Stephan Bevc, das ist nicht zu übersehen, ist selbst ein Hit aus den Neunzigern. Allein seine Brille hätte an der Seite von Mola Adebisi die *VIVA Top 100* wegmoderieren können. Denn Bevc trägt ein grellrotes, wunderbar gegen jede Symmetrie geformtes Modell aus der Popper-Abteilung des örtlichen Optikers. Schrill, sagt man wohl. Das noch sehr laute Echo eines letzten Schreis. Und wenn Bevc angerufen wird, spielt sein Telefon Axel F.

Stephan Bevc, gelernter Schlosser und Chemikant, arbeitet noch auf dem letzten Stück Kohle, ist der Hausmeister vom Chemiewerk. Wird also jener Letzte sein, der das Licht ausmacht, ein echter Ruhri eben.

Was bedeutet, er ist einer von hier, weil seine Familie irgendwann von woanders gekommen ist. Das hat er gemein mit all den anderen. Den Entwurzelten und den Zugezogenen, den Flüchtlingen und den Gastarbeitern aus der Rede Angela Merkels. Die Biografien hier im Pott sind brüchig, aber genau in diesen Brüchen ist über die Jahrzehnte hinweg entstanden, was die Menschen heute als Identität besitzen. Völkerwanderungen, sagt Bevc, gab es schon immer. Und der Pott ist seit jeher ein Sammelbecken. Richtiger Melting Pott. Er lacht, das klingt gut. Und wenn du die richtigen Zahlen nimmst, sind es bestimmt 70 Prozent Eingewanderte, mehr wahrscheinlich. Wer, bitteschön, ist denn hier schon Meier seit immer. Wer also hat im Ruhrgebiet keinen Migrationshintergrund. Fragt er, rhetorisch natürlich, um dann seinen eigenen zu erklären, die Mutter aus Österreich und der Großvater, man sagt: Oppa, aus Slowenien. Daher ja auch der Name: Bevc, den man Beeß spricht, auch wenn manche Bäss sagen.

Es folgt nun die kurze Geschichte vom Oppa, der in den Verwerfungen des frühen 20. Jahrhunderts erst als Deutscher galt, bis Hitler einen Slowenen aus ihm machte. Abstammung, sagt Bevc. Dann begann der Krieg, und weil Hitler Männer brauchte für die Front, wurde er großzügig wieder aufgenommen, sauber aufgestellt, ganz deutsch in Reih und Glied. Der Oppa, man muss ihn sich als jungen Mann vorstellen, hat es damals immerhin bis nach Stalingrad geschafft, in den Höllenschnee des Kessels. Fing sich dort einen Lungenstreifschuss und konnte den Tod schon hören. Als ihn schließlich ein russischer Arzt aus dem Schnee zog und zusammenflickte. Es ist also, sagt Bevc, ein großes Glück, dass wir überhaupt hier sitzen.

Während er noch spricht, tritt ein Herr an den Tisch, Vorsitzender in einer Kolonie am anderen Ende Castrops, der sich nachher auch um das Zelt kümmern soll, Bevc hatte ihn erwartet, aber nicht kommen sehen. Der Herr ist mittleren oder schon gehobenen Alters. Das ist schwer zu erkennen, da eine urlaubsfrische Mallorcabräune die Jahre kaschiert. Er, eine feingliedrige Goldkette über offenherzig zur Schau gestelltem, grauem Brusthaar, ist in der Sonne und auf Reisen gealtert, was seinem Gesicht gleichzeitig die Reife des Erwachsenen und das Unbedarfte der Jugend verleiht, ein kindlicher Oppa. Er stellt sich als Lothar vor und zieht sich, ohne weiter zu fragen, einen Stuhl heran.

Stephan Bevc bringt auch ihm Käffchen, sieht dabei aber nicht so glücklich aus. Beobachtet den Lothar jetzt, wie man sonst auf Familienfesten den wirren Onkel beobachtet, der bekannt dafür ist, jede Rede zu halten und doch immer die falschen Worte zu finden.

Lothar besitzt einen Jagdschein, engagiert sich im Ortsverein der SPD und hat in seiner Kolonie drei türkische Familien nebeneinandergesetzt. Die sprechen leider noch immer nicht so gut Deutsch. Aber du, sagt Lothar, ich verstehe sie und die verstehen mich, das reicht mir doch. Und was den Garten angeht, das ist sowieso alles vorbildlich, da kannst du nicht meckern. Menschlich sind die ganz wunderbar eingebunden. Womit er also gleich im Thema wäre, der Lothar. Er hat jetzt das Wort, und es sieht nicht so aus, als würde er es bald wieder hergeben. Bevc beschlägt vom Zuhören schon die Brille.

Als Kleingärtner, sagt Lothar jetzt, machen wir ja auch Politik, kennen den Bürgermeister, kümmern uns um die Nachbarn. Das ist so im Pott, in den Lauben. Lothar wird jetzt lauter, er trägt links ein Hörgerät. Na hömma, sagt er, wenn das Ruhrgebiet tatsächlich das Herz Deutschlands ist, dann schlägt es auch anders. Das war schon immer so, 70 Jahre lang.

Ruhrgebiet, das hieß immer, zusammenhalten. Lothar erinnert sich. An die Zeit kurz nach den Trümmern, Wirtschaftswunderjahre. Als die Gastarbeiter in die Zechen kamen, sie echte Kumpel wurden. Unter Tage, sagt Lothar, da war man aufeinander angewiesen. In der Kokerei, da war alles Hand in Hand, man musste sich doch auf den Nebenmann verlassen können. Religion, Herkunft, na hömma, das war deshalb scheißegal. Mit dem Ruß auf den Wangen, den kohleverschmierten Gesichtern, da sahen doch eh alle gleich aus. Wie der Wallraff als Türke, gemeinsam ganz unten. Und als das Zechensterben begann, dieser schleichende Tod der Region, jeder gefallene Schornstein ein letzter Atemzug, standen sie zusammen auf der Straße und wussten nicht, was jetzt wird.

Lothar macht eine kurze Kunstpause, der Kaffee nun kalt. Berufsrisiko des Starkredners. Deswegen, sagt er schließlich, war auch der Islam nie ein Problem für uns. Die Türken sind ja schon immer da. In Castrop, da kann es mitunter schlimmer sein, du bist Dortmunder. Schwarz und Gelb, das ist für einige dann die falsche Religion. Der Teufel trägt Puma.

Und Stephan Bevc nickt. Hat er recht, der Lothar. Obwohl er ja im Grunde der einzig echte Ausländer hier ist. Nur geduldet. Er lacht, stimmt's, Lothar?

Und Lothar läuft fast die Plörre aus der Nase, so überrascht ist er. Weil ich eigentlich Pole bin, oder watt? Das ahnt doch keiner.

Nein, sagt Bevc, darum geht es nun wirklich nicht. Der Lothar, erklärt er dann, ist Münsteraner, ein Kaltblut.

Stimmt, sagt Lothar, und du bist eher so ein Lippizaner. Immer im Galopp.

Bevc schüttelt den Kopf. Die aus dem Münsterland, sagt er, das sind Zugewanderte. Das sind ganz andere Kleingärtner als wir.

Der Lothar ist jetzt aufgestanden, spricht im Stehen, stützt sich dabei auf die Plastiklehne, taumelt ein wenig, ein angezählter Preisboxer.

Moment, sagt er, ich habe die Kultur ins Ruhrgebiet gebracht.

Kultur? Bei euch da, sagt Bevc, das ist Zigeunersprache. Mischpoke und so.

Nein, sagt Lothar, aus der Deckung heraus, das ist Gaunersprache. Fahrrad heißt bei uns Letze. Das musst du doch kennen, aus dem Tatort, man sagt auch Tokus.

Jetzt ist Schluss, sagt Bevc, wir sind hier im Pott, hier wird anständig schlecht geredet. Du bist noch schlimmer als der Bayer.

Er würde den Lothar jetzt schon ganz gerne loswerden. Aber als ethisch einwandfreier Kleingärtner hat er kein Gift im Haus. Und die Fliegenklatsche auf dem Tisch hilft bei Münsterländern nicht, das sind zähe Burschen.

Es ist dies das wunderbare Wortgefecht zweier Dampfplauderer, das jedoch mehr offenbart als den unbändigen Spaß an der Vorführung des jeweils anderen. Wir sind hineingeraten in die große Frage danach, wo Heimat aufhört und die Fremde beginnt.

Es gibt hier in Castrop Menschen, für die sind schon Bochumer eine andere Spezies, so verlaufen die Grenzen. Vor allem im Kopf.

Im Ruhrgebiet, sagt Lothar, da bist du als Münsterländer schon Migrant. Und in Duisburg, sagt Bevc, nicht weit von hier, da sehen die Gärten gleich ganz anders aus. Da beginnt das Rheinland. Und wie er das sagt, klingt es nach Schurkenstaat, nach einem unmöglichen Ort, an dem sie Hunde essen und den Rasen mit Kindertränen wässern. Ein Negativ seiner Heimat. Duisburg, sagt er, gehen Sie doch mal mit offenen Augen durch einen Garten dort, die haben kein Gemüse. Nur Kraut, keine Rüben.

Der Rheinländer, sagt Bevc, ist zwischen Aschermittwoch und dem 11. 11. ein Sturkopf, nur auf Knopfdruck lustig. Dann kommt ihm plötzlich die Kamelle aus den Ohren. Die restliche Zeit des Jahres aber baut er sich einen Keller unter die Laube, in den er dann zum Lachen geht. Keller, sagt Lothar, sind selbstverständlich verboten, wegen dem Grundwasser. Kann man in der Satzung nachlesen.

Wie dem auch sei, sagt Bevc, wir aus dem Ruhrgebiet, wir können das ganze Jahr lustig sein. Auf Kostproben allerdings verzichtet er jetzt, ist nicht der Moment dafür.

Lothar setzt sich wieder. Dann starren sie ein bisschen, Bevc über den Rand seiner Brille, Lothar hinein in den Garten, so bunt. Zeigt auf die Hochbeete. Da liegen Klaus und Norbert, sagt Bevc, Humorbeweis.

Hinter den Beeten wachsen die Pflanzen, die er von den Nachbarn bekommen hat.

In meinem Garten, sagt Bevc, findest du viele Völker. Er steht auf, schiebt seinen Gast beiseite. Geh spielen, Lothar. Er will das jetzt mal zeigen, all die Zugewanderten auf seinem Grundstück, läuft also einmal ums Haus herum, auf dessen Rückseite er einen Teich angelegt hat, stilecht mit Plastikfrosch und einer schmalen steinernen Brücke, und Hühner in einem Käfig hält. Stephan Bevc hat Eier, das muss man ihm lassen. Und er, ein großartiger, von der eigenen Begeisterung durch die Sätze getriebener Erzähler, dabei gleichsam Biologe und Heimatdichter, zeigt in die Sträucher, die Wipfel der Bäume, zwischen die Büsche und die Blumen, hinein in das Bunt, sein Auge ein geschultes. Zählt dabei auf, Stämme und Wurzeln, Arten und Exoten. Hier wächst doch alles, von Ägypten bis Indien, einmal quer durch den Garten, auf diesen zweihundert Quadratmetern Ruhrboden, dem Urschlamm seiner Seele, so fruchtbar ist das. Die Indianer-Banane, die Goji-Beere, Kaktusfeigen. Dazu echte Minze, die nordafrikanische, nicht die ordinäre Pfefferminze, Knoblauchgras und, ist schließlich Ruhrgebiet hier, Helichrysum italicum, das Currykraut.

Meine Oase, sagt er, mein Gemüse. Und guck mal dort: Kiwis. Kleingärten sind die artenreichsten Böden überhaupt. Was die Vielfalt angeht, kommt da allenfalls der

Botanische Garten ran. Man muss nur die Straße ausblenden, das Rauschen hinter der Hecke, dann ist es ein Paradies.

Er holt nun aus, weitläufige Gesten auf begrenztem Grund, fasst das alles noch mal zusammen. Erzählt also von den Exoten, die vor Jahren ins Ruhrgebiet gekommen sind, mit dem Wind, an Bord der Schiffe, nach einer langen Reise, einmal über den Kontinent gewirbelt. Fremdlinge, die hier ein Zuhause gefunden, ganz feste Wurzeln geschlagen haben und heute die Kleingärten bereichern, die Würze im Essen, die Süße im Tee. Und längst ist nicht mehr klar, ob er, der Gartenkanzler, jetzt noch von den Pflanzen spricht oder schon von den Menschen.

Man sollte halt, sagt er abschließend, nicht zu monokulturell werden. Schau dir nur den Lothar an, warnendes Beispiel, der hat eine Monokultur in der Birne.

Dann verabschiedet er sich und läuft zurück unter das Zelt, um eine Lichterkette zu entwirren. Er hat noch viel zu tun.

Lothar bleibt einen Moment auf der Terrasse stehen, als müsste er sich sammeln, leert den restlichen Kaffee, lädt mich dann ein. In seine Kolonie. Dort gibt es ein türkisches Ehepaar, das er mir ganz gerne vorstellen würde. Es sind jene Leute, von denen er bereits vorhin kurz erzählt hatte, von der Sprache her schwierig, menschlich aber super eingebunden. Großartige Leute, sagt Lothar. Er kennt sie ewig schon, hat ihnen die Parzelle zugewiesen. Ahmed und seine Frau, beide sicher schon 80 Jahre alt. Kennt natürlich ihre Geschichte.

Ahmed wurde in den Siebziger Jahren nach Deutschland geholt, ist, anders als viele, nicht in die Zeche gegangen. Er, der Zimmermann, war aus einem anderen Holz, keiner für die dunklen, engen Stunden unter Tage, kein Kumpel. Hat deshalb Jahrzehnte auf dem Bau gearbeitet, bis der Rücken krumm und die Haut an den Händen von zehntausend Griffen, dem Heben und dem Ziehen, rissig geworden war – solche Leute sind das, richtige Malocher.

Lothar muss nun herausfinden, ob die beiden da sind. Wobei, wo sollten die sonst sein.

Der Garten ist ihr Leben geworden. Aber besser, er ruft trotzdem an. Sicher ist sicher. Freizeichen. Dann führt Lothar ein sehr kurzes, dennoch sehr umständliches Telefonat, das in seiner Einseitigkeit klingt, als versuche er, über ein Satellitentelefon und ohne Sprach- oder Ortskenntnisse im anatolischen Hochland einen Zahnarzttermin zu vereinbaren. Aber er wird mit jedem Wort lauter, und am Ende steht eine Verabredung. Sonntagmittag, Punkt 12. Und, ach ja, es wird sicher Tee geben. Schon mal nicht schlecht. Lothar klatscht in die Hände, dann läuft er rüber zu Bevc und dem Zelt. Man hilft sich ja doch.

Am frühen Abend dann, harter Schnitt, stehen die Männer und Frauen der Kolonien im Garten von Stephan Bevc und trinken erste Biere, all die Bekloppten, die es mit dem Bevc, dem wohl tatsächlich Beklopptesten, seit Jahren schon aushalten. Einer hat einen Korb fremder Brände mitgebracht, erst mal wird regional getrunken. Und Bevc hält eine kurze Rede. Wenn die anderen Bundesliga machen, dann ist das hier Champions League. Alle nicken eifrig, stoßen an, Wohlsein. Auf dem Grill liegen neben den Schweinesteaks auch Lammstreifen, saftig und triefend, verdampfen Wasser und Blut auf glühenden Kohlen. Unter den Bäumen steht einer, der hier ebenso wenig hingehört wie der Lothar aus dem Münsterland. Alois aus Bayern. Er hat, echt jetzt, eine Flasche Weißbier in der Hand, als könne er sich so an der Heimat festhalten. Grüß Gott, sagt er. Stößt an. Ein wohlbeleibtes Lachen unter einem sehr passenden Schnauzer.

Wenn also der Münsterländer schon ein Fremder ist hier im Pott, dann ist der Bayer eine wahrhafte Anomalie. Der hat nun wirklich nichts zu suchen im flachen Ruhrgebiet, die wenigen Hügel hier doch nur mit Rasen bewachsener Abraum. Die Sprache so unverwechselbar falsch zwischen den Zechen, den, na hömma, Oppas aus dem Schacht. Aber Alois hält sich wacker, er ist vor vier Jahrzehnten ins Ruhrgebiet gekommen und hat bald auch, ehrlich wahr, Türkisch gelernt. Das Türkische, es schmeichelte seinem Gaumen, war ihm gleich näher gewesen als das rundgelutschte Idiom des Pott. Sprachen aus dem Süden, die liegen ihm. Er hat deshalb auch seinen Dialekt behalten, so wie andere Bilder in Öl oder die schwere Wanduhr des Vaters, wenn sie fortziehen und wissen, dass sie nicht zurückkehren werden. Wenn er nach Bayern fährt, zählt das nicht mehr, da schauen ihn die Menschen an wie einen Verräter. Hören das doch genau, die Ungenauigkeit, das Faule in seiner Stimme, den Kohlestaub, der sich mit den Jahrzehnten auf die Vokale gelegt und die Konsonanten geschliffen hat.

Hier im Pott aber, da sagt er Merhaba. Das heißt guten Tag. Und er sagt auch: Nasilsin. Das heißt wie geht's. Immer schon.

Alois also ist der Mann, den der Lothar in Ahmeds Garten gut gebrauchen könnte, ein unwahrscheinlicher Übersetzer. Man muss doch, sagt er, auf die Leute zugehen. Nicht bloß doof gucken. Wir sind doch alle gleich. Wenn wir uns in den Finger schneiden, kommt überall rotes Blut raus, oder?

Er taxiert mich, erwartet eine Reaktion, als diese ausbleibt, gibt er sich die Antwort selbst. Also, ich habe noch kein Grünes gesehen. Er geht kurz, holt ein neues Bier, ein Prosit auf den Pott und seine Bewohner, das ist ihm wichtig jetzt. Berg und Tal, sagt Alois der Bayer, treffen sich nicht. Aber die Menschen haben hier doch Fuß gefasst.

Und egal, woher einer kommt, Alois gibt ihm die Hand und sagt Merhaba und Nasilsin.

Verständigt sich gut und gerne, spielt in seiner Kolonie auch seit zehn Jahren den Nikolaus, der Alois, mit weißem Bart. Und der Nikolaus, sagt er, jetzt kommt's, der ist ja auch Türke. Verstehst du, so schließt sich der Kreis. Klar, dass wir darauf anstoßen. Alois, der Bayer, und ich, der Saupreiß, unter Ruhrgebietsbäumen. Dann trinken wir und Alois lädt mich ein. Zum Erntedank bei ihm in den Gärten. Da, sagt er, machen wir immer ein großes Fest und jeder bringt die Speisen aus seiner Heimat mit. Das hat Tradition. Das ist ganz wunderbar, çok güzel, sagt Alois. Das heißt: sehr schön.

Komm doch vorbei, dann kannst du gleich noch die Donya kennenlernen, sie hat vielleicht den schönsten Garten und ganz sicher die schönsten Haare. Donya ist aus dem Iran und war vor Kurzem in der *BILD-Zeitung*. Er schreibt mir die Telefonnummer in mein Notizbuch, dann, pfiat di, lässt er mich allein. Und ich verlasse bald auch die Feier, die Pflanzen da schon in das Dunkel der Nacht getaucht, nicht mehr voneinander zu unterscheiden.

Der nächste Tag staut die Hitze in den Straßen von Castrop, High Noon, tief im Westen. Um Punkt 12, RTL-Zeit, Kirchglockenzeit, treffe ich Lothar wie besprochen am Eingang der Kleingartenkolonie am Pannekampgraben. Die Gärten liegen hier in unmittelbarer Nachbarschaft zu schmucklosen Mehrfamilienhäusern, im Wedding sagen sie: Mietskasernen, die aussehen, als hätten sie die Bomben des Krieges überstanden, aber wahrscheinlich wurden sie danach erst hierhin gebaut, aus den Trümmern und aus der Not heraus. Die Gärten davor, sie sind der bunte Kontrast, wie gegen die Tristesse gepflanzt.

Hier ist Lothar der Vorstand, sein eigener Chef. Hier meißelt er die Gebote in hellen Stein. Du sollst nicht stören. Am Pannekampgraben kann ihm selbst der Bevc nichts erzählen.

Lothar ist gut aufgelegt jetzt, Laune wie das Wetter. Wir laufen an den Lauben vorbei, und er zeigt mal auf dieses und mal auf jenes Häuschen. Der Türke dort, sagt er, ist gerade wieder in der Türkei. Ein Zugvogel. Und hier, er deutet auf eine windschiefe Hütte, der Marokkaner, der säuft wie ein Loch, der trinkt mehr als ich. Integration, in vernichteten Bieren bemessen. Es ist ein verhältnismäßig langer Weg bis zum Grundstück von Ahmed und seiner Frau, die schon wie bestellt am offenen Tor warten. Lothar dröhnt über den Zaun, Merhaba sagt auch er. Weil: Das heißt guten Tag. Die Begrüßung durch das Ehepaar ist ein scheues Echo, dazu gibt es türkisches Gebäck auf deutschem Porzellan.

Lecker, Pistazien. Sagt Lothar.

Dann schaut er Ahmed fragend an und Ahmed schaut ebenso fragend zurück. Unmittelbar große Sprachlosigkeit im Garten des Zimmermanns. Wodurch Zeit entsteht für einen Blick, schweifend über Gelände und Traditionen. Ahmed hat mit uns am Tisch Platz genommen, während seine Frau, die ihr Kopftuch lockerer trägt als die Mädchen am Bahnhof, mehr ein Schmuck zur Schürze denn ein Beitrag zur Debatte, etwas abseits auf der Stufe vor der Tür zur Laube sitzt, auch sie vom Leben gestutzt, ein Mütterchen. Spröde und fast durchsichtig bildet sie den optischen Widerpart zum Überfluss ihres Gartens, der voll ist mit dem Nutzgemüse eines deutschen Alltags. Tomaten, Kartoffeln, Zwiebeln, all das gibt es hier. Zweimal im Jahr wird geerntet. Ein Ersatz für den Hof, den sie in der Türkei sonst hätten, reich an Früchten. Sonst aber ist die Szene karg wie die Gesten, das Haus seltsam leer, wie unbewohnt. Es gibt hier wenig. Kaum Besitz, kaum Worte, nichts, was man verschwenden könnte.

Türkischer Garten, sagt Lothar, hält als Lob einen Superdaumen in die Luft. Und Ahmed nickt. Seine Frau bringt Tee und Zucker. Und zum Gebäck noch Kekse, dann entfernt sie sich wieder, steht mit einem Lächeln Abstand in der Tür.

Ahmed trinkt. Lothar wartet. Darauf, dass jetzt vielleicht etwas passiert, dass hier die dem Wetter und der Uhrzeit angemessenen Sätze ausgetauscht werden. Doch es passiert nichts, weil Ahmed die Fragen nicht versteht und deshalb keine Antworten hat. Und somit etwas zwischen den Männern steht, das breiter, unüberwindbarer scheint als der Pannekampgraben.

Eine im Schweigen akzentuierte Fremdheit zweier sich eigentlich vertrauter Nachbarn.

Im Schrebergarten, so der Gedanke, kann man sich nicht aus dem Weg gehen und dennoch aneinander vorbeileben. Weil allein räumliche Nähe keine kulturellen Distanzen auflöst. Weil nur Hiersein nicht ankommen bedeutet.

Die Abwesenheit einer gemeinsamen Sprache führt jedoch dazu, dass Lothar beginnt, für beide zu sprechen. Er, Kaltblut aus dem Münsterland, hat ja genug Worte. Für sich und für Ahmed und für Ahmeds Frau gleich mit.

Und er wendet sie direkt an mich, als wären Ahmed und seine Frau nicht mehr da, Unsichtbare nur, Gespenster. Naja, sagt er also, sie sprechen wirklich kaum Deutsch. Siehste ja. Die sind unter sich geblieben. Halten es auch heute noch mit ihren Leuten, gehen in die Moschee, finden den Erdoğan gut. Das ganze Drumherum.

Er lacht, der Lothar. Ein guter Nachbar. Und manchmal, sagt er dann, ertappt man sich dabei, dass man so spricht wie die. Du gehen Haus! Er schüttelt den Kopf. Dabei muss man doch richtig sprechen. Das ist ja auch Integration. Und wenn das Schwachköpfe wären, hätte ich die doch gar nicht reingelassen.

Stimmt's, Ahmed?

Und Ahmed deutet auf den Teller mit den Süßigkeiten. Wie, um keinen Worten Nachdruck zu verleihen.

Lothar seinerseits verschnauft kurz, Glas in der Hand. Der Tee ist kalt, klar. Ahmeds Frau bringt neuen, schweigt vielsagend, lächelt dabei plötzlich. Und in dieser einen Sekunde, in der ihr Gesicht sich öffnet, wird klar: Sie hat sehr wohl verstanden.

Aber das hier ist das Gespräch ihres Mannes und sie kennt ihren Platz darin.

Sie setzt sich auf den Stuhl links von ihm, während er weiter stumm seinen Tee trinkt, sich seine Gäste beschaut, nicht feindselig, aber auch nicht sonderlich freundlich. Eher ist es ihm egal, was hier passiert. Er lebt seit 40 Jahren in Deutschland, an seinem Tisch saßen schon ganz andere Männer. Kommen und Gehen.

Ahmed, das hatte ich von Lothar erfahren, bezieht eine schmale Rente, 600 Euro. Und verbringt mit seiner Frau einen Monat im Jahr in der Türkei. Die Tochter besitzt eine Schneiderei. Er hat also in seiner Zeit in Deutschland gelernt, dass sich harte Arbeit am Ende eher nicht auszahlt, und auch, dass man in der Laube nicht wohnen, im Garten nicht gemeldet sein darf. Er hat hier erst seine Kinder, dann seine Enkelkinder und schließlich auch seine Kartoffeln wachsen sehen. Wirklich reiche Ernte.

Ansonsten ist sein Leben in Deutschland eine Baustelle geblieben, Ahmed ist nie richtig fertig geworden mit diesem Land. Wenn Sprache tatsächlich Heimat ist, dann lebt er noch immer in der Türkei. Das Schweigen als vielleicht letztgültige Migration.

Am Tisch vor ihm, Gegenwartscastrop, hat Lothar sein Telefon aus der Tasche geholt und tippt nun wild auf das Display. Sieht danach wieder sehr zufrieden aus. Gleich, sagt er, kommt der stellvertretende Vorsitzende. Ein junger Mann, dessen Vater ist Türke. Der kann übersetzen.

Und Ahmed spricht. Gute Kollege, sagt er, aber nur halbe.

Es dauert einige Minuten, in denen die Stille zurückkehrt, dann steht ein Typ am Gartentor, starkbraune Beine unter einer zerschlissenen, kurz unterhalb des Knies abgeschnittenen Jeans, die Füße in Badelatschen, ein sensationell versifftes Unterhemd über schmalen Schultern.

Und Ahmed bietet auch dem guten, halben Kollegen einen Tee an, aber der winkt ab, wirkt gehetzt, auf einer fortwährenden Flucht vor dem Tag. Setzt sich unwillig, absprungbereit.

Du kannst doch Türkisch, sagt Lothar. Und erntet einen verlorenen, einen seltsam kaputten Blick. Dann ein Kopfschütteln. Nein, sagt der junge Mann schließlich, nicht mehr. Und ich möchte damit nichts zu tun haben. Ich fahre da auch nicht hin, in die Türkei, in diesen Sauladen. Thema beendet. Lothar schaut ihn an, überrascht und verlegen.

Und Ahmed, der Zimmermann, hat nun doch noch einen halben Satz, für uns und für den halben Kollegen. Erdoğan, sagt Ahmed, gut.

Dann stehen dort im Garten ganz kurz zwei Generationen und zweieinhalb Nationalitäten zwischen Kartoffeln und Chai und wissen nicht so recht. Bis Ahmeds Frau abräumt, wissend.

Naja, sagt Lothar schließlich. Als wären auch ihm die Worte ausgegangen.

Danach verabschieden wir uns, Lothar bringt mich zurück zum Bahnhof, fährt dann weiter aufs Land, wo er, Ehrensache Jagdschein, an diesem Nachmittag noch ein paar Wildschweine schießen muss, und ich nehme den Zug zurück nach Berlin, wo mir Erdoğan, die Haltung zu ihm, das Dröhnen und die Sprachlosigkeit, bald wieder begegnen wird. Weil nun die Wochen beginnen, in denen sich das nicht vermeiden lässt. Aber dazu komme ich noch, an anderer Stelle.

Für den Moment bin ich angefüllt mit den Gerüchen und Geschichten aus dem Pott, den Menschen dazu, die, beide Beine auf dem Boden, die Arme weit offen, trotz ihrer erst einmal schroffen Erscheinung, der Hartkante ihrer Erzählungen, eine sensible Herzlichkeit säen, selbst wenn sie die richtigen Worte nicht finden, selbst wenn einer fremd ist. Ihr Charakter eben doch dem Bergwerk gleich, unter der Oberfläche am Ende ein Schatz, man muss nur lang genug graben, Geduld haben, Staub fressen.

Da sind sie den Bewohnern im Wedding nicht unähnlich, auch deshalb verstehen wir uns.

Keine Frage, ich werde noch einmal wiederkommen, mindestens.

Einige Wochen später wähle ich die Donyas Nummer, am anderen Ende eine freundliche Frauenstimme. Wir verabreden uns. Es ist mittlerweile September geworden, Oktober fast, als ich mich wieder auf den Weg nach Castrop mache, während der Zugfahrt kann ich diesmal schon dem Herbst bei der Arbeit zusehen. Und vor mir auf dem Bistrotisch versuche ich, eine längst zerknitterte Zeitungsseite glatt zu streichen.

Darauf, groß und in Farbe, eine junge Frau: Donya. Sie liegt dort, gemütlich, in ihrer Hollywoodschaukel, auf einem absurd grünen Rasen, zu ihren Füßen eine hüfthohe Wasserpfeife aus geschwungenem, mit Gold verziertem Glas, deren Schlauch, ebenfalls im Grün des Rasens gehalten, sie zu ihren Lippen führt. Im Hintergrund leuchtet weiß die Laube der Nachbarn, alles schreit Idylle. Schreit Ordnung und Sonntagsporzellan. Und sie liegt dort und raucht Shisha, man kann den Orient riechen, die Kohle dazu, mitten im Pott. Mitten in diesem ganz offensichtlich mit der Nagelschere getrimmten und nach Schablone in Form gegossenen persönlichen Feuchttraum Moritz Schrebers.

Neben der Wasserpfeife kauert, um das Bild zu komplettieren, ein weißes Hündchen, das tatsächlich nur in der Verniedlichung vernünftig zu beschreiben ist.

Und vor einem Teich in Form einer Niere kniet ein Mädchen aus Ton, dem sein in grellem gelb gemaltes Haar über der blauen Schürze zu einem strengen Pferdeschwanz geformt wurde und das ganz selbstvergessen auf das selbstverständlich spiegelglatte Wasser blickt. Der Weg davor besteht aus weinrot eingefärbten Baumrinden, es ist, als wäre man in einen Hornbach-Werbespot hineingeraten. Und alles ist dermaßen bunt, das gelbe Haar, der rote Weg, der grüne Rasen, als hätte jemand ganz satt an den Farben gedreht. Ein hyperrealistisches Suchbild. Ein David-LaChapelle-Stillleben aus dem Herzen eines neuen Deutschtums.

Dieses Bild, es macht etwas mit dem Betrachter.

Es ist, klar, reinster Boulevard. Die ganze Geschichte mit einem gnadenlos arrangierten Schuss erzählt.

Iranerin in Schrebergarten, das ist die Faust aufs Auge.

Und natürlich passt es nicht zusammen, es ist ein Spiel mit den offensichtlichen Gegensätzen. Das ist die Indianerbanane in einem Korb voller Kartoffeln.

Andererseits wirkt die Frau auf diesem Bild hier ganz selbstverständlich, eben nicht wie hineinmontiert in dieses kleinbürgerliche Gartenzwergarrangement, sondern viel eher zu Hause, gerade richtig. Eine junge Frau, die in ihrem Garten die Füße hochlegt. Den lieben Gott, den sie mit Sicherheit anders nennt, einen guten Mann sein lässt. Eine Kleingärtnerin aus dem Iran. Normal, würde Stephan Bevc sagen. Melting Pott.

Als ich schließlich an ihrem Garten ankomme, liegt Donya tatsächlich in ihrer Hollywoodschaukel. Sie winkt. Das Tor, nicht mal hüfthoch, ist nur angelehnt.

Ich trete ein. Donya und ihr Mann begrüßen mich auf dem schmalen Weg zwischen ihrer Laube und dem Rasen, auf dem ein bereits reichlich gedeckter Tisch steht. Es ist Samstag. Und am Samstag frühstücken die beiden ausgiebig in der Sonne. Oliven, Tomaten und Ziegenkäse, Salat. Das ist ihre Tradition, sie lassen sich nicht hetzen. Der Kaffee ist so stark wie bei Stephan Bevc, kohlrabenschwarz in der Tasse. Trinkt man hier wohl so. Pott Kaffe. Guten Appetit, sagt sie, während ihr Mann noch mal zum Auto geht, um die restlichen Einkäufe auszuladen.

Donya und ihr Mann leben in Dortmund, 20 Minuten von hier. Kein großer Weg, sie fahren ihn jeden Tag. Dortmund ist Zuhause, keine Frage. Sie liebt den BVB, Ehrensache, aber das sagt sie hier besser nicht zu laut. Der Nachbar, Jürgen, ist Schalker, und da gibt es sonst nur wieder Ärger, und eigentlich versteht sie sich mit dem Jürgen sehr gut.

Er hat ihnen schließlich mit dem Garten geholfen, ganz am Anfang, als sie von nichts eine Ahnung hatten. Ohne den Jürgen und seine Frau Loni, die auf dem Grundstück nebenan gerade eine nie verloren gegangene Ordnung wiederherstellen und neugierige Blicke über den Zaun werfen, wären sie hier eingegangen. Die Nachbarschaft, sagt Donya, war ein großes Glück, sonst wäre das nichts geworden, zwei Iraner verloren im Irrgarten der Laubenkolonie. Ihr Mann, der sich dazugesetzt hat, lächelt in die Erinnerung hinein. Der Anfang, knietief im Unwissen, war schwer. Die ganzen Fragen dazu.

Loni, was ist das? Jürgen, wie wird das gemacht? Furchen ziehen, Rasen sähen, Hecken pflanzen. An jedem Tag ein Abenteuer.

Der Südländer, sagt Donya, der sieht das nicht so eng. Aber der Jürgen, der schaut genau hin. Der sieht den feinen Unterschied. Die wenigen Zentimeter, die aus einer Hecke Anarchie machen.

Stimmt's, Jürgen? Und der Jürgen, einen Gartenschlauch über der Schulter aufrollend, nickt.

Er jedenfalls hat direkt am Gartenzaun einen Fahnenmast in den Boden gepflanzt, den er dann, ein Aufwand war das, mit weißem und blauem Isolierband umwickelt hat, Schalker Farben.

An guten, den königsblauen Tagen weht dort das Schalker Wappen. Und an den weniger guten eine Deutschlandfahne. Aber weil die guten Tage bei den Schalkern derzeit eher die Ausnahme sind, hat der Jürgen den schwarzrotgoldenen Stoff seit dem Sommer, seit der Europameisterschaft, einfach hängen lassen. Das bleibt jetzt bis zum Winter. Ist einfacher, da muss man sich nicht so schämen. Was Donya natürlich entgegenkommt, weil sie doch mit Deutschland schon immer sehr viel und mit Schalke im Grunde sehr wenig anfangen konnte. Der Mann von der *BILD* war auch ein Blauer, das hat er ihr jedoch nicht gleich gesagt. Seit Kurzem, das muss sie nun zugeben, ist sie auch ein bisschen Schalkerin. Der neue Trainer sieht so gut aus.

Als sie das sagt, verschluckt sich ihr Mann fast an seinem Kaffee. Frauen und Fußball, er schüttelt den Kopf, ganz akute Verzweiflung, und geht in die Küche, Hühnerfleisch in saftige Streifen schneiden. Am nächsten Tag soll gegrillt werden und alle haben schon wieder nach diesem wirklich guten Huhn gefragt. Sein eigenes Rezept, geheim.

Sie schaut ihm nach, schüttelt den Kopf. Männer und Fußball.

Frag ihn, sagt sie, wie viele Schwestern ich habe und wie die heißen. Er weiß es nicht. Aber frag ihn nach den Trainern der Bundesliga, und er kennt jeden Namen.

Meinen Geburtstag kann er sich nicht merken, aber er weiß bei jedem Nationalspieler, wie viel der in der Woche verdient. Stimmt's, Loni?

Und die Nachbarin nickt, harkt dann weiter gut hörbar den Kies. Und ich, der Gast lehne, mich zum ersten Mal an diesem Tag zurück, die Sonne im Gesicht, und denke den sehr passenden Samstagnachmittagssatz:

So, bitteschön, lässt es sich doch aushalten.

So lässt es sich allerdings auch wunderbar erzählen. Weshalb Donya sich nun, die Kaffeetasse in der Hand, wieder auf ihre Hollywoodschaukel setzt und ihre Erinnerungen aufschlägt. Ihre deutsche Geschichte, die eng verknüpft ist mit der ihres Mannes, den sie noch im Iran kennengelernt und dann lange vermisst hat. Weil er zuerst gegangen war, vor 20 Jahren, um den Bruder nicht alleinzulassen.

Sie sind dann zeitversetzt über die Türkei und Griechenland nach Deutschland gereist. Genau wie die Menschen jetzt. Diesen Weg, sagt sie, haben wir vorher schon gemacht. Aber, Klarstellung, wir waren keine Flüchtlinge. Und der Nachdruck in ihrer Stimme unterstreicht diesen Satz.

Sie und ihr Mann sind Kurden, aufgewachsen in Mahabad, einer Stadt im Nordwesten des Iran, 150 000 Einwohner auf 1300 Meter Höhe, die im Juli 2005 internationale Bekanntheit erlangte, nachdem ein Junge, der die kurdische Unabhängigkeit gefordert hatte, erst von Soldaten ermordet und dann an ein Militärfahrzeug gekettet durch die Straßen geschleift worden war. Auch um die kurdische Bevölkerung einzuschüchtern. Als Reaktion auf den öffentlichen Gräuel war es anschließend zu einem Aufstand gegen die iranische Regierung gekommen, der schnell die ganze Provinz erfasste. 3000 Soldaten waren damals in Marhabad einmarschiert, 20 Menschen ließen ihr Leben. 200 wurden festgenommen, Dutzende wahrscheinlich in den Gefängnissen der Revolutionswächter gefoltert.

Kurde im Iran, das kann auch ein Todesurteil sein. Und selten war das so deutlich zu spüren wie im Sommer 2005 in den Straßen von Marhabad.

Da allerdings hatte Donya das Land ihrer Eltern längst verlassen, hatte in der Fremde Arbeit und ein Leben gefunden. Sie ist 2001 nach Deutschland gegangen, fünf Jahre nach ihrem Mann, die Sehnsucht am Ende doch stärker als die Angst vor dem Ungewissen. Was sollte sie machen, es gibt Dinge, die sind größer als die Vernunft.

Sie also war 23 Jahre alt, als sie völlig neu begann. Und in den ersten Monaten in Deutschland hat sie vieles versucht, um, so sagt man ja, über die Runden zu kommen. Hat sogar eine Zeit lang als Detektivin gearbeitet, in Kaufhäusern und Supermärkten. Das ging gut, weil sie die Ausländerin war, auf die niemand geachtet hat. Donya also hat dieses Land dort kennengelernt, wo es am ehesten bei sich ist. An den Wühltischen, zwischen den Regalreihen. Konnte die Menschen dort beobachten wie Stephan Bevc die Pflanzen in seinem Garten, aus nächster Nähe, in Ruhe. Konnte sehen, wie dieses Land in seinem Innersten funktioniert, das Neckermanndeutschland, das Maggideutschland, die Warenhäuser neue Kirchen, das Hochamt der Schnäppchenjäger und Schlussverkäufer, die Einkaufstüten vollgestopft mit den Alltäglichkeiten dieses Landes, den Überfluss erkunden. Und konnte auch sehen, was Frauen tragen, deren Mode keinen Regeln folgen muss. Crashkurs Germany. Bis sie dieses Land nicht mehr umtauschen wollte.

In Deutschland, sagt sie, kannst du dein eigener Herr sein. Auch als Dame. Hier lebst du für dich. Im Iran lebst du für die anderen, da sieht alles gleich aus. Die Frauen sehen gleich aus, die Häuser, die Gesichter. Die Gedanken, die Gefühle. Ein Land in Uniform.

Freiheit heißt im Iran, sagt sie, im Park ein Buch lesen zu können. Aber ich wollte mehr als das, weiterkommen. Donya ist in einer Großfamilie aufgewachsen. Auch deshalb musste sie irgendwann fortgehen. Ich musste raus, sagt sie, um ein eigenständiger, ein unabhängiger Mensch zu werden.

Aber Großfamilie, das bedeutete auch, dass da immer jemand war. Großfamilie ist das Gegenteil von Einsamkeit. In Deutschland war ihr Mann dann geschäftlich viel unterwegs in anderen Städten. Und sie oft mit sich allein, in der neuen Wohnung, ohne die Sprache der Nachbarn zu kennen. Einfach mal Hallo sagen, das ging nicht. So blieb sie für sich. Sehr einsam am Anfang, ungewohnt, teilweise unerträglich.

Einmal hatte sie, unachtsam im Aufbruch, beim Rausgehen im Wohnzimmer das Licht brennen lassen. Am Abend, bei ihrer Rückkehr, konnte sie schon von der Straße den Widerschein sehen, hell hinter den Gardinen. Und in ihr stieg die Freude auf. Endlich ist jemand zu Hause. Aber natürlich war da niemand, war da nur eine 60- Watt-Birne, die unbarmherzig brannte. Als sie die Tür öffnete und ihr der eigene Irrtum bewusst wurde, setzte sie sich ins taghelle Wohnzimmer, hinein ins Licht und weinte. Ich habe dann, sagt sie, Musik angemacht, die Lautstärke voll aufgedreht, die Leere versucht mit Tönen zu füllen.

Draußen das Land, das sie nicht verstehen konnte, weil ihr die Worte fehlten. Ich habe, sagt sie, selbst die Kinder beneidet. Kinder, die draußen vor ihrem Küchenfenster auf der Straße spielten und sich die Sätze zuwarfen, ganz selbstverständlich. Das war heftig, sagt sie. Nicht zu wissen, was sie sagen. Immer nur lächeln, wenn die Leute etwas von ihr wollten. Den Weg, die Uhrzeit.

Ein halbes Jahr hat es gedauert, bis sie anfing zu verstehen. Die ersten Worte, die in ihr Bewusstsein tropften, ein warmer, lang ersehnter Regen. Jedes einzelne so wertvoll, sie hätte sich am liebsten alle ins Regal gestellt, so stolz war sie.

Donya hatte sich in die Sprache hineingearbeitet, den Kontakt zu anderen Iranern bewusst gemieden. Musste sie zum Arzt, saß sie in deutschen Wartezimmern mit dem Wörterbuch auf dem Schoß. Nur so geht es, sagt sie. Es ist ja kein Wunder, dass viele Türken im Pott noch heute kein Deutsch sprechen. Die haben hier schließlich alles. Den Fleischer, halal, den Anwalt, nicht ganz koscher, den Fußballverein und die Reisebüros. Sie zählt auf und erklärt damit, ganz beiläufig und natürlich auch ohne es zu wissen, die Szenen in Ahmeds Garten. Die sprachliche Armut dort, die für sie immer Bankrotterklärung wäre.

Man kann doch, sagt sie, wenn man will, hier ein Leben verbringen, ohne auch nur ein Wort Deutsch zu beherrschen. Aber sie wollte halt nicht, wollte stattdessen die Sprache zähmen. Kurdischer Stolz. Heute, wenn sie im Ausland ist, oder bei der Familie im Iran, und dann Deutsch spricht, stutzen die Leute und sagen: Du bist aber nicht original, oder? Nein, sagt sie dann immer, lächelt, ich bin eine nachgemachte Deutsche.

Und ist dann froh, wenn sie wieder in Düsseldorf aus dem Flugzeug steigt. Weil das hier wirklich was bedeutet, sie hier etwas geschafft hat. Heute ist Donya Dozentin an einem Kolleg für Weiterbildung und Umschulung. Berufung, sagt sie. Aber ich habe meinen Arsch bewegt, um mir das aufzubauen. Ohne die Arbeit geht es doch nicht. Ohne den Lohn.

Wirklich angekommen in Deutschland, sagt sie, bin ich erst, als ich mein erstes Geld verdient habe. Eigenes Geld, das ist wichtig. Das vom Amt, das zählt nicht. Eigene Euros in der Hand, das ist eine mit Wasserzeichen versehene Anerkennung.

Den deutschen Pass konnte Donya als Iranerin erst viel später beantragen, nach acht Jahren in Deutschland. Mit nachweisbarem Einkommen. Das hat sie dann auch sofort getan.

Und doch, trotz der Arbeit, des Geldes, der Dokumente, die sie nun hatte, war das Leben in Deutschland ein anderes, der Alltag so weitläufig, man konnte sich darin verlaufen.

Als Ausländer in Deutschland, sagt sie, hast du am Anfang nicht viel, keine Familie, kaum Freunde. Du hast nur eines im Überfluss: Zeit, so viel Zeit. Vor allem an den Wochenenden. Endlose Nachmittage, die noch schwerer zu füllen waren als die Stille der Wohnung.

Als Ausländer musst du dich doch mit irgendetwas beschäftigen. Aber womit? Sie wusste es nicht, bis sie und ihr Mann von Freunden eingeladen wurden, in deren Garten. Grillen, sitzen, Pfeife rauchen. Die Ruhe, das Grün. Es war, kann man so sagen, eine Offenbarung. Das, dachte sie im Abschied, brauchen wir auch. Und so, Abkürzung in der Geschichte, weil das Erinnern doch müde macht, in der Sonne am Mittag, sind sie dann hier gelandet, neben Jürgen und Loni. Das Ankommen im Garten, sagt sie, war auch das Ankommen in Deutschland. Das hier ist mittlerweile ein Zuhause, auch wenn es ihr anfangs eher komisch vorkam, die Deutschen, penibel in Zeit und Raum, so sonderbar.

Im Iran gibt es keine Schrebergärten, sagt sie. Das ganze Konzept des Kleingartens war ihr so fremd wie das Land zuvor. Abgesteckte, in Planquadrate unterteilte Lebensräume. Grenzen mitten im Land. Das klang merkwürdig und sah auch erst mal so aus. Anfangs hat sie dann auch noch den wirklich guten, ihren vielleicht ehrlichsten Versprecher durch die Kolonie getragen.

Strebergärten. Gesprochen, wie es für sie geklungen und sich auch angefühlt hat. Die Gärten der Streber. Alles immer so korrekt, pünktlich. In der Satzung auf jede Frage eine Antwort. Jeder Fehler gleich bestraft, durch Wildwuchs, durch Pflanzen mit vorwurfsvoll hängenden Köpfen. Der grüne Daumen ein erhobener Zeigefinger.

Heute ist das anders. Heute, sagt sie, ist unser Garten nach Jürgens Garten der zweitschönste. Stimmt's Jürgen? Aber Jürgen ist gerade im Häuschen und schaut Fußball. Es ist wieder Masochistensamstag im Pott. Heute jedenfalls lädt sie sich Freunde ein, dann bemalen sie gemeinsam ihre Gartenzwerge, mit Nagellack.

Kein Scherz, sagt sie. Und ihr Mann, der auch das natürlich gehört hat, steckt seinen Kopf aus der Tür und sagt: Wirklich, kein Scherz. Schau dir nur die Farben an. Donya und ihr Mann gehören in der Kolonie längst dazu, da kann man nichts mehr machen. Selbst beim Essen ohne Verständigungsprobleme.

Bratwurst, sagt Donya, das ist mein Ding. Aber richtig vom Schwein, logisch, das schmeckt viel besser, alles andere ist ihr zu trocken. Und die Religion, frage ich, ungläubig.

Ach, Donya winkt ab. Sie hat da eine Abmachung mit ihrem Mann.

Eine fürs Jenseits. Mach dir keine Sorgen, hat er gesagt, in der anderen Welt, vor dem jüngsten Gericht, da nehme ich jede Schuld für jedes Schwein auf mich.

Er lacht, echt wahr. Muss auch heute beim Fest wie immer am Grill stehen, Herr der Würste. Das ist Pflicht hier in der Kolonie. Pflegestunden, die jeder Pächter ableisten muss, Gemeinnutzen. Es gibt Listen dafür. Diese Gründlichkeit, irgendwann beginnt sie abzufärben. Wir sind jetzt so weit, sagt sie, dass uns Unpünktlichkeit stört. Und wie, sagt ihr Mann. Geht deshalb gleich mal zehn Minuten früher los, man weiß ja nie. Sie räumt den Tisch ab, leint das Hündchen an, dann geht sie hinterher, läuft einen langen Weg durch die Kolonie, winkt, Herzlichkeit für jeden Nachbarn.

Hier, das spürt der Besucher, ist sie eine von ihnen, gehört sie dazu, die junge Frau mit der Hollywoodschaukel, der Wasserpfeife und dem besten Hähnchen von ganz Castrop-Rauxel, keine Frage. Draußen aber, hinter dem Jägerzaun die alten Maschen, da verändert sich gerade etwas.

Seitdem die Flüchtlinge kommen, sagt Donya auf ihrem Weg, habe ich gemerkt, dass das Verhalten der Deutschen gegenüber den Ausländern, den Schwarzköpfen, nicht mehr so herzlich ist. Ich kann verstehen, warum sie negativ eingestellt sind. Zu viele Menschen, die kommen, zu unorganisiert. Aber trotzdem macht es mich traurig. Früher, sagt sie, hatte ich nie Probleme wegen meiner Haare oder wegen meinem Namen bei der Jobsuche. Zwei Bewerbungen, zwei Zusagen, so war das. Heute stehst du an der Kasse und wirst böse angeschaut. Und plötzlich hörst du die Worte, die früher die Worte der anderen waren. Scheiß Ausländer. Kanake. Ich weiß echt nicht, sagt sie nun, die Haare offener Stolz, wie sich die Frauen mit Kopftuch fühlen. Diese Ablehnung, das kannte ich so nicht, das ist neu.

Draußen also, in den Straßen, im Supermarkt wird Donya, die seit 15 Jahren in Deutschland lebt, nun mit Blicken bedacht, wie sie sonst nur Schalker in Dortmund ernten. Darin der Hass für die falsche Farbe, die falsche Herkunft. Im Garten, sagt sie, ist das anders, wieder winkt sie über die Beete.

Auf dem Festplatz angekommen, in der Mitte ein Bierstand mit gleich vier Theken, wird sie dann von den älteren Herren begrüßt, Vorstandsgesichter, muss gleich einen trinken, einen Kurzen. Das kann man nicht ablehnen, die Einladung zum Kurzen ist noch immer der Handkuss des Ruhrgebietlers. Gehaucht, 0,3 Promille. Und ohnehin, im Kleingarten, hat Lothar gesagt, da kann man sich nicht aus dem Weg gehen. Also wird mächtig eingegossen. Schnaps, fragt Donya. Nein, Wodka, sagen die Herren, Kopp in Nacken. Und sie macht mit, zuckt mit keiner Wimper. Geht sich dann eine Bratwurst holen, hat sich darauf immerhin seit Tagen gefreut. Noch sind ein paar übrig, Schwein gehabt.

Die von Alois versprochenen und groß angekündigten Speisen aus aller Welt gibt es dann allerdings nicht, hinten nur Reibekuchen. Aber immerhin, die Tische der Bierzeltgarnituren sind von den Frauen herbstlich geschmückt worden. Mit Kastanien und Zweigen, an denen Beeren hängen, die ebenso verboten wie schmackhaft aussehen. An einem steht Stephan Bevc, der natürlich auch da ist, neben ihm der Alois aus Bayern. Wir grüßen uns knapp. Der Bevc, denke ich, weiß bestimmt, welche der Beeren man essen darf und welche man meiden sollte. Ich würde ihn gerne fragen, aber dazu komme ich nicht.

Denn da tritt aus dem Nichts einer an mich heran, einer aus Oberschlesien, hält in der rechten Hand eine alte Flasche aus braunem Glas, von innen staubig, von außen mit Erde verkrustet. Gefunden im Boden vom Fritz, die Erde dort haben sie nach dessen Tod einmal umgegraben. Eine echte Flaschenpost, sagt der Oberschlesier, Nachrichten aus der Vergangenheit, über das Meer der Jahre getrieben. Er öffnet sie. Schüttelt drei Papiere aus der Flasche, ganz eng gerollt, während ihm Stephan Bevc und Alois über die Schulter schauen, neugierig wie Schuljungen.

Das kleinere Papier ist ein Brief, das größere eine Zeitungsseite, mit der die Echtheit der Flaschenpost belegt werden soll. Ein Titelblatt der *Ruhrnachrichten*, 27. April 1957. Bald 60 Jahre, sagt der Oberschlesier.

Junge, Junge, sagt Alois.

Und die Schlagzeilen erst, Zeitreise. *Sechste US-Flotte mit Volldampf zur Nilmündung, Kanzler: Mitteldeutschland soll keine Militärzone sein.* Dazu eine Karikatur über das Unbehagen in der SPD-FDP-Koalition.

Irre, aber das wirklich Aufregende, da sind wir uns schnell einig, ist der Brief. Denn er, in geschwungener Schreibschrift gehalten, beginnt mit einer Erklärung seines Verfassers. *Der Kleingärtner Alfons Fritsche ist ein aus Schlesien vertriebener Bauer. Er wurde 1946 nach dem 2. Weltkrieg mit seiner Familie vertrieben. Nun lebt die Familie Fritsche 11 Jahre in Castrop-Rauxel.*

Das, sagt der Mann aus Oberschlesien, ist doch nun wirklich der Beweis, dass die Leute schon immer von woanders hierherkamen. Und Bevc, das hätte von ihm sein können, nickt.

Ein Wahnsinn. So seltsam passend, am Ende dieses

Tages, man könnte meinen, Angela Merkel persönlich hätte diese Flasche hier im harten Boden Castrops vergraben, nur um ihre eigene Rede mit der Wirklichkeit zu unterfüttern. Einwanderungsland NRW. Die große Kraft der kleinen Gärten.

70 Jahre lang. Seit immer schon. Wie würde Alois aus Bayern sagen: çok güzel. Genau.

In Stein gemeißelt

Essen

Heute ist Muttern gestorben. Vielleicht auch gestern, wir wissen es nicht.

Ich erfahre es von Lelas Sohn, an einem Sommermorgen vor der Bäckerei. Mama, sagt er, ist in die Türkei gegangen. Oma vergraben. Sie soll gestürzt sein, einfach umgefallen. Oma hat jetzt keine Schmerzen mehr. Sie ist bei Gott, im Glücksland. Sagt er, sechs Jahre alt, im Spiel zwischen den Tischen der Erwachsenen.

Lelas Mutter ist gestorben, in ihrem Haus in Antalya. Im Urlaub in der Heimat. Dort in der Nacht auf die Fliesen gefallen, mit dem Gesicht voran, der Aufschlag so laut, dass es selbst Vattern hören konnte. Und der hört sonst nicht mehr viel. Er hat sie gefunden, 50 Jahre nach der Hochzeit. Fast auf den Tag genau.

Lela hat einen Anruf bekommen und ist sofort geflogen. Es musste schnell gehen, wegen der Hitze und der Traditionen. Damit hatte die Trauerzeit begonnen. 40 Tage und 40 Nächte.

Lela ist wochenlang fort, nicht zu sehen an der Ecke. Drüben, sagen die Frauen in der Bäckerei, ist jetzt viel zu tun. Die Tage nach dem Begräbnis sind die wichtigsten, für den Toten, für die Familie.

Sie vergehen.

Als Lela zurückkommt, hat die Trauer sie grau werden lassen. Auch das ist Tradition. In der Trauerzeit, sagt Lela, vergisst du die Eitelkeit. Da tanzt du nicht und spielst keine Musik. Hörst auf, dir die Haare zu färben und Make-up zu tragen. Lela schaut mich an, in den Augen die Anstrengungen ihres Abschieds.

Sie ist im Schmerz gealtert. Hat sich drüben um alles gekümmert, war bei der Balsamierung dabei und hat die Grabstelle ausgesucht. Sie war in der Moschee und hat den Nachlass sortiert. Ihre Mutter liegt nun in der Erde, die sie sich gewünscht hatte. Und wir sitzen vor der Bäckerei und sprechen über den Tod und den Glauben. Über die Muslime und ihre Rituale.

Lela raucht, ein bisschen mehr als sonst, und findet ihr Lächeln erst, als sie von der letzten Begegnung mit ihrer Mutter erzählt, der Leichnam im Waschraum, die Augen bereits geschlossen. Da hat sie ihr erst die Hände geküsst, dann die Stirn, und als es der Küsse genug waren, sah sie die Freudentränen auf Mutterns Wangen. Richtige Tränen, sagt Lela, sie liefen ihr aus den Augenwinkeln über das Gesicht. Ihr Mund war geschlossen, auf den Lippen aber ein Lächeln, ich schwöre es dir. Ganz friedlich, ganz glücklich. Und jünger war sie, jünger als ich. Im Türkischen gibt es ein Wort dafür. Nur, das Licht. Hell wie ein Engel. Der Tod hatte sie nicht aufgewühlt. Sie wusste ja, dass er kommt.

Dann begannen die Frauen im Waschraum die Mutter zu reinigen, sie mit Rosenwasser zu waschen. Die Frauen, sagt Lela, haben ihr Watte auf den Körper gelegt und sie mit Henna geschmückt. Ihre Stirn und ihre Hände bemalt, in schwungvollen, lebendigen Mustern. Am Ende haben die Frauen Gewürze gestreut und den Körper in Leinen gehüllt. Weiße Tücher, fest um den Körper geschlungen. Das ist Pflicht, drei bei den Männern, fünf für die Frauen. Sie sind die Tracht für den weiteren Weg.

Die Beerdigung fand am nächsten Tag statt, 24 Stunden nachdem Lela in der Türkei angekommen war. So wie es sein muss. Im Islam sollte der Leichnam möglichst noch am selben Tag bestattet werden.

Denn der Tod ist ein Zustand, ein Ort zwischen dem Leben und dem Jüngsten Gericht. Im Tod wartet der Verstorbene auf die Begegnung mit dem Schöpfer. Der Tod ist, wenn man so will, das Vorzimmer zu Allah. Es hat dünne Wände. Wir glauben, sagt Lela, dass die Toten noch alles hören können, was um sie herum passiert. Es ist ein Zustand, der anstrengend sein kann, eine Folter fast. Deshalb die Eile. Deshalb auch nur schöne Worte.

Man muss mit süßem Mund sprechen, sagt Lela. Nur Gutes sagen über den Toten. Und, noch wichtiger, man lästert dem Tod nicht hinterher. Man fragt nicht, warum. Gott wollte den Menschen haben. Das reicht doch als Grund.

Muttern, sagt Lela, ist am vierten Tag des Ramadan gestorben. Zu Hause, in der heiligsten Woche. Das ist eine große Gnade. Lela hält kurz inne, die Erinnerung zieht an ihr.

Ich glaube, sagt sie dann, Muttern wusste, dass sie bald sterben würde und ist deshalb in die Türkei geflogen. Sie hatte ja alles vorbereitet, kurz vor ihrem Tod noch eine ganze Kiste kleiner Korane gekauft und überall im Haus verteilt, dazu Gebetsteppiche. Hör mir bloß uff, sie wusste es genau. Sie wollte immer in der Türkei begraben werden, zu Hause. Nun ist sie gleich dort gestorben. Da war der Weg nicht so weit, ich schwöre es dir. Da konnte sie sicher sein, dass sie bleibt. Ach, Muttern.

Für einen Moment sprechen wir nicht. Lela sucht Trost und findet keine Worte. Dann frage ich sie. Es ist ein großes Warum, das ich mitgebracht habe in die Bäckerei, in diese Unterhaltung, die zerbrechlich ist in ihrer zeitlichen Nähe zum Tod.

Warum, frage ich Lela nun, wollte deine Mutter unbedingt zurück in die Türkei. Warum war immer klar, dass sie dort beerdigt wird. Lela schaut mich an, wie man eben jemanden anschaut, der das Selbstverständliche nicht versteht.

Muttern, sagt sie, hat immer gesagt, sie möchte in ihrem Land begraben sein. Und ihr Land ist nun mal die Türkei.

Daran gab es nie einen Zweifel. Ich kann dir nicht sagen, warum. Aber diese Sehnsucht ist auch in unseren Genen. Wir haben das als Kinder so vermittelt bekommen: Leben hier, Tod drüben.

Und ich, sagt Lela nun, werde auch dort liegen. Neben Muttern. Und neben Vattern, der nach Antalya möchte und eben nicht zurück nach Bad Oeynhausen. Er hat es seiner Frau versprochen. Wir haben das so abgemacht, sagt Lela. Das Feld ist schon gekauft. Ich schwöre es dir.

Sie zündet sich noch eine Zigarette an, schaut auf die Uhr. Kurz vor neun. Gleich kommt Vattern mit dem Mercedes, auch ein Ritual. Das hat er beibehalten.

Lelas Mutter, denke ich im Abschied dann, auch sie war lange eines der Gesichter der Bäckerei, wo die Leute sofort merken, wenn eines fehlt. Sie gehörte hierher, war aber doch nur zu Besuch, in der Tasche ihres beigefarbenen Mantels immer das mentale Rückflugticket, ausgestellt am Tag ihrer Ankunft in Deutschland. Sie hat über 50 Jahre hier gelebt und gearbeitet, hat hier Freunde gefunden und ihre Kinder zur Welt gebracht. Ihr Mann und ihre Enkel wurden hier geboren. Und doch ist die Türkei immer das Land geblieben. Immer die große Sehnsucht, das unerträgliche Heimweh.

Sie also hatte sich lange schon entschieden, und damit früh eine Frage beantwortet, die sich nahezu allen Muslimen stellt, die hier in Deutschland leben, hier aufgewachsen oder sogar geboren sind. Wo gehe ich hin, wenn ich sterbe. Wo bleibe ich, wenn es vorbei ist. Wo verbringe ich mein Jenseits. Eine große Sache. Das finale Bekenntnis, tatsächlich in Stein gemeißelt.

Ist doch die Entscheidung für den Ort, an dem man begraben wird, die letztgültige Entscheidung für Heimat. Die Erde, in der man bleibt. Am Ende.

Wenn Lela nun das Grab ihrer Mutter besuchen möchte, muss sie einen Flug buchen und nach Antalya fliegen. Ihre

Mutter ist jetzt tatsächlich drüben, an den meisten Tagen unerreichbar weit weg. Lela betet dann vom Wedding aus und wartet auf den Sommer.

Wenn Raed Saleh seinen Vater besuchen möchte, fährt er mit dem Auto die Heerstraße hinunter und biegt irgendwann links auf die Wilhelmstraße, aus der im Grünen eine Chaussee wird, raus Richtung Potsdam, linker Hand Felder. Dort liegt der Landschaftsfriedhof Gatow und auf der muslimischen Fläche das Grab seines Vaters.

Wir treffen uns dort vor dem Eingang, an einem Frühsommertag, dessen Hitze die Ränder der Wahrnehmung versengt. Flimmernde Felder, außer uns ist niemand hier.

Wir laufen gemeinsam durch das Tor, durch keine Geräusche, zum muslimischen Teil des Friedhofs. Das Gräberfeld wurde im Oktober 1988 so angelegt, dass alle Gräber nach Mekka ausgerichtet sind.

Saleh geht zielstrebig, er trägt Anzug, er ist heute zu Besuch. Vom Himmel brennt es. Ein Friedhof ohne Schatten ist ein Ort wie aus einer Vision, Endzeit. Der Tod grell ausgeleuchtet. Steine aus weißem Marmor, fast glühen sie. Einige Gräber sind schlicht, Steine wie Findlinge, andere, mit Suren verziert, tragen Minarette, schlanke Türme, auf der Spitze der Halbmond. Schemen gegen die Sonne. Die Skyline einer ewigen Stadt.

Weiter hinten liegen sie unter Bäumen, Saleh hält dort inne. Steht nun vor dem Grab seines Vaters. Marwan Saleh, gestorben am 1. April 2002. Und Raed Saleh spricht ein Gebet. El-Fatiha, die erste Sure aus dem Koran. Sie wird an den Gräbern gesprochen, für die Seelen, mit ihr stellt man sich bei den Toten vor. Er hat die Augen geschlossen, bis die Worte vorüber sind. Dann küsst er den Stein, ganz sanft, trockene Rosen am Fuße, und holt Wasser vom Brunnen.

Mein Vater, sagt Saleh, als er zurückkommt, ist 66 Jahre alt geworden. *Mit 66 Jahren*, das war immer sein Lieblingslied. Er hat es uns vorgesungen, als wir noch Kinder waren. *Mit 66 Jahren, da fängt das Leben an.* Sie wissen schon, Udo Jürgens. Makaber, oder? Er klaubt ein paar Zweige aus dem Rasen der Grabstelle, wirft sie ins Gebüsch.

Mein Vater hat sich kaputtgemacht. In der Bäckerei, für die Familie. Ein junger Mann, der erst früh und dann doch nicht alt geworden ist.

Die ersten Gastarbeiter, sagt Saleh, haben sich doch totgearbeitet, um hier etwas zu schaffen. Arbeit bedeutete Anerkennung. Arbeit bedeutete Ankommen. Das, sagt er, war meinem Vater am wichtigsten. Dieses Ankommen, bleiben zu können. Deshalb ist er nach Spandau gezogen und deshalb wollte er hier auch begraben sein, das war immer sein Wunsch. Das hier ist meine Heimat, hat er immer gesagt, hier habe ich die meiste Zeit meines Lebens verbracht. Von hier gehe ich nicht mehr weg, auch nicht im Tod.

Spandau, die Idee einer Heimat, es ist der genaue Gegenentwurf zu den Rückkehrgedanken aus Lelas Kindheitserinnerungen. Die meiste Zeit des Lebens, für Salehs Vater, war es der Grund hierzubleiben. Unter den Gastarbeitern der ersten Generation bildete er da jedoch eine Ausnahme. Salehs Vater, im Tod war er seiner Zeit voraus. Denn während Männer wie er oder Frauen wie Lelas Mutter mehrheitlich zurückwollten, tendieren schon ihre Kinder zu einer Bestattung in Deutschland. Es sind Kinder, die in Deutschland geboren und heute um die 40 Jahre alt sind, Kinder wie Raed Saleh, die auch ihre Eltern hier begraben möchten.

Und man muss hier auf dem Landschaftsfriedhof nur die Grabfelder abschreiten, durch die Reihen hindurch, der Spur der Steine folgen, um zu erkennen, wie sehr sich die Zahlen schon verändern. Derzeit wird das muslimische Feld erweitert, es stößt längst an seine Grenzen.

Von den ersten Toten, sagt Saleh, sind nur wenige hier. Aber je mehr Zeit vergeht, desto mehr werden es. Schauen

Sie nur. Die Sterbedaten, sauber in den Stein gefräst, erzählen davon.

Ein Umdenken, sage ich und er nickt. Wann hat das begonnen?

Er überlegt kurz, hat die Sätze aber natürlich längst formuliert. Raed Saleh betritt auch einen Friedhof nicht unvorbereitet. Und seine Antwort ist natürlich eine SPD-Antwort, auch hier zwischen den Gräbern hat er einen der Altkanzler dabei.

Das, sagt er, hat meiner Meinung nach mit Gerhard Schröder begonnen. Mit seinem berühmten Satz 1998. Deutschland, hatte Schröder gesagt, ist ein Einwanderungsland. Für uns, für meine Familie, war das damals ein richtiger Befreiungsschlag.

Integration, sagt er, ist auch eine Gefühlssache. Unter Kohl gab es noch Rückführprogramme, Anreize für die Abreise. Da wurde das Geld heimgeschickt, um dort ein Haus zu bauen. Nun aber, daran erinnere ich mich noch, fing man an, dieses Haus hier zu bauen. Man hatte jetzt einen Platz im Land. Und damit ging auch der Platz auf dem Friedhof einher, weil aus der Erde Heimat geworden war. Das Grab ist ja auch ein Haus. Dahinter die Felder als Garten.

Ich, sagt Saleh, werde auch hier liegen, keine Frage. Das ist der Heimatplatz, wissense. Hinter den Minaretten, zwischen den Suren, in den Rieselfeldern von Gatow. Die eigene Kindheit nur fünf Autominuten entfernt. Wir setzen uns auf eine Bank. Ein alter Mann in einem hellen Gewand fährt auf einem Fahrrad an uns vorüber, er grüßt mit einem Nicken, auch er hat ein Gebet auf den Lippen. Saleh schaut ihm nach, schaut über die Gräber.

Heimat, sagt er, ist doch der Ort, an den man zurückkehrt. Und ich kehre immer nach Spandau zurück.

Dann gehen wir.

Essen

Eine Woche später stehe ich auf dem Parkplatz eines anderen Friedhofs und warte im Regen auf den Bestatter, er ist Deutscher mit marokkanischen Wurzeln. Es fängt zu regnen an, das passende Wetter. Als hätte ein eher durchschnittlicher Regisseur eine Friedhofsszene erdacht, die Trauer in Grau. Man muss sich Geigen dazu vorstellen. Und ich stehe dort und verfolge die Ankunft immer neuer Wagen. Sehe Männer in dunklen Anzügen und Frauen in dunklen Kleidern, in den Gesichtern Tränen als Schleier. Einige waren vor mir hier, rauchten und gingen schweigend im Kreis. Nun begrüßen sie die anderen, dunkle Umarmungen. Männer aus Tunesien, zwischen ihnen eine Witwe aus Deutschland. Sie sind die Trauergemeinde an diesem verwaschenen Morgen am Rande von Essen. Vor dem Tor steht bereits der Leichenwagen, ein unaufdringlicher Transporter.

Dann lenkt der Bestatter seinen Wagen auf den Parkplatz, steigt aus. Schon in seiner ersten Bewegung Pietät. Er geht hinüber zu den Wartenden, drückt der Witwe sein Beileid aus und gibt den Mitarbeitern letzte Anweisungen. Sie öffnen das Tor und fahren den Leichenwagen auf das Friedhofsgelände. Mit dem ersten Motorengeräusch setzt sich der dunkle Zug in Gang.

Wir bleiben zurück, lassen der Trauer einen Vorsprung. Und man muss sich die nun beginnende Unterhaltung, alle Worte der nächsten halben Stunde, im Flüsterton vorstellen. Mit der nötigen Andacht gesprochen. Der Bestatter, sein Name ist Hicham El Founti. Er begrüßt mich nun mit der Zurückhaltung eines Mannes, der es gewohnt ist, sich im Hintergrund zu halten. Hicham El Founti handelt mit Respekt. In seiner Stimme aber liegt der ganze Charme des Ruhrgebiets. Er, gemütliche Zunge, spricht die Worte wie Stephan Bevc und Lothar im Garten. Ja, hömma. Ein mir nun schon vertrauter Klang. El Founti, 26 Jahre alt, CDU-Mitglied, wurde hier in Essen geboren, ist hier zur

Schule gegangen und hat hier studiert. Er kommt von hier wech, so sagt man doch, im Rücken die Zeche. Kindheit im Revier. Heute leitet er eines der größten muslimischen Bestattungsunternehmen Europas, mit 700 Begräbnissen im Jahr, mit Kontakten in alle arabischen Länder. Er hat es von seinem Vater übernommen, der nun zwischen Deutschland und Marokko pendelt. Der Tod als Familienunternehmen. In dritter Generation.

Hicham El Founti beherrscht das Geschäft mit der letzten Ruhe. Er hat es gelernt. Von der Pieke auf.

Als Bestatter, sagt er, habe ich eine große Verantwortung. Ich muss ständig vermitteln zwischen den Wünschen der Familie, den religiösen Vorschriften und den deutschen Gesetzen.

Nun stehen wir am Rande von Essen, am Rande der Zeremonie. Auf diesem Friedhof, der tatsächlich Am Hallo heißt, was natürlich ein herausragender Name ist für einen Ort des Abschieds. Hicham El Founti soll mir erklären, wie es nun wirklich ist. Erklären, wer bleibt und wer geht. Das Verhältnis zwischen hier und drüben, zwischen Alt und Jung. Nicht in der Hitze des Gefühls, sondern mit der Kälte der Zahlen.

Wir gehen hinein, der Trauerzug ist da schon unter den Bäumen einer sehr breiten Allee, die hinaufführt auf eine sanfte Anhöhe. Dorthin, wo die frischen Gräber ausgehoben werden. Auf das neue Feld der Muslime. Verschwommene Tupfen im Anstieg. Links von uns nun das ursprüngliche Gräberfeld, 1972 errichtet.

Nach dem Friedhof Hüls in Aachen und dem Nordfriedhof in Düsseldorf war der Friedhof Am Hallo der dritte Friedhof in Nordrhein-Westfalen mit muslimischer Ruhestätte.

Hicham El Founti ist häufig hier, fast jeden Tag.

Der Friedhof, sagt er, ist sehr beliebt bei den Muslimen. Die Menschen kommen mittlerweile aus dem ganzen Bundesland hierher, um ihre Toten zu bestatten. Sie finden hier alles, was der Glaube braucht. Er ist ein guter Ort für die Riten und die Traditionen.

Weil man hier sarglos in Leinentüchern bestatten kann und weil die Gräber hier schon immer nach Osten zeigen, nach Mekka. Die Richtung stimmt.

Der Friedhof, sagt El Founti, ist aber auch deshalb so beliebt, weil er sehr schnell Termine vergibt. Wir können hier tatsächlich schon am selben Tag bestatten.

Und während der Leichenwagen den Hang erreicht, läuft El Founti hier unten durch das Gräberfeld.

Tote aus den Achtzigern, sagt er, findest du hier kaum noch. Es sind ausgestorbene Gräber. Es waren nie viele. Die ersten Toten hier mussten irgendwann Platz machen für die neuen. Ein Reihengrab bleibt 30 Jahre.

Früher, sagt er, sind die Menschen zurückgegangen, weil sie in Deutschland niemanden hatten. Niemanden, der für sie hätte beten können. El-Fatiha. Die Familie war in der Heimat. Das war eine Kopfsache, sagt er, die wollten hier nicht alleine liegen. Heute aber bleiben die Menschen, weil die Familie längst hier ist, neue Wurzeln. Im Dorf von einst ist niemand mehr, der wartet. Nur noch stille Ahnen, selbst bald vergessen.

Das neue Feld, sagt Hicham, ist gerade fünf Jahre alt. Aber es wird auch bald voll sein.

Lauf der Zeit.

Und wir setzen unseren Weg fort, oben die Stille der Andacht, nur ab und an zerschnitten von den Fanfaren der Sportanlage Am Hallo, sie wehen herüber. Freude, die vom Kummer nichts weiß.

Als wir das Plateau erreichen, ist die Trauergemeinde bereits zum Stillleben geworden. Schwarz vor das Grau gemalt, im Schlamm und in Gedanken versunken, die Hände gefaltet. Die Männer öffnen die Türen des Transporters, darin der Sarg.

Wir halten unseren Abstand, stehen jetzt zwischen den Gräbern. Sagen erst mal nichts.

Die Namen auf den Steinen sprechen für sich. Es sind überwiegend arabische. Das fällt gleich auf. Die jüngeren Gräber tragen die Namen der Flucht.

Seit Monaten begräbt Hicham El Founti Menschen aus Syrien und Afrika. Es ist traurig, sagt er, Blick auf die Gräber, die Menschen sind so lange unterwegs, dann kommen sie nach Deutschland aber halten nicht lange durch, völlig entkräftet. Die Menschen von den Booten, sie sind entweder sehr alt. Oder sehr jung. Hier, sagt El Founti, liegen auch die Kinder, die Frühgeburten. Die Säuglinge, die es nicht geschafft haben. Noch während der Reise geboren, die Fluchttoten, über die kaum einer spricht.

Der Krieg also ist auch ein Grund. Die Unmöglichkeit der Rückkehr. Wenn im Vorzimmer des Schöpfers die Mörser einschlagen. Zu Hause, das ist dann wirklich verbrannte Erde.

An der offenen Grabstelle, die Männer und Frauen im Halbkreis versammelt, wird nun der Leichnam aus dem offenen Sarg gehoben, behutsam. Drei alte Frauen, verwitterte Mütterchen, sitzen auf Klappstühlen daneben, tragen pechschwarze Gewänder. Sie gehören nicht zur Familie, sie saßen vorher schon dort. Weiber, aufgereiht wie Totenvögel, sie übernehmen die Klage.

Der Tote ist, wie von Lela beschrieben, in Leinen gehüllt, gewebt nicht genäht. So wie es muss.

Die Männer, vereinte Kräfte, heben ihn nun in das Grab, steigen selbst hinein. Jeder Handgriff begleitet vom Klagen der Weiber. Sie legen den Leichnam auf die Seite, stützen seinen Körper mit Brettern, so wie es muss. Er liegt dort nun, Blick nach Mekka. Und wartet auf den Schöpfer. Dann wird das Grab wieder zugeschüttet. Die Erde, sie ist *unbenutzt*. So wie es muss.

Hicham El Founti nickt. Alles nach Vorschrift, alles nach

Gesetz. Seit einiger Zeit gibt es auch hier oben einen Brunnen, zur Waschung vor dem Gebet. El-Fatiha.

Das sind Errungenschaften, sagt er jetzt. Im Gehen. Die Bestattung ohne Sarg, die Ausrichtung nach Mekka. Die Möglichkeiten, die wir haben. Das war vor 30 Jahren, als mein Vater als Bestatter anfing, noch undenkbar. Sarglos, im Tuch. Vor 30 Jahren hätte es eine solche Beerdigung gar nicht gegeben.

Als die ersten Gastarbeiter gestorben sind, junge Männer, früh gealtert, war Deutschland darauf nicht vorbereitet. Man dachte, sagt El Founti, die arbeiten hier, aber sterben zu Hause. Deshalb wusste auch niemand, wohin mit ihnen. Die Friedhöfe waren gar nicht für Muslime ausgelegt. Heute ist das anders.

Heute, sagt El Founti schließlich, können wir Muslime in Deutschland genauso bestatten wie in Marokko oder in der Türkei. Vielleicht ist das der wichtigste Grund für das Umdenken. Die Möglichkeit einer Heimat, der Platz, den man hat. Und die Anerkennung des Glaubens, auch im allerletzten Moment.

Wenn man uns das Sterben hier ermöglicht, hatte Raed Saleh am Grab seines Vaters noch gesagt, dann sind wir angekommen. Wenn das geht, das wussten wir immer, dann sind wir integriert. Spätestens bei der Bestattung, hatte er gesagt, funktioniert die Integration doch. Jeder bekommt seine zwei mal zwei Meter. Den Heimatplatz.

So wie es muss, sagt Hicham El Founti. Und wir laufen mit den Trauernden zusammen die Anhöhe hinab, zurück in Richtung Parkplatz. Auf Wiedersehen. Am Hallo.

Sieben Monate danach sitze ich wieder mit Lela in der Bäckerei. Eine Woche zuvor ist ihr Onkel gestorben. Mutterns Bruder. Ein Mann Ende 70. Und Lela erzählt mir von seinem letzten Willen. Der Onkel, sagt sie, wollte unbedingt in Deutschland verbrannt und in einer Urne beigesetzt werden. Die große Schande. Verbrennen gilt im

Islam als Sünde. Verbrennen ist haram. Die Familie hat ihn deshalb im Tuch begraben lassen, auf dem Landschaftsfriedhof in Gatow. Nicht weit von Salehs Vater. Und Lela ist nicht zur Beerdigung gegangen. Das, sagte sie, war nicht, was er wollte.

Sie haben ihn verraten. Und er musste es hören. Das Vorzimmer des Schöpfers, es hat dünne Wände.

Auch in Deutschland.

Hügel der Angst

An den wütenden Tagen wohnen im Wedding auch die Kanaken, die Schweine und die Zigeuner. Wohnt, hinter den Willkommens-Fußmatten, mitunter die Ablehnung.

An den wütenden Tagen, auch das habe ich in meinem ersten Jahr hier gelernt, findet jede Volksgruppe im Wedding eine andere, vor deren Tür sie das Misstrauen ablädt, den Sperrmüll der Vorurteile. Auch das gibt es hier, man sieht es nur nicht sofort. Auch das gehört dazu, an einem Ort, in dessen Enge die Menschen einander ausgesetzt sind. Die Decken so niedrig, dass sich daran jeder größere Gedanke stößt. Nur dauert es eine Weile, bis man die bösen Worte hört, die durch das Treppenhaus geistern, bis man versteht, dass jede Minderheit hier eine Minderheit braucht, an der sie sich abarbeiten kann. Bis man also an die Tiraden gerät. Sie, im Flüsterton vorgetragen, vorgehaltene Hände wie verschlossene Türen, folgen dabei einer klaren Hackordnung. Wer hier auf wen herabschauen darf, hängt unmittelbar damit zusammen, wer hier wie lange schon lebt. Der Mietvertrag, kein Blatt vor dem Mund, wird dann zum letztgültigen Dokument eines moralischen Hausrechts. Und es wird, in soliden Abständen weniger Jahre, streng unterschieden zwischen den Alteingesessenen und den noch immer Zugezogenen. Die klare Abgrenzung gehört hier ebenso dazu wie die klare Ansage.

Da gibt es die alten Türken, die hier die jungen Kurden verachten, die von den Deutschen aber für Türken gehalten werden und doch etwas ganz anderes sind. Bastarde sowieso, Terroristen wahrscheinlich. Und diese Kurden, die von den Deutschen meist für Türken gehalten werden oder sogar, fast schlimmer noch, für Araber, können nichts anfangen mit den Libanesen, die später an den Block gezogen sind, große, laute Familien, die Abfall in den Hausflur werfen, hier jetzt alles auf den Kopf stellen. Und ohnehin, Türken, Kurden, Araber, das verwechselt man besser nicht. Weil der Stolz hier, wenn er verletzt wird, zur Laune anschwillt. Im Wedding lernt man irgendwann, dass Rassismus keine deutsche Erfindung ist. Es gibt Männer am Block, die haben den Hitler auf dem Handy.

An den wütenden Tagen kann man hier das Hassfigurenkabinett der Gegenwart besichtigen. Der Eintritt ist frei. Und man versteht dann, wieso die Menschen an anderen Orten Kriege führen, unter Bürgern, unter Brüdern. Es gibt Männer am Block, die der festen Überzeugung sind, dass es mit dem Viertel bergab geht, seit die Araber hier eingezogen sind. Die Araber haben da eine andere Theorie. Und wenn man sie danach fragt, gehen sie wenige Schritte um den Block herum und zeigen die Straße hinunter, weil dort die Menschen wohnen, die in Sünde leben. Am Ende der Straße, wo tatsächlich noch einmal ein ganz anderes Land beginnt, lungern die Zigeuner. So sagt man das hier, auch klar. Sinti und Roma, das würden die Männer nie sagen, nicht die Türken und auch nicht die Araber, weil sie doch gelernt haben, dass Politik eher selten korrekt ist. Und weil die Zigeuner für sie, die einmal als Fremde an den Block gekommen waren, noch mal ganz andere Fremde sind. Da brauchen sie ein griffiges Wort, um das Wilde zu zähmen.

Diese Zigeuner, die als letzte in den Wedding gekommen sind, große Familien mit vielen Kindern, bewohnen ein Haus, dessen Fassade dreckig ist von den Abgasen und den Schmierereien, mit einem gusseisernen Tor in der Mitte, hinter dem sich Holz und Unrat türmen, der Weg verstellt für jeden vermeintlichen Besucher. Davor, im Rinnstein der Abfall, riecht es beißend nach Urin. Halbe Betten stehen dort, ausgeweidete Sofas, aus denen der

Schaumstoff quillt wie gelbes Gedärm. Das Haus, so schrieb es der *Berliner Kurier*, ist die Zentrale des Berliner Bettelclans. Die Tage hier gleichen sich. Morgens warten Männer mit weißen Transportern vor dem Tor, auf die Frauen, die Kinder dazu. Mädchen in wallenden Röcken und schmutzigen Latschen, aus denen sie mit jedem Schritt herausschlappen, dazu die zum Krüppel geschlagenen und die zum Krüppel erzogenen. Die Männer laden die Frauen, die Kinder und die Krüppel in die Transporter und fahren sie hinein in die Stadt, verteilen sie über die Plätze, vor den Bahnhöfen, an den Kreuzungen, wo sie in das Stadtbild hineinhumpeln, die Handflächen zur Schale geformt, zerrissene Zettel vor der Brust. Do you speak english. Wer sie nicht kennt, war noch nie in Berlin.

Am Nachmittag kommen sie zurück, wie man früher von den Feldern zurückgekommen ist. Nach verrichteter Arbeit. Die Frauen und die Mädchen in ihren wallenden Röcken, manche von ihnen so schön, wie man es sonst nur aus Märchen kennt. Dein schwarzes Haar, Esmeralda. Die wilden Blicke, die frei sind von Scham. Sie liegen dann auf der Wiese neben dem Haus, die zum Spielplatz gehört, direkt an der Panke. Die türkischen Mütter, meine Nachbarinnen, gehen mit ihren Kindern in diesen Stunden noch mal woanders spielen.

Dieser Teil der Straße, darin ist man sich einig, ist längst Zigeunerland. Sie sind den Leuten deshalb nicht geheuer, sie gehören hier nicht her. Sie machen Ärger und machen Dreck, und beides braucht der Wedding nicht, denn von beidem hat der Wedding ohnehin schon genug. Sagen die Araber. Sollen die doch, wallah, dahin zurückgehen, wo sie hergekommen sind. Rumänien, was weiß ich. Wäre für alle das Beste.

Seit die Zigeuner da sind, sagen meine Nachbarn, wird wieder eingebrochen am Block, sind die Fahrräder plötzlich weg, werden den Kindern auf dem Schulweg die

Telefone geklaut. Dann schütteln sie die Köpfe, gruseln sich ein bisschen. An den wütenden Tagen kommt der Ekel hinzu. Die liegen hier auf der Wiese, hat mal eine ältere Türkin zu mir gesagt, und dann wächst kein Gras mehr. Wie, bitteschön, sieht das aus. Und dann ist da noch der Müll, der bleibt, selbst wenn die Frauen und Mädchen schon nicht mehr da sind. Das konnte sie am allerwenigsten verstehen, den ganzen Abfall.

Wir, sagte sie dann, haben dreißig Jahre lang gelernt, wie man den Müll trennt, und die werfen alles in einen Eimer, werfen einfach alles auf die Straße. Sie war, das konnte man sehen, einigermaßen entrüstet.

Weil doch die Regeln, die hier gebrochen wurden, genau jene Regeln waren, die sie sich, ältere Türkin, zuvor über die Jahre mühsam zu eigen gemacht hatte. Regeln, in Fleisch und Blut, die sie deshalb nun selbst einzufordern bereit war. Sie hatte jedes Recht dazu. Und benutzte dafür auch die vorwurfsvollen Sätze, die sie selbst gehört haben musste, Jahrzehnte her, als die Türken noch die Neuen waren. Sie tat dies mit der Fassungslosigkeit einer Alteingesessenen.

Wir mussten uns anpassen, sagte sie, gleichsam stolz wie aufgebracht, wir mussten uns integrieren. Wieso sollten die anderen es leichter haben?

Die Regeln und Gesetze dieses Landes, dieses Viertels, dieser Straße, waren über die Jahre zu ihren geworden und sie war bereit, diese zu verteidigen. Gegen neue Nachbarn, in diesem Fall Zigeuner, aber letztlich doch nur ein Beispiel waren, für das Fremde, das kommt, das so viele Gesichter hat und deshalb in den Köpfen der Menschen ein Karussell anschmeißt, einen Ringelreigen der Vorurteile, in dessen Beschleunigung dann alles ineinanderfließt, der Schwindel beginnt. Zigeuner und Flüchtlinge, Menschen vom Balkan oder aus Afghanistan, so oder so kam da etwas auf sie zu.

Und meiner Nachbarin war es, auf dieser Wiese, auf diese Weise, wichtig, eine Linie zu ziehen, zu zeigen, dass sie nicht ist wie die. Es war eine Abgrenzung, die ich in meinem ersten Jahr im Wedding und während meiner Reisen durch Deutschland immer wieder erlebt habe. Yasin el Harrouk hatte mir davon erzählt, er selbst der Beweis dafür. Aber auch am Block und in Spandau war es mir begegnet. Die Jungs auf den Schulhöfen oder in den Fitnessstudios, hatte Raed Saleh gesagt, sprechen jetzt mit Absicht ein ganz sauberes Deutsch, damit sie niemand für Flüchtlinge hält. Im Kontrast zu den Neuen, den Zuwanderern der Gegenwart, wurde nun das Deutsche betont und das Deutsche damit auch zu Identität.

Gleichsam traf ich unter denen, die für viele Deutsche immer noch sichtbar die anderen, die Ausländer sind, auf eine Ratlosigkeit, die größer und allumfassender wurde, mit jeder neuen Vorhersage im Flüchtlingsherbst dieses Landes, immer dann, wenn in den Zeitungen und im Fernsehen von Hunderttausenden gesprochen wurde, die plötzlich an den Bahnhöfen und vor den Turnhallen standen. Das passierte auch hier alles unmittelbar. Nicht weit entfernt vom Block liegt das Landesamt für Gesundheit und Soziales, das schon bald nur noch LaGeSo hieß, weil der Volksmund das Unfassbare gern in Abkürzungen bändigt.

Zur Ratlosigkeit der Menschen, manche selbst Flüchtlinge, Jahrzehnte her, gesellte sich bald die Sorge. Die Angst, einfach vergessen zu werden. Wenn alle nur auf die Neuen schauen, sagte einer der Männer an der Bäckerei, was wird dann aus uns. Plötzlich war da Ohnmacht und manchmal dann, wütende Tage, wurde daraus Wut und der Zuwanderer unter Zugewanderten zum Feindbild. Auch der besorgte Bürger ist keine deutsche Erfindung.

Es gibt ihn im Wedding, wo die Zigeuner wohnen. Aber auch in Spandau, wo ja immerhin, glaubt man den Männern in der Kneipe, die meisten Flüchtlinge sind. Und wo deshalb die alten unmittelbar auf die neuen Ausländer treffen. Ein Zusammenstoß, der Spuren hinterlassen kann. Das erfahre ich an einem Vormittag, an dem ich noch einmal im Jugendcafé von Ismail Öner sitze, am Horizont schon die Wahlen zum Berliner Abgeordnetenhaus.

Mit mir ist dort, mit dem Rücken zum Fenster, auch wieder der Kollege, weil der am Vormittag meist Zeit hat, und die Zeit hier bei Ismail Öner gut aufgehoben ist. Der Kollege hat schon zwei bis sieben Kaffee getrunken und ist dementsprechend in Erzähllaune, Öner poliert Gläser und zählt das Kleingeld in seiner Kasse. Soll heißen: Er kennt schon, was jetzt kommt. Der Kollege jedenfalls ist Polizist und fährt Streife in Spandau, verbindet die Brennpunkte, Heerstraße Nord und die Lynarstraße, das Kurdenviertel, in dem er aufgewachsen ist. Fährt aber auch durch Haselhorst, andere Seite des Flusses, nicht weit von Öners Kinderstube. Der Kollege spricht Kurdisch, Ehrensache, und Türkisch fließend, spricht die Sprache der Jungs auf den Straßen, hat deshalb die Stimmen im Ohr, den Chor der Verunsicherten, die gerade nicht mehr wissen, wo sie eigentlich stehen.

Flüchtling, so erzählt es der Kollege, ist unter den Jungs schon zum Schimpfwort geworden. Eine Bedrohung dazu, eine Provokation. Der Kollege spricht nun für sie, hat all ihre Sätze im Kopf, beginnt deshalb einen sehr wütenden, sehr ernsten Monolog, darin all die Schlagzeilen dieser Tage. Da kommen jetzt Leute hierher, sagt er also, die gleich denken, sie wären die Schärfsten. Ohne jemals etwas geleistet zu haben. Männer, die Wasser ablehnen, weil es von Frauen gereicht wird. Männer, die Brot wegschmeißen, weil es nicht halal ist.

Der Kollege schüttelt den Kopf und schlägt mit der flachen Hand so hart und so laut auf den Tisch, dass Ismail Öner fast das Kleingeld aus den Händen fällt. Dann, sagt der Kollege, sollen die doch Scheiße fressen. Das sind keine

Muslime, das sind Idioten. Wenn ich aus dem Krieg komme, würde ich Schweinefleisch essen. Das geht so nicht.

Er atmet einmal tief durch, Öner reicht ihm wortlos ein Glas Wasser.

Weißt du, sagt der Kollege dann, es gibt jetzt bei uns in Haselhorst und in der Lynarstraße junge Migranten, die ehrlich darüber nachdenken, die AfD zu wählen. Die sagen das laut, so weit ist es schon gekommen. Das sind Jungs, 18 Jahre alt, 20 vielleicht, die gehen das erste Mal wählen, junge Türken, Kurden, Araber, deren Eltern hier von den Neonazis mit Flaschen beworfen wurden, und die wählen dann vielleicht rechts, weil sie Angst haben, dass sich niemand mehr um sie kümmert, weil jetzt die Flüchtlinge da sind. Die Jungs haben das Gefühl, verarscht zu werden. Weil sie sich jahrelang integrieren sollten, und jetzt sind da diese Leute und bekommen alles einfach so, Sozialhilfe, Wohnungen, bekommen Zucker in den Arsch geblasen. Verstehst du. So kommt es bei denen an. Wie krank ist das, bitte. Das ist irre, natürlich. Aber ich kann das gut verstehen. Das geht hier alles den Bach runter. Ich kenne Kanaken, die nach Brandenburg ziehen, weil es ihnen hier zu viel wird. Überleg dir das mal. Oder schau an den Kotti, wo die Türken ihre Geschäfte verkaufen, weil es zu krass geworden ist. Weil da jetzt Maghreb ist, Mord und Totschlag. Rechtsfreier Raum. Das geht doch nicht, wir sind hier in Deutschland, hier gibt es Gesetze.

Er stutzt kurz, seine Worte tragen nun Uniform. Und tragen die Geschichte der Eltern.

Wir, sagt der Kollege, haben uns hier etwas aufgebaut, das lassen wir uns nicht kaputtmachen.

Wieder schlägt er mit der Hand auf den Tisch. Migranten, die rechts wählen. Er schüttelt sich. Das kann doch nicht sein. Aber, sagt er, nimm 100 von denen, die schon lange hier sind, schwärze deren Gesichter, nimm nur ihre

Aussagen, ihre politische Haltung, nur die Sätze, nicht die Namen. Dann denkst du, das sind AfD-Nazis aus Sachsen. Er setzt sich hin, plötzlich erschöpft. Einen Satz will er noch loswerden. Es wird, sagt er also, einen Riesenkonflikt geben, zwischen den Leuten, die hier sind, und denen, die jetzt kommen, ich schwöre es dir. Das schaukelt sich hoch.

Dann geht er nach draußen, eine rauchen. Und Öner schließt seine Kasse, weiß jetzt auch nicht genau, was er noch sagen soll, sagt deshalb nichts.

Wochen später erreicht die AfD bei der Wahl zum Berliner Abgeordnetenhaus in Spandau ein Ergebnis von 16 Prozent, die Gegend rund um die Lynarstraße wird dabei zum blauen Auge des Bezirks. Und auch Haselhorst trägt die neue Farbe der Wut. Und vielleicht haben neben den wütenden Deutschen dort tatsächlich auch die wütenden Migranten rechts gewählt. Genau wie der Kollege es traurig vermutet hatte.

Dabei waren gerade die jungen Kurden oder Türken als potenzielle Wähler der AfD gar nicht vorgesehen, auf keinem Zettel, hatte die Partei in Berlin doch eine ganz andere Klientel für sich entdeckt: Die Russlanddeutschen. Menschen, die, ausgestattet mit klar konservativen Wertvorstellungen und einer großen Freude an der Law-and-Order-Politik starker Männer, über Jahrzehnte hinweg ganz treu CDU gewählt hatten. Aus Dankbarkeit vor allem, weil doch die Möglichkeit, nach dem Zusammenbruch der Sowjetunion nach Deutschland zu kommen und hier einen deutschen Pass zu erhalten, für sie eng verbunden war mit dem Namen Helmut Kohl, dem starken Mann, der irgendwann die christdemokratische Parteispitze platt gesessen hatte. Er war der Vater ihrer neuen Heimat. Mit seinem Mädchen aber, mit Angela Merkel also, konnten sie spätestens seit dem Spätsommer 2015 nicht mehr viel anfangen. Den Flüchtlingen standen sie, kann man so sagen, eher nicht fröhlich winkend gegenüber. Zudem empfanden sie die damaligen Wirtschaftssanktionen gegen Moskau als persönliche Beleidigung. Mütterchen Russland und Mutti Merkel, dazwischen lag weites Land.

Was auch den blauen Beobachtern des Völkischen nicht entgangen war. Die Russlanddeutschen sind für uns eine wichtige Zielgruppe, sagte deren Spitzenkandidat in Berlin, Georg Pazderski, und ließ deshalb, als der Wahlkampf langsam an Hitze gewann, Pamphlete in zwei Sprachen drucken. Deutsch und Russisch.

Die Russlanddeutschen sind, viel eher noch als die Türken im Wedding oder die Kurden in Spandau, Zuwanderer, die mit der Zuwanderung fremdeln. Das macht sie empfänglich für die Versprechen und Ideen der Partei. Sie sind dankbare Wähler. Nirgendwo ist das in jüngster Zeit so deutlich geworden wie auf dem Haidach, dem Aussiedlerviertel Pforzheims. Dem Russenhügel, auf dem die Angst zu Hause ist. Dort konnte die AfD bei der Landtagswahl im März 2016 ihr deutschlandweit bestes Ergebnis erzielen. 54,2 Prozent der Bewohner, die sich stolz Haidacher nennen, haben ihre Stimme der AfD gegeben.

54,2 Prozent. Man muss das an dieser Stelle gleich noch einmal schreiben, damit es nicht wie ein Druckfehler aussieht, eine Unachtsamkeit der Lügenpresse. Es ist eine irre Zahl. Und aus der Sicht der Parteispitze ein Ergebnis von nahezu autokratischer Höhe und deshalb natürlich obszöner Schönheit. Dürfte diese Zahl Tweed tragen, Alexander Gauland würde sie wahrscheinlich heiraten.

Waldemar Birkle ist der Mann hinter dieser Zahl, er hat sie wachsen lassen, auch er hat die Leute mobilisiert, die es braucht für ein solches Ergebnis. Er stand im Frühjahr 2016 wochenlang auf dem Haidach, um Menschen wie Stimmen zu fangen. Die Partei, die er selbst nur die Alternative nennt, hatte ihn, den Stadtrat, zum Wahlkämpfer auf dem Hügel gemacht, weil er die Mentalität der Menschen hier kennt, einer von ihnen ist. Ein Haidacher. Im Feldzug gegen das Fremde ist das Bekannte die vielleicht wirksamste Waffe.

Waldemar Birkle, 43 Jahre alt und Vater von drei Kindern, ist 1990 aus Kasachstan nach Pforzheim gekommen, einer der wirklich späten Spätaussiedler, für die der Haidach ein Versprechen war, das über die stille Post des Hörensagens bis in die zentralasiatischen Hochebenen gelangt war, ein Wispern, hinter dem Horizont die Chance auf ein noch mal ganz anderes Leben.

Man wusste immer, sagt er, es gibt da irgendwo ein Deutschland. Da kommen die Vorfahren her. Man hatte damit kaum etwas zu tun und doch ganz viel. Diese Verbindung hob ihn heraus. In seinen Papieren, seinem sowjetischen Pass, stand es wie eingebrannt. Nationalität: deutsch. Damit war er in Kasachstan der andere. Das Kind einer Minderheit, in der Schule nur immer der Deutsche. Und, an den wütenden Tagen, der Nazi, Hitlerjunge Waldemar. Das hörte er oft. Es waren die Schmähungen, die den Abschied leichter machten. Er hat sie bis heute nicht vergessen.

Als er Kasachstan verließ, steckte er auch den Pass ein, ein Deutscher auf dem Weg nach Deutschland. So sah er das. 26 Jahre später hat Waldemar Birkle, während er seinen Wagen den Haidach hinauflenkt, die Gedanken dabei, mit denen er dort oben Wahlkampf gemacht hat. Über die Einwanderung, die eine unkontrollierte ist, und über die hohe Politik, die versagt hat. Wir können, sagt Waldemar Birkle, nicht die ganze Welt aufnehmen.

Waldemar Birkle hat über ein Vierteljahrhundert in Deutschland verbracht, das sind zwei Weltmeistertitel und eine Rechtschreibreform, das sind acht Jahre Helmut Kohl, sieben Jahre Gerhard Schröder und auch schon elf Jahre Angela Merkel. Es ist eine Zeit, in der ihm dieses Land erst vertraut und dann doch unheimlich geworden ist.

Vor ihm liegt nun Altbekanntes. Die kleine Heimat, sagt Birkle. An einem Frühsommernachmittag wie aus dem Pinsel eines mittelbegabten Postkartenmalers, mit einem Himmel, der leuchtet, als hätte Birkle ihn nur für uns in den Farben seiner Partei herrichten lassen. Pforzheim, die sogenannte Goldstadt, Schmuckstück am Nordrand des Schwarzwaldes, glänzt in seinen Rückspiegeln. Tausend Sonnen in den Fenstern im Tal. Birkle fährt mit der entspannten Bestimmtheit des Einheimischen, weiß jeden Weg, kennt jede Einbahnstraße. Er fährt mit der Gradlinigkeit eines Mannes, der einen Plan hat, eine klare Agenda. Waldemar Birkle möchte mir an diesem Tag seine Geschichte erzählen, die eng verbunden ist mit der Geschichte des Aussiedlerviertels.

Es ist ein Rückblick durch das Brennglas seiner Biografie, der am Ende die Menschen hier erklären soll, ihre Sicht auf die Dinge und ihr Verhältnis zu diesem Land.

Und natürlich geht es auch hier irgendwann um die Angst. Die Fahrt hinauf auf den Hügel ist die Fahrt hinein in ein Gefühl.

Oben angekommen macht Birkle erst mal einen kleinen Schlenker. Macht die Dorfrunde, Ehrensache, um mir den Hügel zu erklären. So geht es vorbei an sauberen Grünflächen, darauf, unter akkurat beschnittenen Bäumen, Rentner mit wohlerzogenen Hunden, auch ihre eigene Haltung artgerecht, auf den Bürgersteigen die Grüßgottmenschen, die jeden von außerhalb am Gang schon erkennen.

Vorbei auch, das muss sein, am Übergangswohnheim an der Leipziger Straße, ein eigentlich völlig unscheinbarer Sozialblock, 1975 gebaut. Hier aber beginnt die Geschichte des Aussiedlerviertels, hierher kamen die ersten. Das Wohnheim ist der Magnet, der die folgenden Generationen angezogen hat, die von hier aus nach und nach den Hügel besiedelten.

Wenn man durch die Straßen des Haidach fährt, kann

man heute allein anhand der Gebäude, der Veränderung der Architektur, der in Beton gegossenen Ansprüche, die Stationen eines Ankommens wie im Zeitraffer verfolgen. Erst sind da die Hochhäuser, die Wohnblöcke der vielen, dann die Reihenhäuser, die den Menschen die Enge nahmen und weiter vorne die Einfamilienhäuser, die vom Bausparvertrag erzählen und davon, dass hier einer wohnt, der es tatsächlich geschafft hat.

Hinter der Kirche der evangelischen Gemeinde, die fast am Hang liegt, unten wieder das Glitzern der Stadt, biegt Birkle rechts ab. Kaulbachstraße, steht auf einem Schild, ein unauffälliges Geradeaus. Das, sagt Waldemar Birkle, war die berüchtigte Straße. Und nun stehen dort, am Rand, wie zum Beweis, szenisch nachgestellte Historie, ein paar großartige Schläger, Hügelknaben im Ausfallschritt der Lokalmacker. Schwere Jungs, leicht gereizt. Stehen dort, als würden sie das Glotzen, das Gemeingefährliche, für später üben, Jogginghosen und Lederjacken. Das feiste Rodeo der Stiernacken, das gibt es also immer noch. Jungs mit sehr weißer Haut und sehr kurzen Haaren, die sich eingerichtet haben in der sauberen Hartschalenpose der Tilidin-Biedermänner. Im Augenwinkel verschwinden sie. Schemen einer Erinnerung.

Waldemar Birkle kennt das genau, die endlosen Nachmittage, das halbstarke Abhängen, die Herausforderungen, aber auch das bisschen Verlorene in den Blicken. Hier, sagt Birkle, haben wir uns getroffen, die Jungs mit den Karren, haben uns auf den Parkplatz gestellt und den Kofferraum aufgemacht, darin die Getränke und die Musik. Dann gab es ordentlich was auf die Ohren.

Hier, sagt Birkle, war man unter sich.

Sein Blick, durch die Windschutzscheibe, geht durch die Jahrzehnte. Auf den Hügel fahren, auf den Haidach, wie er sagt, das ist für ihn immer Zeitreise, die große Rolle rückwärts. In seiner Ankunft jetzt steckt die Ankunft von einst. Er war gerade 17 Jahre alt, als er nach langer Reise Pforzheim erreichte, allein. Ohne seine Eltern, ohne Geschwister und auch ohne eine Ahnung von dem, was ihn erwarten würde. Nur eine Tante gab es, die für ihn da war. Und ein Zimmer, das er benutzen durfte. Neun Quadratmeter für 600 Mark Miete im Monat, emotionale Hanglage.

Es ist auch eine Geschichte der Entbehrung, Waldemar Birkle wurde nichts geschenkt. Nicht vom Staat, nicht vom Land. Die ersten Monate eine karge Zeit, als minderjähriger, unqualifizierter Arbeiter. Erst mal sprachlos, weil er doch im Russischen zu Hause war und das Deutsch, das er kannte, ein anderes Deutsch war.

Waldemar Birkle spricht heute noch immer fließend Russisch. Und er spricht Deutsch mit einem hörbar badischen Akzent, trägt also gleichsam den Schwarzwald und die Weiten Kasachstans in seiner Stimme. Was dann, in den Momenten der Erregung, wenn die Phonetik überlappt, so klingt, als würde sich einer der Klitschko-Brüder an einer Imitation René Wellers versuchen. Als wäre unten wirklich oben.

Damals ging es ihm wie vielen jungen Spätaussiedlern, die in Pforzheim etwas fanden, das ihnen entweder gänzlich unbekannt war oder doch irreführend vertraut. Eine Sprache, die sie noch einmal lernen mussten, obwohl sie die Worte eigentlich kannten. Weil ihr Deutsch, sofern sie schon eines mitgebracht hatten, das schwere Deutsch der Großeltern war, eine noch übrig gebliebene Sprache, die sich, altertümlich gewebt, wie eine schwere Decke auf die Seele legte. Das gestrige Deutsch der Aussiedler, die in ihren Wendungen, mal gemütlich, mal behäbig, immer aber in Schnörkeln gesprochen, ihre Heimat konserviert hatten, dieses ferne Deutschland. Worte, in denen der Kaiser noch lebte, frei von den hastigen Volten der Mode. Manchmal war es deshalb, als seien sie mit dem Pferdewagen zu einem Autorennen gekommen, nur ein PS auf der Zunge, zu langsam für die anderen.

Birkle setzte sich in den ersten Monaten in Pforzheim manchmal in die Parks oder an die Bushaltestellen, wo er sich die Gespräche der Passanten merkte, die hastigen Fetzen des Alltags, um sie zu Hause dann nachzusprechen.

Auf dem Hügel aber wurde er gleich verstanden, klar. Heimat ist der Ort, an dem du nicht viele Worte brauchst. Ich habe mich, sagt er, die ersten Jahre auf dem Haidach rumgetrieben. Unter den anderen jungen Spätaussiedlern, den Freunden, da war das Gefühl, daheim zu sein. Da, sagt Birkle, hat niemand mit dem Finger gezeigt. War doch jede Lederjacke auch ein Panzer gegen die Feindseligkeit, die ihnen entgegenschlug. Die Abscheu, die auch auf dem Hügel wohnte.

Es gab eigentlich für uns, als wir kamen, sagt Birkle, keine offenen Arme. Es gab keine Willkommenskultur.

Es ist die Zustandsbeschreibung einer Zeit, Anfang der Neunzigerjahre, in der die Russlanddeutschen noch die Fremden waren, eine Minderheit, die in den Köpfen der Einheimischen zur Bedrohung gewachsen war, weil hier die Erlebnisse der Jahre zuvor noch nachwirkten, als auf dem Haidach die Gewalt in der Luft gelegen hatte, weil sich die sozialen Spannungen hier unkontrolliert entladen konnten, zwischen den Nachbarn, zwischen den Generationen.

Der Haidach damals, er galt bald als Fehlkonstruktion. Zu wenig Platz für zu viele Menschen und zu wenig Arbeit für zu viele Träume. Weshalb hier die Enttäuschungen der einen auf die Angst der anderen trafen.

Die Spätaussiedler, deren Hoffnungen dem Versprechen auf ein besseres Leben gefolgt waren, mussten schnell erkennen, dass dieses Versprechen von niemandem gehalten werden konnte, vor allem nicht von ihnen selbst. Mit ihren Erwartungen an unmittelbaren Wohlstand hatten sie sich jedoch eine Fallhöhe geschaffen, die den Aufprall, ungebremst auf dem Boden der Tatsachen, nur noch schmerzhafter werden ließ. Viele konnten mit dem Deutschland, das sie vorfanden, nicht umgehen, die Hoffnung im Rucksack wurde zum Ballast. Und die jungen Männer flüchteten, in den Alkohol, in die Drogen. Formten aus kalter Wut rohe Gewalt. Der Haidach war zum Ort der Banden geworden, die Trabantensiedlung plötzlich die Banlieue von Pforzheim, der Hügel, auf den nur noch stieg, wem ordentlich das Maul juckte. 1988 etwa wurde das Jugendzentrum von jungen Russen überfallen, die in ihrer Raserei erst die Möbel und dann auch noch ein paar Nasen zertrümmerten. Schlägertrupps, hieß es damals, ein kraftvoller Ausdruck, in dem auch die Überzeugung steckte, dort, in der Nähe eben dieser Schlägertrupps, aufgeputscht vom Suff und dem Puder, nicht mehr sicher zu sein.

Die Bedrohung aber war bald nicht mehr nur eine rein körperliche. Die Menschen hier, Deutsche, die den Krieg noch gesehen hatten, gerade in Pforzheim, das von den Bomben der Alliierten fast vollständig zerstört worden war, die also ihre Existenz aus den Trümmern gezogen und sich danach ein Leben errichtet hatten, beobachteten den späten Zuzug mit freudlosen Augen. Mit den Familien aus Russland war auch der Neid auf den Hügel gekommen, der ja immer der hässlich verformte Bruder der Sorge ist. Vor den Häusern stand nun, mit verschränkten Armen, die Überzeugung, dass mit dem Kommen der Neuen, der Abschied der Alten begonnen hatte. 1990 schickte *Der Spiegel* einen Reporter auf den Hügel, der hineinlauschte in die Befindlichkeiten der Bewohner.

Als Deutscher ist man hier Randgruppe, diktierte einer dem Reporter in seinen Block. Hier oben, sagte ein anderer, muss man Russisch sprechen, sonst geht man unter. Und ein Pfarrer sprach von einem Problem der Arbeitslosigkeit, das die Menschen hier noch jahrzehntelang beschäftigen werde. Es sind Worte, die klingen, als hätte sie jemand aus der Gegenwart geschnitten und in diesen Artikel geklebt. Die Sätze von 1990, sie könnten auch mühelos die Sätze zur Flüchtlingskrise der Gegenwart sein. Nur werden sie heute von jenen Menschen gesprochen, denen sie damals galten, eine fast ironische Umkehrung der Geschichte als Pointe eines schlechten Witzes. Weil sich doch selbst die Reflexe ähneln. 1992 holten die Republikaner bei den Landtagswahlen in Pforzheim ihr deutschlandweit bestes Ergebnis. 18,9 Prozent. Auch hier thronte die Hochburg auf dem Haidach.

Und nun wählt der Hügel AfD. Nun wählen die Abgelehnten von damals die Republikaner von heute, gegen die Zuwanderung, mit Parolen, die sie aus der Schublade geholt, sich aus dem Gedächtnis heraus zu eigen gemacht haben. Ein seltsam verschobenes Recycling der Ressentiments. Wie konnte es dazu kommen?

Waldemar Birkle, der um all diese Fakten weiß, der die Zahlen kennt und die Geschichte, parkt seinen Wagen nun hinter einem Wohnblock, hinten krakeelen Kinder. Sonst aber liegt eine Ruhe über diesem Ort, als hätte ein starker Ostwind die Stimmen verweht und mit den Stimmen dann auch die Menschen. Little Moskau hieß der Haidach früher. Heute werden die Gespräche in der Sprache Putins hinter den Türen geführt.

Von den Balkonen, es ist Fußball in diesen Tagen, hängen die Flaggen. Die deutschen. Aber auch die russischen. Und man müsste schon zählen, um zu wissen, welche Farben hier am Ende dominieren. Sicher ist nur: Dies ist ein deutsch-russischer Ort. Es ist vor allem, an einem Sommernachmittag wie diesem, ein Idyll. Ein Luftkurort mit Plattenbauten, der schon vor Jahren als solide Mischung aus der Berliner Gropiusstadt und einer Feriensiedlung bezeichnet wurde. Die Vorgärten sind grün und üppig, die

Schwellen besenrein, die Einfahrten gefegt, Kehrwochensauberkeit. Hier hat Dreck keine Chance.

Die Arbeitslosenquote ist längst eine der niedrigsten in ganz Baden-Württemberg, weil der große Teil der Aussiedler irgendwann Arbeit gefunden hat, an den Bändern dieses Bundeslandes. In Sindelfingen bei Daimler oder bei Bosch. Die meisten, sagt Birkle später, sind direkt nach den Sprachkursen in Arbeitsverhältnisse gewechselt. Die kamen ja nicht, um dem Staat auf der Tasche zu liegen.

Die Spätaussiedler haben sich mit den Jahren den deutschen Spießertraum erfüllt, das Eigenheim, das Auto. Stolz hinter Hecken. Die Männer tragen Halbarmhemden über einem Wohlstandsbauch, die Frauen Kinder im Arm. Die größte Gefahr besteht hier wahrscheinlich darin, am Hang von einem Mercedes überfahren zu werden. Heute gilt der Haidach als sicherster und unauffälligster Stadtteil Pforzheims.

Es könnte also alles ganz großartig sein, Ruhe und Frieden, wäre da nicht dieses Gefühl. Wären da nicht die Leute, die finden, dass etwas schiefläuft, dass sie allein und im Stich gelassen und von der Politik über ihren gedeckten Tisch gezogen werden. Aber woher kommen diese Empfindungen, die sich eher früher als später zu Befindlichkeiten auswachsen?

Waldemar Birkle, der mit und von diesem Gefühl lebt, soll das jetzt mal erklären, die Entwicklung von den Republikanern hin zur AfD, den Wandel, der aus den Verschmähten die Besorgten gemacht hat. Dafür muss er, anders geht es nicht, noch einmal zurückschauen.

Wir wollten uns damals, sagt er also, schnell anpassen, um als Deutsche zu gelten. Dann aber haben einige gesehen, egal, wie sehr du dich anstrengst, du wirst immer der Russe bleiben. Ey, Russe, was machst du da. Das waren die Sprüche. Aber wir haben weitergemacht.

Wenn Birkle von den Aussiedlern spricht, dann von

Menschen aus Sibirien, der Ukraine, aus Kasachstan, die immer bereit waren, von Null anzufangen, die vertrieben wurden, umgesiedelt, getreten. Menschen, die mit den Steinen, die man ihnen in den Weg gelegt hatte, einfach die nächste Hütte bauten. Die dadurch anpassungsfähig geworden waren.

Waldemar Birkle selbst, so geht seine Geschichte, war getrieben von dem Wunsch, irgendwann wirklich dazuzugehören. In seinen Reden erzählt er davon, in seinen Reden ist er ein junger Mann, dessen Ziel die schnellstmögliche Integration war, in das Leben in der neuen Heimat. Er hat dann eine Ausbildung gemacht und ist 1994 zur Bundeswehr gegangen, Fallschirmjäger in Nagold, hat sich dort jeden Dienstag an den Schießstand gestellt, um den Heimatschutz zu proben. Heute arbeitet Birkle, der längst auf Deutsch träumt und mit seinen Kindern daheim nur Deutsch spricht, seit 14 Jahren in einer Maschinenfabrik, organisiert den Vertrieb in die ehemaligen GUS-Staaten, hat also die Brücke geschlagen zwischen dem alten und dem neuen Leben. Heute wohnt er in einem Reihenhaus, das er noch abbezahlen muss. Waldemar Birkle, das sagt er, hat sich nie etwas zuschulden kommen lassen und er hat Schulden machen müssen, um sich die eigene Vorstellung eines guten Lebens erfüllen zu können. Wenn er seine Geschichte erzählt und damit die der Spätaussiedler, ist es eine Trotzdem-Geschichte. Weil es ihm gelungen ist, sich in einem Land, das ihn zuerst gar nicht wollte, durchzusetzen. Eine Existenz, dieses große Wort, eine Familie, eine Heimat. Waldemar Birkle hat sich diese Heimat, so fühlt es sich an, erst erarbeiten müssen. Anders als die Deutschen, die hier hineingeboren wurden.

Und vielleicht, so der Gedanke hier auf dem Haidach, geht der Mensch, der sich eine Heimat erarbeiten muss, mit dieser Heimat tatsächlich anders um, schaut sie anders an, hegt und pflegt sie, weil er sich daran erinnern kann, wie es war, als er keine hatte, oder genau weiß, wie es sich anfühlt, wenn sie ihm entrissen wird. Auch das ist Teil der Aussiedler-DNA, der Kollektiverinnerung der Russlanddeutschen, dieses Wissen darum, dass nichts so wertvoll und gleichsam wenig so vergänglich ist wie die Heimat. Ein hohes Gut, das sie am Ende verteidigen müssen. Und an dieser Stelle beginnt eine Abwehrhaltung, die jetzt als Ablehnung in den Vorgärten und hinter den Gardinen lauert.

Als sich im Herbst 2015 die Grenzen öffneten, die Menschen kamen, aus Syrien, aus der Türkei, über Ungarn und über Serbien, und am Münchener Hauptbahnhof mit Applaus und Teddybären empfangen wurden, als Angela Merkel schließlich ihren längst nicht mehr einzufangenden Satz in die Welt diktierte, da wurde die Heimat wieder verhandelbar, verletzlich. Die Spätaussiedler sahen ihren Wohlstand bedroht, sahen Menschen, die direkt in die Rückversicherungen ihres Lebens einwanderten.

Wir schaffen das. Es sollte doch Zuspruch sein. Die Menschen auf dem Hügel hörten etwas anderes. Und sie dachten in ihren Garten hinein, aus ihrer Biografie heraus.

Wir, die russischen Schwaben, die badischen Kasachen, dachten sie, wir schaffen doch schon die ganze Zeit. Schaffen bei Daimler, schaffen für die Kinder, schaffen, um das Grundstück abzubezahlen. Schaffe, schaffe. Häusle baue. Jetzt sollten sie plötzlich noch für andere mitschaffen. Es klang wie Hohn. Als hätte man sie in ihrer eigenen Sprache, dem angelernten Dialekt, betrogen.

Wir Aussiedler, sagt Birkle nun, sind ein wirklich gut integriertes Volk.

Sie haben sich, so klingt es bei ihm, immer an alle Regeln gehalten, die Werte dieser Gesellschaft verinnerlicht. Mitunter bis zur Selbstaufgabe.

Und deshalb, sagt er, fragen wir uns immer, wieso das von uns erwartet wurde, nicht aber von den Menschen, die jetzt kommen, die Dinge tun dürfen, die wir uns nie erlaubt hätten. Wir wollen doch nur, dass die Gesetze beachtet werden.

Die Leute sagen immer, was wollt ihr denn, ihr seid doch selbst gekommen, ihr müsstet das doch verstehen, die Not, das Leid.

Er wischt die Worte beiseite, lästige Fliegen. Für Waldemar Birkle ist dieser Vergleich der Zuwanderergruppen unzulässig. Er kann darauf durchaus gereizt reagieren, weil dieses Übereinanderlegen der Fluchtgeschichten in seinen Augen einer Weichzeichnung gleichkommt. Auch das nicht gerecht.

Wir, sagt er, sind aus einem anderen Grund gekommen, und wir hatten unsere deutsche Kultur, das darf man nicht verwechseln. Wir sind zurückgekehrt. In die Heimat der Vorfahren, weil uns der Wunsch angetrieben hat, unsere Identität zu behalten. Er macht eine kurze Pause, im Nachsatz liegt die Punchline. Flüchtlinge oder Heimkehrer, das ist ein Unterschied.

An den wütenden Tagen wohnt auf dem Haidach die Angst vor den Muslimen. Und auch ihr Ursprung ist, sofern man Waldemar Birkle dahin folgen möchte, in der Erinnerung zu suchen. Nach der Perestroika, sagt er jetzt, gab es in Kasachstan keinen Schultag, an dem man sich nicht wehren musste, weil man der Deutsche war. Viele junge Kasachen, die Russlanddeutschen, Katholiken und Protestanten, haben damals ihre Erfahrungen gemacht. Mit den Anfeindungen, der Gewalt auch, die von Menschen ausging, die zur Mehrheit des Landes gehörten. 70,2 Prozent der Kasachen sind Muslime.

Ich will nicht, sagt Birkle schließlich, dass meine Kinder eines Tages das erleben müssen, was ich erlebt habe.

In seiner Erzählung holen die Dämonen von einst ihn nun wieder ein. Und viele der Spätaussiedler sehen das ähnlich. Als im Januar 2016 das russlanddeutsche Mädchen Lisa in Berlin-Marzahn vermeintlich erst verschleppt und dann Opfer einer Vergewaltigung geworden war, wurde auch der Hügel unruhig.

Das Mädchen und seine Erzählung, der sogenannte Fall Lisa, versetzten die Aussiedler in allgemeinen Aufruhr. Weil es eine Nachricht aus dem Keller der Urangst war, eine Bestätigung all der schrecklichen Vermutungen, ein Verbrechen an einer von ihnen. Und weil die Informationen darüber direkt aus der alten Heimat kamen. Denn bald hatte Lisa ihren Weg in die russischen Staatsmedien gefunden, wo auch die Täter schon feststanden. Es waren, so hieß es dort, arabische Flüchtlinge. Das Unmenschliche wurde mit dunklen Augen gezeichnet. Was natürlich für die Angstmacher die günstigste Nachricht in einer für die Bundesregierung eher ungünstigen Zeit war. Man muss sich nur einmal das Gesicht Angela Merkels dazu vorstellen.

Schnell war Lisa zum Politikum geworden, der Name einer diplomatischen Krise, warf der russische Außenminister Sergej Lawrow den Deutschen doch Vertuschung vor. Und in den Wohnzimmern der Russlanddeutschen saß die Zustimmung auf der Couch, der Glaube an das Böse. Verschleppung und Vergewaltigung, es waren Begriffe, die alte Narben wieder aufrissen, aus den Kriegsgeschichten der Großmütter, aus den Mädchengeschichten der Mütter. Auch auf dem Hügel gingen sie auf die Straße.

Lisa, der Schrecken dahinter auch, war von Berlin-Marzahn über Moskau bis auf den Haidach gelangt. Die Wut, alsbald so groß wie blind, verteilte die Rollen klar. Hier das Opfer, ein junges Mädchen aus Deutschland. Und dort die Täter, die Männer von den Booten. Tage später konnte die Polizei ermitteln, dass Lisa die fragliche Nacht bei ihrem Freund verbracht hatte. Die Vergewaltigung eine ausgedachte. Doch da war es bereits zu spät, da hatte sich Hysterie bereits vor die Vernunft geschoben.

Denn es war Januar, dunkle Winterstunden, und das Feuerwerk vom Kölner Hauptbahnhof dröhnte noch als Echo in den Köpfen, die Schreie und die Hilflosigkeit, der Verlust staatlicher Kontrolle, festgehalten auf verwackelten Videos. Die Geschehnisse der Silvesternacht am Dom also boten das Bühnenbild, in dem dieses Lehrstück über Lügen und Verdächtigungen, über Falschinformationen und Vorurteile aufgeführt wurde. Nach Köln, mit Lisa, war nun klar, man durfte sich ganz ehrlich fürchten, und das natürlich auch laut sagen, gerne im Beisein der anderen, in Mikrofone hinein. Die Furcht war zum Konsens geworden. Im Internet kursierte in diesen Wochen ein Appell, auf Russisch verfasst, in dem die Aussiedler aufgefordert wurden, sich zu erheben gegen die Verfehlungen der Flüchtlingspolitik. Und auf dem Hügel gründeten die Menschen eine Bürgerwehr. Mittelalte Männer, die gerne in Uniform durch die Straßen gezogen wären, aber das hatte ihnen die Stadt dann verboten.

Die Bürgerwehr gibt es schon länger nicht mehr. Sie wurde nicht wirklich gebraucht, auf dem Haidach, den auch Waldemar Birkle als einen sicheren Ort bezeichnet. Männer ohne Uniformen und ohne Anlass, am Ende überflüssig wie Rettungsschwimmer auf einer Wanderdüne. Birkle ist immer noch da. 54,2 Prozent, politisch gesehen gehört ihm immerhin ein halber Hügel, er könnte da durchaus zufrieden sein. Aber Waldemar Birkle wird sich wohl weiterhin auf seinen Hügel stellen und warnen vor dem, was kommt. Die Menschen an die Hand nehmen und an den Horizont wie auf alte Postkarten eine dunkle Zukunft malen.

Die Leute, sagt er an diesem Nachmittag im Sommer noch, wissen nicht, wovon sie reden. Weil sie nicht unsere Erfahrungen gemacht haben. Und sie bezeichnen uns als fremdenfeindlich und islamophob, aber das sind wir nicht. Er lacht jetzt, zum ersten Mal an diesem Nachmittag, bitter. Zuerst, sagt er dann, war ich der Russe, jetzt bin ich auf einmal ein Populist, ein Rechtskonservativer. Lustig, wie die Namen sich im Laufe der Jahre ändern.

Erst war er der Hitlerjunge Waldemar. Dann der dreckige Russe. Und jetzt ist Waldemar Birkle wieder der Nazi. Das ist sein Verständnis der Geschichte und der Sicht der Geschichte auf ihn. Der Dreiklang seiner Biografie. Dann geht er zurück zu seinem Wagen.

Vor der Windschutzscheibe erstrecken sich die Dächer der Stadt, der Blick geht über den Kessel, es ist ein erhabener. Vom Hügel ins Tal. Wir hier oben, die da unten.

Im Kessel leben Menschen aus 146 Nationen, im Kessel leben die Flüchtlinge, die man auf dem Hügel nie sieht. Im Kessel leben seit Monaten etwa 3000 Jesiden, eine religiöse Minderheit, die Kurmandschi spricht, Nordkurdisch, und einen Engel verehrt, Melek Taus, der sich ihnen in Form eines blauen Pfaus offenbart. Der Legende nach hat dieser Engel vor etwa 7000 Jahren mit Tränen der Reue sieben Krüge gefüllt, um das Höllenfeuer zu löschen. Als Gründer der Religion, die an einen Gott glaubt und die Existenz des Teufels verneint, gilt heute Scheich Adi ibu Musafir, die Inkarnation Melek Taus. Sein Grab liegt in einem Tal im Norden des Irak, dem einstigen Herkunftsland der Jesiden, die ansonsten über Jahrhunderte auch im Norden Syriens und im Südosten der Türkei beheimatet waren.

Nun aber hat es einige von ihnen in dieses Tal im Norden des Schwarzwalds verschlagen, wo sie, abgeschottet hinter einem schweren Vorhang aus Traditionen, meist unter sich bleiben.

Ahmet Kurt allerdings, ihr Torwächter, ist leicht zu erreichen, er hat unten im Tal ein Restaurant übernommen, wie es deutscher kaum sein könnte. Seit Anfang Februar des vergangenen Jahres führt er die Schwarzwaldsängerhalle, darin die Schwarzwaldstuben, Spätzle und Maultaschen, und ist so gut wie immer dort anzutreffen, weil er neben seinem Restaurant auch eine Arbeitsauffassung übernommen hat, wie sie deutscher kaum sein könnte. Das sagt er selbst und ist, das spürt man dann, ein bisschen stolz darauf, auf die Arbeit und die Moral. Ahmet Kurt, seit mehr als 30 Jahren in Pforzheim, ein wenig länger als Waldemar Birkle, schafft. Eigentlich immer. Und manchmal schafft er dabei auch sich selbst. Kurt ist Türkisch und bedeutet Wolf. Und manchmal ist Ahmet Kurt sich selbst einer. Als Arbeitstier.

Wenn man also mit ihm sprechen möchte, muss man dort einfach hinfahren, in die Weststadt. Vom Hügel aus ist das eine ziemliche Strecke. Zwischen dem Haidach und den Schwarzwaldstuben liegen etwa fünf Kilometer, liegen aber auch, wenn man Waldemar Birkle glauben mag, ganze Länder und eine dritte Welt, in der die Sitten verfallen und das Elend beginnt. Der Weg hinunter ins Tal erscheint in seiner Erzählung dann wie ein Abstieg.

Da wird die Luft gleich dicker und bald kann man gar nicht mehr atmen. Die Innenstadt ist eine Kloake, sagt er. Man riecht dort die Menschen, den Urin, der in den Straßen steht, weil es keine öffentlichen Toiletten gibt. Die Stadt ein nahezu mittelalterlich anmutender Abort, es könnte einem gleich schlecht werden. Da spricht nun der Ekel aus ihm und die Wehmut. Früher war das eine schöne Stadt, sagt Birkle am Steuer seines Wagens, verliert langsam an Höhe, aber seit dem Rückzug der Schmuckindustrie ist das vorbei, heute ist die Innenstadt billig. Ein Wegwerf-Ort. Die höchste Dönerbudendichte in ganz Deutschland, ganz sicher. Die haben jetzt, sagt er, durch die Flüchtlinge wieder Hochkonjunktur. Das ist, als würde man durch Bagdad laufen. Und es klingt, als würde er da doch ganz gerne mit dem Gartenschlauch ran, einmal alles abspritzen, den Urin von den Wänden, den Dreck aus den Straßen spülen. Diese ganze Stadt ist ein Problembezirk, das sagt Birkle auch an diesem Nachmittag, und wir wissen doch, wie rechtsfreie Räume entstehen. Kurz vor dem Ende der gemeinsamen Fahrt sitzt also noch einmal der Politiker in diesem Wagen, der Mann von der Alternative.

Der Stadtrat vom Hügel, der überzeugt ist, die Krankheit dieser Stadt erkannt zu haben, die deutschen Gebrechen der Gegenwart. Die fehlende Meinungsfreiheit, die Überfremdung. Sein Rezept dagegen allerdings besteht aus Zutaten, mit denen man am Ende auch Gift mischen kann.

Waldemar Birkle lässt mich schließlich in der Nähe des Rathauses raus. Und ich atme die Stadt ein, der Haidach ist von hier aus nur eine Ahnung hinter den Bäumen, ein friedlicher Gipfel. Ich gehe über altes Kopfsteinpflaster, vorbei an immer neuen Menschen, die vor den Eiscafés sitzen und in den Ein-Euro-Läden Ablenkung suchen, Schwangere mit Kinderwagen, junge Mädchen, die ihre Kopftücher mit bunten Spangen in den Haaren fixiert haben. Dahinter lässige Afrikaner, die vor Telecafés stehen. Gestrandete, die nach Hause telefonieren, auf den Bildschirmen drinnen die Gesichter der Verwandtschaft. Sie senden ihnen gute Wünsche und nebenan, Western Union, das Geld dazu. Pforzheim ist hier ein sagenhaftes Wimmelbild, eine Überforderung der Sinne, fließende Gerüche. Die Küchen der Welt auf wenigen Metern.

Dann erreicht man die Schwarzwaldstuben und eine angenehme Ruhe legt sich auf den Moment, eine wohlige Vertrautheit, es riecht nach Braten und nach Klößen. Und Ahmet Kurt, der natürlich in Eile ist, trägt eine Schürze und Teller an einen der Tische, die aussehen, als hätte er sie von einem schwäbischen Kochbuch abgemalt. Er wünscht einen guten Appetit, dann setzt er sich auf eine der Bänke. Dunkles Holz bestimmt den Raum, auf bunten Tischdecken stehen noch buntere Blümchen, durch die Bleiglasfenster fällt ein mildes, vielfarbiges Licht, dahinter verschwimmt milchig die Stadt. Das Mobiliar, die schweren Stühle, die Leuchter an der Decke, sie erzählen von einem seltsam vergangenen Deutschland.

Er aber, der Wirt, erzählt von einem türkischen Dorf nahe der syrischen Grenze. Und die Vergangenheit fällt bunt durch die Fenster seiner Erinnerung. Ahmet Kurt ist dort aufgewachsen, in der Türkei, eine Kindheit auf dem Land, die jäh ihr Ende fand. 30 Jahre ist das nun her. Er hat nichts davon vergessen, die Schreie als Echo im Ohr. Die Panik der Verzweifelten, als die Soldaten in sein Dorf kamen, 1987. Es war die blutigste Phase im noch jungen Krieg zwischen der türkischen Regierung und der kurdischen Untergrundorganisation PKK. Beide Seiten vermuteten die Kollaborateure der jeweils anderen unter der Landbevölkerung, in den Dörfern.

Kurdische Stämme wurden von den Türken bewaffnet, um als Dorfschützer gegen die Männer der PKK zu kämpfen. Deren Vergeltung war ohne Erbarmen.

Damals, sagt Kurt, kamen die Kurden in das Dorf, um junge Männer mitzunehmen, zum Kämpfen und so. Kanonenfutter. Und die Türken kamen und suchten die Kämpfer der PKK. Sie, die Jesiden, standen dazwischen. In einem Krieg, der nicht ihrer war, konnten sie nichts gewinnen.

Als die Soldaten kamen, versteckten sich Kurt und seine Geschwister im Stall. Harrten dort aus, tierische Angst. Und als die Soldaten weitergezogen waren, entschieden seine Eltern, die Türkei zu verlassen. Sie besaßen Grundstücke dort, Häuser, Ackerland. Aber all das war nicht mehr viel wert, seit die Willkür in die Nachbarschaft gezogen war. Sie verkauften das Land und flogen nach Deutschland, landeten schließlich in Pforzheim, weil der älteste Sohn bereits in der Gegend gearbeitet hatte, als Hilfsarbeiter, 15 Jahre zuvor.

Ahmet Kurt war zehn Jahre alt. Ein Kind in einem ihm unbekannten Land. Aber er hat es angenommen. Erde ist Erde. Und dann innerhalb von nur sechs Monaten die Sprache der Leute hier gelernt. So erzählt er es. Sein erstes deutsches Wort war Brot. Danach sagte er guten Tag, damit kam er ganz gut zurecht. Den Rest hat er dann mit den Händen und den Füßen geklärt. Gar kein Problem, sagt er, aber für meine Eltern war es eine sehr große Herausforderung. Die beherrschen Deutsch bis heute nicht. Deren größte Aufgabe bestand allerdings auch darin, die Kinder zu versorgen, da war das mit der Sprache zweitrangig. Ganz so, als hätten sie die Worte, die ihnen zustanden, ihren Teil davon, an die Kinder abgegeben. So, wie man das Essen teilt. Brot. Guten Tag.

Aber, sagt Kurt, für meine Eltern war Deutschland sofort Heimat. Das darf man nicht verwechseln, wir wollten nicht zurück. Hier gab es alles. Und er zählt auf, als würde er, der Wirt, die Worte von einer wirklich großartigen Speisetafel ablesen. Menschenrechte, Demokratie, Sicherheit, und zum Nachtisch keine Angst. Die Bundesrepublik als Empfehlung des Tages.

Sie sind dann geblieben, all die Jahre, hörten die Geschichten aus der Türkei und konnten gottfroh sein. Gottfroh, es ist ein Wort, das Ahmet Kurt oft benutzt in diesem Gespräch, ein anderes ist: sozusagen. Die Flucht damals, sie war sozusagen zur Rettung geworden, ein tatsächlicher Neuanfang. Die Kinder kamen in die Schule, fanden Ausbildungsplätze und schließlich auch Arbeit, die Eltern waren stolz. Früchte ihrer Erziehung, geteiltes Brot und halbe Sprache. Und Ahmet Kurt wurde Obst- und Gemüsehändler.

Er konnte sich, sozusagen, nicht beschweren. Es fehlte an nichts. Nur in ihrem Glauben blieben sie einsam. Denn Ahmet Kurt und seine Eltern waren, fast zwanzig Jahre lang, die einzigen Jesiden in Pforzheim. Etwas Besonderes. Da waren wir allein, sagt er. Vögel aus keinem Paradies. Gläubige, die für ihren Glauben keinen Ort und für ihre Gebete keinen Raum hatten, keine Gemeinde. Schiffbrüchige ihrer Kultur, auf der Vielnationeninsel Pforzheim.

Mitte dieses Jahrzehnts aber kamen die ersten Familien aus dem Irak nach Calw, 20 Kilometer entfernt von Pforzheim. Männer, die ein Getränkehersteller angeworben hatte, Arbeiter, die für wenig Lohn bereit waren, weit zu reisen. Auch sie angelockt von einem Versprechen, Pforzheim: Goldstadt. Einige hatten ihre Familien dabei, andere wollten nur wenige Monate bleiben, das Geld in die Heimat schicken, die alte Geschichte. Aber plötzlich waren sie da, Jesiden am Nordrand des Schwarzwaldes.

Ahmet Kurt erfuhr eher durch Zufall davon. Als eine Handvoll jesidischer Männer mit dem Linienbus nach Pforzheim aufbrach, nächstgrößere Stadt, um einmal zu schauen, wo sie da eigentlich hingekommen waren. Schwarzer Wald, das war ja auch noch mal was ganz anderes. Sie irrten ein wenig durch die Stadt, ohne Orientierung oder Sprache, auf der Suche nach anderen, die so glaubten wie sie. Die musste es doch geben. Fanden dann einen Aramäer, sprachen ihn an, ein großes Glück. Der Aramäer kannte Ahmet Kurt, weil im Grunde jeder, der von woanders nach Pforzheim kommt, irgendwann Ahmet Kurt kennenlernt. Und so trafen die neuen Jesiden aus dem Irak bald auf den alten Jesiden aus der Türkei. Ahmet Kurt ist einige Tage später mit seiner Frau in das Flüchtlingsheim gefahren, um die Familien dort zu besuchen, den Kofferraum voll mit dem guten Essen. Sie saßen dann lange beisammen und wurden – so ist das ja meist, wenn man gemeinsam gegessen hat, gebrochenes Brot, gebrochenes Schweigen – Freunde. So begann es, die Sache mit den Jesiden in Pforzheim, ganz langsam und eher unauffällig.

Bis die Ausläufer eines neuen Krieges die Ränder des schwarzen Waldes erreichten, die Menschen hier die Auswirkungen eines Kampfes zu spüren begannen, der tausende Kilometer entfernt entbrannt war. Denn die Jesiden, die nun nach Pforzheim kamen, waren nicht mehr vom Wohlstand gelockt, sondern vom Horror gehetzt. Am Leib noch die Kleidung, viel mehr hatten sie nicht. Die Jesiden, die nun nach Pforzheim gerieten, waren die ersten sichtbaren Opfer des Islamischen Staates, einer zu jener Zeit noch relativ neuen Bedrohung, deren Abkürzung heute zur Chiffre des Terrors geworden ist.

Für die Dschihadisten gelten sie als Teufelsanbeter, weil der Islam Melek Taus, den Engel-Pfau, mit Satan gleichsetzt, obwohl die Jesiden das Wort selbst, Schaitan, niemals aussprechen würden. Auf der Liste der Ungläubigen nehmen sie deshalb einen der vorderen Plätze ein. Danach kommen dann gleich die Christen.

Damals jedenfalls, im Oktober 2014, hatte der IS tausende Jesiden aus ihren Dörfern im nördlichen Irak und schließlich in die Höhen des Sindschar-Gebirges getrieben, wo sie, eingekesselt und ohne Nahrung oder Wasser, nicht nur dem Himmel, sondern auch bald dem Tode sehr nahekommen sollten. Hinter ihnen immer das Grollen ihrer Verfolger, die Vermummten auf ihren Toyota-Pickups, eine Treibjagd. Die Bilder dazu sind noch jung, sie gingen um die Welt und blieben im Gedächtnis. Auf ihnen war die Verzweiflung zu sehen, das ganze Ausmaß eines Dramas. Kinder mit eilig geschnürtem Gepäck im Arm und auf den Köpfen, eine Flucht über letzte Brücken. Frauen, die ihre Arme zum Himmel reckten. Vor allem aber waren da die Helikopter, immer wieder. Die letzte Hoffnung, aus der Luft, nachdem die Berge zur Falle geworden waren. Die USA flogen bald Luftangriffe gegen die Kämpfer des Islamischen Staates und versorgten die Jesiden mit Nahrung und Wasser, immer wieder schufen sie Korridore für Evakuierungen. Dabei stürzte ein Helikopter ab, die Jesiden an Bord überlebten schwer verletzt, der Pilot schaffte es nicht. Die Welt, schrieb die *ZEIT*, stand unter Schock.

Schließlich aber, Monate sollten vergehen, wurde die Belagerung aufgebrochen und der Islamische Staat zurückgedrängt. Die plötzliche Ruhe über dem Gebirge blieb trügerisch. Und wenn man so will, hatte sich dort die Zukunft gezeigt. Die Zukunft dieses Krieges, aber auch die Zukunft der Jesiden. Einige verharrten noch Wochen in den Bergen, wollten die Heimat nicht aufgeben. Doch auch sie mussten erkennen, dass sie zur Unmöglichkeit geworden war, zerschossen, besetzt. Ihre Heimat gehörte jetzt anderen.

Der Islamische Staat hat im Nordirak mehr als 3000 jesidische Männer getötet und mehr als 5000 jesidische Frauen verschleppt.

Jene, die konnten, Tausende wohl, brachen auf und verließen ihr Land. Hunderte schafften es bis nach Pforzheim und einige Dutzend standen irgendwann vor der Tür von Ahmet Kurt. Weil sie seinen Namen gehört hatten, in einem Atemzug mit dem Namen der Stadt, die, ähnlich wie für die Spätaussiedler 25 Jahre zuvor, durch Mundpropaganda auf der Flucht zum Sehnsuchtsort geworden war, sicheres Gebiet. Es ist nun mal so, sagt Ahmet Kurt, man geht doch dorthin, wo schon Leute von dir sind. Heimat ist der Ort, an dem du deine Jungs wiedertriffst. Den Onkel oder einen guten Freund, den Kollegen oder einen Bekannten der Familie. Das braucht man doch. Einen, der Bescheid weiß, sich schon auskennt.

Ganz einfache Rechnung, sagt er. Deinesgleichen.

Und er war eben schon da, mehr nicht. Aber auch nicht weniger. Wir, sagt Ahmet Kurt, meine Frau und ich, sind jetzt bekannt hier in Pforzheim. Weil sie ihre Tür, als die Leute davorstanden, auch tatsächlich geöffnet haben. Weil sie den Jesiden, die ja, sozusagen, auch in ihr Land gekommen waren, helfen wollten. Das hatte sich dann schnell herumgesprochen.

In Pforzheim, hieß es, da sitzt der Herr Kurt, der kann da was machen, mit den Papieren, vielleicht auch eine Wohnung finden.

Seine Telefonnummer stand irgendwann in der Zeitung. Seitdem ist er der Mittler zwischen den Welten, weil er das Kurdisch der Jesiden und das Deutsch der Deutschen versteht.

Brot und Guten Tag.

Ahmet Kurt hat dann auch einfach nicht nein sagen können, selten jemanden abgelehnt. Aus eigener Erfahrung ein offener Mensch. Ich habe, sagt er, fast immer helfen wollen. Weil ich doch selber das Gefühl hatte, dass uns die Leute hier geholfen haben. In Deutschland, in Pforzheim.

Deswegen hat er irgendwann auch den Konvoi organisiert, die Lastwagen mit Kleidung und anderen Hilfsgütern, die sie in den Irak geschickt haben, Männer aus Pforzheim am Steuer.

Danach wurde er von der Stadt eingeladen und das Innenministerium schickte jemanden vorbei, und immer waren auch die Fotografen bei ihm, lokale Berühmtheit. Weil der Herr Kurt doch eine dieser guten Geschichten war, die man in dieser Zeit so dringend gebrauchen konnte.

Ein ehrliches Gesicht zu den Schlagzeilen.

Und wenn man dann zwei, drei Mal in der Zeitung steht, sagt er, mit Foto und guten Worten dazu, dann melden sich immer mehr Leute. So hat es sich verselbstständigt, und der Ruf sich entwickelt, der ihm bald vorauseilte, über die Grenzen hinweg, bis weit hinter den Schwarzwald. Und in den Straßen von Pforzheim, in seiner Glaubensgemeinschaft, da ist sein Wort von Gewicht.

Wenn es ein Problem gibt, sagen die Jesiden, zwischen

Mann und Frau, zwischen Nachbarn, dann kommt der Herr Kurt und klärt das. Vor der Polizei. Sie vertrauen ihm.

Manche sagen, der Herr Kurt, das ist der Bürgermeister der Jesiden.

Die Sängerhalle wäre dann ihr Rathaus, der Ort, an dem sich die Jesiden versammeln, weil die schiere Freude oder die dunkle Trauer doch nur gemeinsam erträglich werden. Die Menschen heiraten hier und tanzen, bis Blut aus den Schuhen läuft. Irakische Hochzeiten sind glitzernd orchestrierte Kontrollverluste. Ein Volk, sagt Ahmet Kurt, das tanzt.

Sie ist aber auch der Ort, an dem sich die deutsche Nachbarschaft trifft, um ihre Steckenpferde zu pflegen. Gleich mehrere Vereine tagen in der Sängerhalle. Das Rebstock-Quartett, die Vogelzüchter und auch die Singgemeinschaft Männerchor Pforzheim-Brötzingen. Das sind die Alteingesessenen, die streng auf jede Veränderung schauen und denen es wichtig war, dass der Herr Kurt auch weiterhin gutbürgerliche Küche anbietet. Brot und Guten Tag.

Aber auch das, sagt Ahmet Kurt, ist kein Problem.

Er hat jahrelang nach einem Ort wie diesem gesucht. Jetzt möchte er auch erst mal bleiben, ankommen. Schauen, was passiert, wenn das Alte auf das Neue trifft. Er steht auf, geht in die Küche, holt zwei Kaffee. Schaut ein bisschen aus seinen bunten Fenstern, als hätte er nach all dem seine Gedanken verloren.

Wissen Sie, sagt er schließlich, ich liebe Herausforderungen, den hohen Berg, auf den man klettern muss. Die Sprache zu lernen, das war eine solche Herausforderung, der erste deutsche Berg. Den Gemüsehandel aufzubauen, das war auch eine, ein Aufstieg. Und das Restaurant ist nun die nächste. Wieder klettern, sagt er, ich brauche das.

Dann klingelt sein Telefon. Er schaut auf das Display.

Nächstes Problem, sagt er, nimmt den Anruf an, hört

erst lange zu, legt dann wieder auf, wählt selbst eine sehr lange Nummer, spricht wieder und schreibt schließlich wilde Ziffern auf einen zerknitterten Briefumschlag.

Zehn Minuten später steigen wir in einen dunklen VW Passat und fahren zurück in die Innenstadt. Am Steuer sitzt der Anrufer, ein kleiner, fast kahler Mann von vielleicht 40 Jahren, er heißt Hasan und sorgt sich um seine Schwester, die sich seit Tagen bei ihm in der Wohnung vor ihrem Ehemann versteckt. So viel zumindest verstehe ich noch, der Rest ist dann aufgeregtes Kurdisch, das uns durch den Verkehr treibt und bis hinauf in den vierten Stock eines Wohnblocks an einer der Hauptstraßen.

Im Flur, Schuhe ausziehen, bitte, empfängt uns die Schwester, Schatten unter den Augen. Wir setzen uns in das Wohnzimmer der Geschwister, das kahl ist bis auf eine Couch und zwei Sessel, die nebeneinander an der Wand stehen, davor ein Glastisch, auf dem jetzt der Tee dampft. Draußen rauscht die Straße. Die Wände sind ohne Bilder und auf dem Balkon keine Pflanzen. Nichts Persönliches gibt es hier. Das Wohnzimmer erweckt den Anschein, als wären die Geschwister gerade erst angekommen, noch nicht ganz eingezogen. Der einzige Schmuck eine Gebetskette, die an einem Nagel hängt. Eine harte Abwesenheit von Erinnerungen, die zurückliegenden Jahre dem Vergessen überlassen.

Die Männer tauchen jeweils ein Stück Zucker in ihren Tee, dann sprechen sie, bis er kalt wird. Ich verstehe naturgemäß kein Wort. Und Ahmet Kurt hat keine Gelegenheit, um zwischen den Telefonaten, zwischen den Stühlen, noch zu übersetzen.

Das gibt mir Zeit, über einen wesentlichen Punkt der jesidischen Kultur nachzudenken, der ihnen das Ankommen in Deutschland zunehmend erschwert. Jesiden dürfen nur Jesiden heiraten, sie leben in strenger Endogamie, in einer Heiratsordnung nach innen. Ausnahmen gibt es keine, und wenn sich doch eine Ausnahme andeutet, wird sie hart bestraft. Eine Vermählung mit Andersgläubigen bedeutet den sofortigen Ausschluss aus der Gemeinschaft. Eine Konversion ist nicht möglich. Auch da bleiben sie unter sich, ganz protektiv. Das lässt sich kaum vereinbaren, mit der Freiheit, für die sie nach Deutschland gekommen sind. Gerade für die kommende Generation wird der Umgang damit zu einer großen Herausforderung. Ihr Berg, auf den sie noch steigen muss.

Meine Kinder, hatte Ahmet Kurt in der Sängerhalle noch gesagt, sind wie Deutsche. Sie haben noch keine blonden Haare, aber das kommt bald. Nur tragen diese Kinder die Traditionen ihrer Väter wie schwere Mäntel. Sie schützen gegen die Kälte, den Wind, der ihnen entgegenweht, und liegen gleichsam als Gewicht auf der Gegenwart, jeder Schritt, jedes Klettern damit eine Anstrengung.

Für die Männer. Vor allem aber für die Frauen, die kaum darüber bestimmen dürfen, mit wem sie am Ende vermählt werden. Hasans Schwester jedenfalls, die von ihrem Mann bedroht wurde und der die Pein im Gesicht steht, sitzt nun stumm auf einem Sessel und hört den Männern dabei zu, wie sie ihre Zukunft verhandeln, ihr Blick ein flackernder, dahinter eine vernarbte Seele. Sie bewegt sich kaum und ist dennoch erkennbar auf der Flucht. Und Ahmet Kurt beschwichtigt, schreibt immer neue Telefonnummern auf den Briefumschlag. Sie sollen der Schwester Hoffnung geben, Zahlen, hinter denen sich vielleicht das Glück verbirgt, eine Lotterie. Sie nickt, spricht schließlich, nur kurz und mit trauriger Vehemenz, räumt dann den Tee ab. Am Ende aber lächelt sie und Ahmet Kurt verspricht zu helfen. Das grüne Pforzheim hinter dem Balkonfenster, der nächste Berg von hier aus schon zu sehen.

Ich frage Ahmet Kurt an diesem Nachmittag, das muss sein, auch nach der Endogamie, nach den Schwierigkeiten, die damit verbunden sind. Das Festhalten daran ist ein großes Thema unter den Jesiden. Und seine Erklärung dafür speist sich dann aus den Erfahrungen vergangener Jahrhunderte, dem Sterben der Ahnen, weil sie doch seit jeher verfolgt werden. Der Völkermord an den Jesiden ist keine Erfindung des Islamischen Staates, das gab es immer schon. Früher, so geht die Geschichte der Männer hier, waren sie einmal 84 Millionen, heute sind sie vielleicht noch 800000, je nach Schätzung.

Da zählt jeder einzelne. Wir können, sagt Ahmet Kurt, nur weniger werden, nicht mehr. Wenn einer von uns geht, kommt keiner dazu. Das ist einfach in unserem Schädel drin, verstehen Sie? Deshalb bleiben wir unter uns. Jesiden, die Jesiden zeugen. Es sind Worte, aus denen die Angst vor dem Verschwinden spricht, die große Furcht, ausgelöscht zu werden, vom Erdboden getilgt, einfach so. In der Wüste, aus der sie kommen, keine Spuren mehr. Es war einmal.

Mittlerweile aber, sagt er dann, denken einige zumindest über die Konversionen nach. Warum sollte ein Christ oder ein Moslem nicht Jeside werden? Es ist eine Frage, die sie sich seit einiger Zeit stellen, die Männer und Frauen, die schon länger hier sind. Ahmet Kurt nennt diese Männer und Frauen die schon integrierten Jesiden. Es ist, sagt er, ein altes Gesetz, nicht mehr zeitgemäß. Und viele sagen nun, dass man es abschaffen sollte. Ich bin einer davon. Das, bitteschön, wäre doch ein erster Schritt.

Unten vor der Tür verabschiedet sich Ahmet Kurt, er muss noch mal in sein Restaurant. Das gutbürgerliche Geschäft beginnt nach 18 Uhr. Hasan fährt ihn zurück, ich bleibe. Für den Moment. Denn am Abend spielt Deutschland. Wichtiges Spiel, sagt Hasan. Das wollen wir uns gemeinsam anschauen. Im Deutsch-Irakischen Verein, weil das der Ort ist, an dem man solch einen Abend unbedingt verbringen muss. Da kann man, wenn es gut läuft, richtig was erleben. Die Jesiden, sagt Ahmet Kurt noch, lieben die deutsche Nationalmannschaft. Müller, Neuer, Kroos. Sie werden es erleben. Dann verschwindet der Passat im Pforzheimer Feierabendverkehr.

Als einige Stunden später die Dämmerung hereinbricht über Pforzheim, der Bahnhofsvorplatz im Licht neuer Laternen zu glimmen beginnt, stehe ich an der Straße und warte auf Hasan. Er hat mich kurz zuvor noch einmal angerufen, eine Entschuldigung, hastig in den Hörer gedrückt.

Ich bin gleich da, Herr Lucas.

Dann hält sein dunkler Passat direkt neben mir, die Tür wird aufgestoßen und ich steige ein. Hasan ist nicht allein. Mit ihm im Wagen sitzen noch drei andere Männer. Der eine, sichtlich älter, mit vollem Schnauzer, hätte sich, so auf den ersten ungeschulten Klischeeblick, im Irak durchaus als Saddam-Doppelgänger verdingen können. Die anderen sind jünger, die hart gegelten Haare jedoch schütter, darunter schon schimmern die Glatzen. Es sind Männer, die im Krieg, im Bildersturm der Gewalt, vor ihrer Zeit gealtert sind. Sie haben genug gesehen für mindestens ein Leben, und sie grüßen mich mit der Herzlichkeit, die nur Männer kennen, die froh sind, ein zweites gefunden zu haben.

Der Beifahrer drückt mir einen Plastikbecher in die Hand, der andere, neben mir, schenkt dunklen Saft aus einer Plastikflasche ein, alle trinken und reden, auch das gehört zum guten Ton, kräftig durcheinander. Die Laune ist prächtig, wir fahren jetzt zum Fußball. Du bist unser Gast, sagt Hasan, der sichtlich entspannter ist als am Nachmittag mit seiner Schwester. Es muss ein guter Saft sein.

Wir fahren nun durch die beginnende Nacht, ständig telefonieren die Männer, rufen noch andere an. Wir wollen Ihnen, Herr Lucas, alles erklären über die Jesiden, sagt Hasan. In seinem Gesicht vorauseilende Begeisterung. Dann lenkt er seinen Wagen auf einen Hinterhof, Garagen und Werkstätten hinter Warn- und Verbotsschildern, in der Luft schon die Ahnung der Wasserpfeifen, der Geruch eines Weddinger Sommers, verdampfter Apfel, zärtliche Kohle. Ahmet Kurt schreibt mir eine Nachricht. Er kommt später nach. Kein Problem. Hasan weist uns den Weg, er hat das hier alles im Griff, geht nun einige Stufen hinunter in ein grelles Souterrain, die Tür schon offen, damit der Qualm entweichen kann und die Gespräche genug Luft haben.

Drinnen dann, im Dunst, das fällt natürlich sofort auf, nur Männer. Auf den Tischen erste Feierabendbiere, in allen Aschenbechern Zigaretten. Die Männer hier, sagt Hasan, während wir durch die Tür treten, arbeiten viel. Aber sobald sie frei haben, kommen sie in den Club. Das hilft ihnen, ihre Kultur nicht zu vergessen.

Auch die Jesiden haben ihre Anstellungen an den Bändern der Region gefunden, beim Tierfutterhersteller in Bretten, auch bei Daimler oder bei Amazon. Niedrige Löhne, sagt Hasan, aber die Leute wollen doch Arbeit haben, niemandem auf der Tasche liegen. Also produzieren sie das Fleisch, das die Hunde der Nachbarn essen und bauen die Autos, die ihre Nachbarn fahren. Nur ihre Nachbarn kennen sie in der Regel nicht.

Wir stehen nun zwischen den Tischen, die in Richtung zweier Bildschirme ausgerichtet sind. Das Spiel läuft schon. Deutschland in Weiß, einige Männer tragen Trikots. Es ist kaum noch Platz, nicht für uns, nicht für die Gedanken, die im Sound des Ortes an den Seiten ausfransen, es dröhnt, als hätte jemand den Lautstärkeregler der Geselligkeit an den oberen Rand geschoben. Besteck, das klirrt, Stimmen, die rufen. Dazu der Fernseher, der aus dem halben Keller ein ganzes Stadion macht. Es ist ein offener Ort ohne fragende Blicke. Und ganz vorn, da steht noch ein Tisch, der Blick auf das Spiel verstellt, aber besser als nichts. Und Hasan bestellt die ganze Karte. Zum Anfang Bier oder

Tee, dann Lamm und Hähnchen, so zart, dass es bei der ersten Berührung vom Knochen gleitet. Wenn der Ball zur Gefahr wird, bebt der Raum in Erwartung. Und einer springt auf und fast fällt die Kohle der Pfeife in den Schoß seines Freundes. Ganz wundervoll was los hier, im Deutsch-Irakischen Verein, in dem jetzt fünfzig Iraker sitzen, die den Deutschen beim Fußballspielen zuschauen. Und ein Deutscher, der den Irakern beim Deutschlandschauen zuschaut. Was ist hier eigentlich los, Hasan?

Er lacht. Gute Frage.

Und gibt sie gleich weiter an Ahmet Kurt, der im Lärm der anderen geräuschlos an den Tisch getreten war, nun auch einen Tee bestellt, sein Jackett ablegt und die Ärmel hochkrempelt.

Es geht jetzt um das große Gefühl der Zugehörigkeit und auch um die tatsächliche Möglichkeit eines übertragbaren Nationalstolzes.

Die Jesiden, sagt er, lieben Deutschland, die Mannschaft.

Und dann erzählt er vom Sommer der Weltmeisterschaft, als einer aus dem Irak sein ganzes Haus Schwarz, Rot und Gold geschmückt hatte, eine richtige Attraktion war das. Erzählt von einem Bekannten, der seinen Kindern richtige deutsche Namen gegeben hat. Michael und so. Kann man sich kaum vorstellen, gibt es aber auch. Und erzählt schließlich von den vielen hundert Jesiden, die einen deutschen Pass beantragt haben oder schon einen deutschen Pass besitzen. Die wollen, sagt Ahmet Kurt, hierbleiben. Weil sie hier frei sind, weil sie ihre Religion haben dürfen, sich nicht fürchten müssen, wenn sie nachts auf die Straße gehen, wenn ihre Kinder draußen spielen. Die sind unglaublich dankbar, in Deutschland sein zu können.

Die küssen den Boden hier, die lieben Angela Merkel.

Und Hasan, der genau zugehört hat, nickt. Heimat ist doch Irak, sagt er, weil man da geboren ist. Klar. Aber seit es den IS gibt, ist das vorbei. Stell dir vor, sagt er dann, deine Mutter wäre auf dem Schwarzmarkt verkauft worden, wäre das dann noch Heimat für dich?

Beide Männer schauen mich an. Ich schweige.

Heimat, sagt Ahmet Kurt, ist dort, wo der Glaube gelebt werden kann. Heimat ist, wo die Freiheit ist. Er hält inne, trinkt seinen Tee.

Ich schaue mich um, sehe Männer, die gebannt sind vom Spiel. Sehe nun auch, hinter den Sätzen Ahmet Kurts, Männer, die keinen Ort haben, an den sie zurückkehren können. Männer, die sich deutsche Trikots überziehen, weil ihre eigene Nationalität eine verschwommene ist. Die deshalb deutsche Fahnen vom Balkon hängen, während ihre Nachbarn vom Haidach Autokorsos in panslawischen Farben fahren.

Sie sind Heimatlose, darin liegt ihr Schmerz, aber auch ihre Chance. Weil ihre Identität keinen Ort kennt, sind sie beweglicher. In Kurts Erzählung erscheinen die Jesiden als ein Chamäleon des Ankommens, sie können die Farben des Landes annehmen, in dem sie sich erkennbar wohlfühlen. Und am Ende sitzen sie in einem Keller und sind ganz außer sich, weil es endlich wieder müllert.

Neue Deutsche für Neuers Deutschland.

Nachdem das Spiel abgepfiffen und der Tee ausgetrunken wurde, verlassen wir den Verein und gleiten zurück in eine Nacht, die noch längst nicht vorbei ist. Wir fahren nun zur Wohnung des älteren Mannes mit dem Schnauzer, der bisher nicht viel gesprochen, dafür aber sehr wissend gelächelt hat. Ein Mann weniger Worte ist oft ein Mann vieler Geschichten.

Er wohnt nicht weit entfernt vom Hinterhof der Iraker in einem belanglosen Mehrfamilienhaus, das wenig einladend an einer anderen Straße liegt, viel befahrene Aussicht. Mit einem Fahrstuhl gelangen wir in das oberste Stockwerk. Dort gibt es drei Wohnungen, die, so erfahre ich, allesamt dem Mann mit dem Schnauzer gehören. Sein

Name ist Kajo. Vor der Wohnungstür stehen allerlei Haushaltsgeräte und bestimmt ein Dutzend Paar Schuhe, alles wirkt verkäuflich oder schon weggeworfen, unfertig oder vergessen. Doch in seinem Wohnzimmer, das, in weißes Licht getaucht, keine Deckung zulässt, ist die Gastfreundschaft zu Hause, es wird jetzt groß aufgefahren. Normal, sagt Hasan. Sie sind hier bei Jesiden, Herr Lucas. So stehen auf einem Glastisch alsbald allerhand Süßigkeiten und in bunten Flaschen softe Getränke. Dazu Kekse, Kaubonbons, Datteln und Schokolade. Und, zu guter Letzt, das Gebäck der Ehefrau, die sich ganz leise ganz außen hingesetzt hat. In den Augenwinkel der Männer, die mittlerweile vollzählig im Wohnzimmer sitzen. Ahmet Kurt, Hasan, Kajo, dazu noch ein Freund der Familie und ein wohlbeleibter Herr, den sie Schech Dasti nennen, er ist für die Religion zuständig.

Sie möchten mir nun, gemeinsam, die jesidische Seele erklären. In bunten und in gebrochenen Worten, in dem unfertigen Deutsch des Neuanfangs. Ihren Glauben, den Engel-Pfau, die sieben Mysterien, den Scheich und die Tränen. Den Gott, den es gibt und den Teufel, über den niemand spricht. Sie malen ihn mir auf, mit Kugelschreiber auf Papier, malen Pfeile und Quadrate, eine Sonne dazu. Damit Sie verstehen, Herr Lucas.

Wir beten nicht nur für uns, sagt Kajo, der Gastgeber dann, sondern auch für alle anderen.

Es klingt, als müsste er sich entschuldigen.

Und weil es nun um den Glauben geht, um die Frage danach, wer eigentlich für wen betet und warum, landen wir, das dauert nicht lang, einen Tee nur, bei den Gräueln des Islamischen Staates.

Die schwarze Flagge mit den weißen arabischen Schriftzeichen, sie weht im Rücken all ihrer Geschichten, daran kommen die Männer nicht vorbei. Und fast kann man hören, wie sie die Luft durchschneidet.

Doch die Männer in diesem Raum, sie sagen nicht IS, sie sagen Daesh, um zu zeigen, dass sie diesen Staat, der auch ihr Land für sich beansprucht, nicht anerkennen. Dieses Wort ist ihre letzte Waffe.

Und wenn die Jesiden über Daesh sprechen, dann sprechen sie bald auch über die Muslime. Dann hängt auch hier wieder alles mit allem zusammen, die verwirrenden Fäden der Fehden. Wir sind, sagt Kajo nun, unglaublich unfreiwillig gegangen. Wir sind nur wegen Daesh gegangen. Und jetzt sind wir hier und müssen uns wieder fürchten. Er schaut in die Runde und die Männer nicken. Allgemeine Betroffenheit auf den dunklen Sofas, plötzlich eine andere Stimmung. Denn auch hier, in diesem Zimmer in Pforzheim, wohnt der plötzliche Argwohn. Nur kommt er im Gewand eines Zweifels. Die Jesiden, die selbst erst vor einigen Monaten gekommen sind, misstrauen jenen, die mit ihnen in den Bussen saßen oder neben ihnen in den Lagern geschlafen haben. Und auch sie kennen die wütenden Tage.

Es gab hier bisher keine Zusammenstöße mit Muslimen, sagt Ahmet Kurt, aber einige Menschen haben große Angst, dass sich das ändert. Weil mit den Flüchtlingen vielleicht nicht nur die Hoffnung über die Grenze gekommen ist. Dann spricht der Freund, der bisher nicht gesprochen hatte, weil sein Deutsch noch nicht ausreicht für lange Erklärungen. Ich bin mir sicher, sagt er, die Sätze gebrochen, dass da der Terror dabei ist. Die Männer, die uns in der Heimat verfolgt haben. Er schüttelt langsam den Kopf, Ratlosigkeit. Wenn man von etwas abhaut, das schlecht ist, dann will man doch nicht, dass einem das Schlechte hinterherreist. Wieder nicken die Männer. Wir hatten im Irak nie Probleme mit den Christen, sagt Kajo, und auch kein Problem mit anderen Jesiden. Probleme gab es immer nur mit den Muslimen. Wenn ein Jeside im Irak ein Restaurant eröffnet, dann essen die Muslime dort nicht.

Nicht aus unserer Hand. Und es gibt Gesetze, die helfen nur Muslimen, wenn du Jeside bist: selbst schuld. Das ist verbrannte Erde. Aber es gibt kein Zurück. Wo sollen wir hin, Herr Lucas. Und die Männer schweigen gemeinsam in der tatsächlich greifbaren Angst davor, dass der Hass der alten Heimat auf dem Weg ist in ihre neue, sie von der Verfolgung verfolgt werden. Sie wieder leiden müssen. In den Straßen des Kessels wie zuvor in den Dörfern des Hochlands.

Ahmet Kurt ist der erste, der seine Sprache findet, klar, er hat sie schließlich am längsten. Und er, der Bürgermeister der Jesiden, ist nun bemüht, das Bild etwas weicher zu zeichnen, mischt deshalb in die Sorge der Männer Worte der Versöhnung.

Wir haben kein Problem mit dem Islam, sagt er also, denn natürlich sind nicht alle Muslime wie Daesh. Die Wenigen sind die Schlimmen. Wir fürchten uns vor den Extremisten. Wir wissen nicht, wer all die Menschen sind, die jetzt hier sind. Da geht es uns wie den Deutschen. Die haben auch Angst. Er stockt. Aber sie haben auch Angst vor uns, weil sie nicht wissen, wer wir sind. Er schaut in seine Runde, die Gesichter der anderen, eine kurze Inventur der Bedenken. Sie nicken. Das schließlich ist die Gefahr derzeit, dass im Angesicht der Überforderung aus jedem Zuwanderer gleich ein Selbstmordattentäter wird.

Man darf, sagt er dann, jetzt nicht alles in einen Topf werfen. Und es ist ein Nachsatz, der seinen Leuten genauso gilt wie den Deutschen, dem allgemeinen Frösteln in der Gegenwart des anderen, weil man doch den Glauben oder die Absichten nicht am Gang und nicht an den Haaren, das Böse nicht an der Kleidung und das Gute nicht an der Sprache erkennen kann.

Über das Wohnzimmer von Kajo, die Nacht in kaltes, viel zu grelles Licht getaucht, breitet sich dann die Erschöpfung der Männer, in den Gläsern nur noch ein schwarzer Rest. Alle haben, für heute zumindest, alles gesagt.

Mir aber fallen, am Ende dieses langen Tages, noch ein paar Sätze ein, die Ahmet Kurt während des Gesprächs in den Schwarzwaldstuben gesprochen hatte. Am Nachmittag waren sie mir in der Hektik des Aufbruchs durchgerutscht, jetzt passen sie plötzlich zur geteilten Angst in dieser Stadt.

Ich, hatte Kurt da gesagt, habe nichts gegen die AfD. Ich kann sie sehr gut verstehen. Wenn plötzlich so viele Leute in dieses Land kommen und alles durcheinander bringen. Wenn da geklaut wird und die Frauen angetastet werden, dann wäre ich genauso wie die.

Es sind Sätze, die zuerst widersprüchlich klingen, sich dann doch in die Erzählung seines Lebens fügen, in diese Pforzheimer Biografie.

Ahmet Kurt ist Geschäftsmann, er ist Gastronom, er hat erst viele Jahre Gemüse und Obst verkauft und dann ein Restaurant übernommen.

Er kennt den Markt und er kennt die Sprichworte der Deutschen.

Er weiß also, dass man Äpfel ganz sicher nicht mit Birnen vergleichen kann.

Und er weiß auch, dass der Bauer nicht frisst, was er nicht kennt.

Ahmet Kurt hat Tomaten und Kartoffeln geliefert. Und heute bietet er Spätzle an und Maultaschen. Er kann die Deutschen an ihrem Geschmack erkennen und das Gemüse am Gewicht. Er weiß, wann die Dinge anfangen zu gären, wann etwas faul ist.

Er kann in der Sängerhalle, dieser guten Stube, das Schmatzen hören und die Erregung, kann von den Lippen der Menschen lesen. Maulschau bei Maultaschen.

Ahmet Kurt weiß also ganz gut, was die Menschen denken, er kennt sich hier unten im Kessel so gut aus wie Waldemar Birkle auf dem Hügel.

Am Ende sind sich die beiden Männer in vielem sehr ähnlich. Der Jeside aus der Türkei und der Deutsche aus Kasachstan. Man kann ihre Ansprüche an dieses Land übereinanderlegen.

Sie, die Einwanderer, haben sich in einem ihnen anfangs gänzlich fremden Land ein gutes Leben aufgebaut, eine Familie gegründet. Haben etwas geleistet, etwas beigetragen.

Sie haben sich beide auf ihre Art des Deutschen bemächtigt, sind auf einen Hügel geklettert, der eine auf den Haidach, der andere auf den der eigenen Herausforderung. Der Berg hinter bunten Fenstern. Haben sich eine Heimat erarbeitet, die sie nun gut hörbar in der Stimme tragen, das Schwäbische als Orden auf einer wirklich stolzen Brust.

Sie sitzen im internationalen Beirat, weil ihnen die Stadt nicht egal ist. Und sie befürchten, dass mit den Neuen, die jetzt kommen, die Gewalt ihrer Kindheit einzieht in die Stadt ihrer Kinder.

Nur miteinander gesprochen haben sie noch nie.

Sonnenblumen

Lichtenhagen

An der Ostseite des Blocks, neben dem Flaschenladen *Getränke Nord*, an dem die Trinker ihre Jahre in die Kästen zählen, steht Frau Lan zwischen ihren Blumen und bietet das Leuchten der Balkone feil, verkauft ein bisschen Farbe für das Viertel. An diesem Morgen räumt sie Gebinde und Töpfe, Stauden und Körbe aus dem Kofferraum ihres alten Kombis, stellt sie vor dem Laden aus, ein tatsächliches Blütenmeer. Es ist noch früh, doch Frau Lan ist schon seit Stunden wach. Wie an jedem Morgen ist sie die etwa 15 Kilometer von ihrer Wohnung in Berlin-Marzahn, nicht weit vom S-Bahnhof Storkower Straße, mit ihrem Wagen hierhergefahren, über eine eigentlich vergangene Grenze, die für sie noch immer Bedeutung besitzt.

Frau Lan fährt seit bald zwei Jahrzehnten im ersten Licht des Tages hinein in den Westen, hinter ihr, im Rückspiegel ihrer Biografie, die DDR. Das hat sich, Kopfsache, nicht geändert.

Ich bin, sagt Frau Lan, immer Ostberlin. Ich bin DDR.

Frau Lan ist 1987 nach Deutschland gekommen, sie lebt seit 30 Jahren hier.

Nur ein Zehntel ihrer deutschen Zeit hat sie in der DDR verbracht, aber das macht nichts, es waren die guten Jahre. Sie hatte echte Arbeit damals, sie fühlte sich frei.

Wenn sie also von Deutschland spricht, dann ist es eine Erzählung in der Vergangenheit, dann spricht immer das junge Mädchen.

Ihren ersten Arbeitsvertrag, unterschrieben am 1. Mai 1987, bewahrt sie noch immer in einer Schublade unter ihrem von den Klingen und Dornen zerfurchten Arbeitstisch. In einer Folie, ein Stück Papier, das so alt ist wie ihr

Leben in Deutschland. An den Seiten schon angelaufen, die Druckerschwärze verwischt.

Darauf stehen ihr Name und ihr Geburtsdatum, stehen auch die Einzelheiten des Vertrages, Prod. Arbeiterin, Schuhfabrik, links auf Deutsch, rechts auf Vietnamesisch. Hatte alles seine Ordnung.

Frau Lan ist eine von etwa 55000 vietnamesischen Vertragsarbeitern, die zwischen 1980 und 1989 aus dem Norden des Landes in die DDR gekommen waren. Angeworben, um die Wirtschaft des sozialistischen Bruderlandes zu unterstützen, die zu jener Zeit stark litt an einem Mangel an Arbeitskraft. Die Vietnamesen sollten vier Jahre bleiben und anschließend in die Heimat zurückkehren, das war der Plan. Er wurde, kann man so sagen, eher übererfüllt. Heute leben noch immer viele der ehemaligen Vertragsarbeiter in Deutschland, einige sind Fremde geblieben.

Mit Frau Lan kann man an einem der sonnigen Weddinger Montage wunderbar über Blumen sprechen, über Tomaten und Paprika und über die Beschaffenheit der Erde, in der sie am wahrscheinlichsten gedeihen. Die beste Blüte im richtigen Boden. Heimat und Erde. Das liegt auch bei ihr eng beieinander. Sie steht dann hinter ihrem Arbeitstisch, auch eine Grenze, in ihrem Rücken hängen Wandkalender aus dünnem Bast, Pfennigartikelfolklore, reichlich verziert mit Traumsequenzen eines vietnamesischen Sommers, mit den Märchen der Urgroßmütter, auf denen immer schon die nächste Reise nach Vietnam eingezeichnet ist, dick umrandet mit rotem Stift.

Frau Lan zählt die Tage.

Frau Lan nennt es Sehnsucht.

Jeden Sonntag fährt sie in das Don Xuan Center in der Herzbergstraße, nach der Wende von arbeitslos gewordenen Vertragsarbeitern gegründet und nach dem größten Markt Hanois benannt, 5000 Quadratmeter Vietnam auf dem ehemaligen Gelände der VEB Elektrokohle, eine

Enklave, bestehend aus vier Hallen, in denen es nach Kunststoff riecht, an den Wänden in Reihen bis unter die Decke gestapelt oder gehängt: Schuhe und Bekleidung, Nagelstudio-Bedarf, Lebensmittel in Dosen, abgepackt, oder noch lebendig, ewig haltbar oder frisch geköpft. 250 Händler bieten hier ihre Waren an. Ein Großmarkt des Heimwehs.

Dort kauft Frau Lan ein, lässt sich die Haare schneiden. Und trifft Freundinnen, auch sie Mädchen aus der DDR, mit denen sie den vietnamesischen Kaffee trinkt, der stark ist und süß, die Kondensmilch immer ein sehr fetter Erinnerungsbeschleuniger. Es ist dann für einen Nachmittag wie früher. Der große Traum, sagt Frau Lan, ist ein Haus in Vietnam. Die Winter dort, die Sommer hier. Ganz einfach.

Und so gibt es im Leben von Frau Lan, Blumenfrau am Block, das erfährt man von ihr immer sofort, im Grunde drei Orte, in denen sie lebt. Der eine ist die Heimat der Eltern, der Ort der Geburt. Der zweite ist die DDR, der Ort des Ankommens. Eine Heimat, die in der Vergangenheit liegt. Und der dritte ist der Westen, der Wedding, in den sie an jedem Morgen mit ihrem Auto hineinfährt, der Ort der Arbeit. Er wird bevölkert von den Frauen an der Ecke und den Trinkern am Ende, von den Gastarbeiterkindern, die aus einem ganz anderen Winkel der Welt gekommen sind und sich doch wiederfinden würden in ihrer Erzählung, ähnliche Schicksale auf beiden Seiten der Mauer.

Der Wedding aber scheint ihr von all diesen Orten der fremdeste zu sein, immer nur Übergang, Lohn und Brot. Zu Hause ist er nicht.

Heimat, das sind Bilder an den Wänden und Zahlen auf einem Kalender, von Drachen bewacht.

Heimat, das ist ein Osten, den es so nicht mehr gibt, der aber in Frau Lan irgendwie überdauert hat.

Die schöne Idee der DDR. Immer näher dran an Vietnam als der Wedding, der ja viel eher an Ankara grenzt oder an Wahnsinn.

Frau Lan kommt hierher und verkauft ihre Blumen und Pflanzen, die ganze Blütenpracht. Heute Sonnenblumen, ganz frisch. 3,50 Euro das Stück. Bester Preis, sagt sie, natürlich.

Und wie sie dort steht, Nordvietnamesin mit Sonnenblumen, führt sie ganz kurz, ganz unfreiwillig auch, deutsche Vergangenheit auf.

Die Sonnenblumen stehen für etwas. Die Sonnenblumen haben ein Datum.

Sie sind bis heute, weithin sichtbar, ein Mosaik auf der Fassade des ehemaligen Wohnheims für Vertragsarbeiter in der Mecklenburger Allee 19 in Rostock-Lichtenhagen, das am 24. August 1992 von einem entfesselten Mob in Brand gesteckt wurde. Und waren deshalb für einige hundert Vietnamesen in den Achtzigerjahren erst das Symbol der Ankunft und Jahre später, die Mauer schon gefallen, im Feuerschein der Eskalation, zum Sinnbild der Ablehnung geworden. An der Wand eines Wohnblocks, der ja genau deshalb so heißt: Sonnenblumenhaus, und der erst Platz bot für das Leben. Und dann fast den Tod gebracht hätte.

Als aus der schönen Idee der DDR bereits eine hässliche geworden war.

Man könnte diese Geschichte von der Begegnung der Nordvietnamesen mit der DDR nun also ganz wunderbar durch den Blütenstand in Frau Lans Laden hindurch erzählen, aber so weit sind wir noch nicht. Diese Erzählung, sie muss viel weiter vorne beginnen.

Jahrzehnte bevor Frau Lan überhaupt ihren Vertrag unterschreiben und ihre erste Schicht beginnen konnte, stieg eine Abordnung der ganz anderen Art am Bahnhof von Hanoi in einen Zug Richtung Deutschland. Mit ziemlich großen Augen, in viel zu großen Jacken.

150 Kinder, das jüngste sieben, das älteste 15 Jahre alt, wurden damals, Spätherbst 1955, in ein Land geschickt, von dem die meisten gar nicht wussten, dass es existiert. Einige dachten noch, sie würden nach Peking fahren, dort dann bleiben. Aber in Peking bekamen die Kinder lediglich dickere Jacken für den noch tieferen Winter, dann ging es über Moskau und Warschau nach Frankfurt/Oder und schließlich nach Dresden. Sachsen, wie so oft Endstation. Drei Wochen dauerte diese Reise, an deren Ziel die Kinder im Käthe-Kollwitz-Heim in Moritzburg ihre Betten bezogen.

Hier sollten sie, allesamt Töchter und Söhne verdienter Kader und überzeugter Patrioten der *Demokratischen Republik Vietnam*, die Gesinnungsneffen und Goldnichten Ho Chi Minhs, des freundlichen Onkels, eine ganzheitliche Ausbildung genießen. Schule, Sprache, Sitten und Gebräuche.

Vom Stiefel bis zum Scheitel, um später einmal die Elite ihres Landes zu werden. Bis heute werden diese Kinder in Hanoi, ein bisschen ehrfürchtig, ein bisschen abschätzig auch, Moritzburger genannt. Die Söhne und Töchter, die in Deutschland waren. Gute Beispiele, voran.

Einer dieser Söhne ist heute 75 Jahre alt und wohnt etwas außerhalb von Berlin in Hoppegarten, gerade so eben Brandenburg, gleich aber das andere Land, aus dem Kopf von Frau Lan.

Der Sohn von damals, sein Name ist Le Duc Duong. Und wenn man ihn anruft, dann antwortet er schnell und lächelt hörbar in jeden Satz hinein. Herr Duong, das ist dann gleich die erste Überraschung, berlinert ganz ordentlich, was wunderbar entwaffnend und angenehm unprätentiös zugleich ist.

Icke, Herr Duong.

Hin zu ihm geht es dann erst mit der U-Bahn und schließlich mit dem Bus, an Einfamilienhäusern vorbei immer tiefer hinein in einen Stillstand, wie ihn nur der Stadtrand wirklich beherrscht.

Direkt an der von Herrn Duong angegebenen Haltestelle, daneben eine Bäckerei hinter Jägerzaun, steht das Ortsschild, Hoppegarten, und kündet vom Ende Berlins, dahinter beginnt dann die Tarifzone C, für die man, das zumindest gilt noch immer, einen anderen Fahrschein benötigt. Beginnt auch, ganz unvermittelt, was der Berliner gemeinhin als Umland bezeichnet. Brandenburg. Willkommen in der DDR.

Und der Busfahrer, im Gesicht ein solide konservierter Nachwende-Grimm, und die Bäckerin in ihrer Schürze, sehen tatsächlich aus, als könnte man jede Fahrkarte bei ihm und jedes Mischbrot bei ihr mit übrig gebliebener Ostmark bezahlen, diesen viel zu leichten Münzen aus viel zu schweren Zeiten.

Hinter dem Ortsschild, da also ist jetzt DDR, unbefestigte Wege, gleich bisschen löchrige Straßen und eine Stille, als müsste das Echo David Hasselhoffs, *Looking for Freedom*, erst noch seinen Weg hierher finden, alles so unbeeindruckt, als hätte es die blinkende Lederjacke und den Keyboardschal nie gegeben.

Die DDR als solche, das wird an einem Ort wie diesem, außerhalb der Stadt, gleich wieder klar, wurde ja ohnehin in der ehemaligen DDR als Echtzeitthemenpark mit Dauerleihgaben erhalten, und die Komparsen von heute spielen einfach sich selbst, das ist der Trick.

Deshalb merkt es niemand.

Herr Duong wohnt hier, und passender könnte es ja nun wirklich nicht mehr sein, in der Karl-Marx-Straße. Der Nachbar hat die DDR-Flagge vom Balkon hängen, großartig.

Dann öffnet Herr Duong die Tür und lächelt schon wieder, als hätte er die gute Laune erfunden. Zu seinen Füßen tollt ein unglaublich aufgebrachter, schwer schnaufender

Mops. Ist eine Dame, sagt Herr Duong, so zur Begrüßung. Emmi. Und bittet herein und auf die Terrasse, wo er schon reichlich aufgetischt hat. Teller voll Obst, Melone, Papaya. Unter Cellophan in zwei Etagen geschichtet, damit die Vögel, er zeigt in die Bäume, nicht auf dumme Ideen kommen. Nicht wahr, Emmi?

Herr Duong also spricht mit seinem Hund, ist sonst aber von kleiner Gestalt und großer Würde, ein sehr förmlicher Mensch, darüber kann auch sein bisweilen durchscheinendes Berlinerisch nicht hinwegtäuschen. Die Sprache dann von der Leine gelassen wie der Mops, er aber auch im Stehen eine Verbeugung.

Und sowieso: Er, der angeblich 1942 geboren wurde, hat das Altern offensichtlich nach dem Mauerfall eingestellt. Sehniger Typ, dieser Herr Duong. Kaffee kochen und Kaffe sagen, das kann er auch. Und dazu gibt es nun, kein Scherz, um kurz nach 9 Uhr am Morgen, eine deftige Pho-Suppe. Das ist, sagt Herr Duong, Straßenessen. So wie für die Deutschen Bockwurst. Was natürlich das angenehme Understatement eines Gastgebers ist, der hier derart zartes Rindfleisch in dieser Suppe schwimmen lässt, dass die Unruhe des Mopses nur allzu verständlich ist. Diese Terrasse, im Rücken die DDR-Flagge, über unseren Köpfen weinrote vietnamesische Lampions, dazu Suppe und Kaffee, das ist natürlich jetzt die bestmögliche Bühne für seine Geschichte. Weiß er auch, der Herr Duong, und beginnt zu erzählen.

Von seinen ersten Monaten in der DDR, vom ersten Schnee.

Der Winter 1955 war streng, weil alle deutschen Winter in den Jahren nach dem zweiten Weltkrieg im Rückblick strenge Winter sind, als wäre mit den Heimkehrern auch die Kälte aus Sibirien über die Oder gekommen. Das war, sagt Herr Duong, ein sehr, sehr harter Winter. Und fast friert er dabei, hier im Brandenburger Sommer, in seiner kindlichen Erinnerung an das plötzliche Eis unter fast nackten Füßen. Auch, weil die Erziehung, die ersten Lektionen der DDR, die quasi gelebte Volkskunde nicht weniger unnachgiebig waren als der draußen gefrorene Boden. Das war, sagt er, wie in einer Kadettenschule, nur waren wir ja gar keine Kadetten. Im Käthe-Kollwitz-Heim von Moritzburg gab es täglich drei Mahlzeiten. Und vor jeder, sagt er, mussten wir antreten wie die Soldaten. Und wenn wir dabei zu laut waren, hieß es: auflösen und wieder neu antreten. Bis wir still waren, erst dann durften wir in den Speisesaal gehen. Das lief so in Richtung Makarenko, sowjetische Pädagogik. Und nicht wenige Kinder wünschten sich, sie wären doch einfach in Peking geblieben.

Zweimal pro Woche dann mussten sie zum Arbeitsdienst, normal damals in der DDR.

Der Einsatz für die gute Sache, er hatte sogar einen Namen: Subbotnik. Weil die Arbeitsdienste in der Regel an einem Samstag stattfanden. In Moritzburg hatte die Woche zwei Samstage, damit die Kinder aus Vietnam gleich doppelt so schnell das deutsche Pflichtbewusstsein lernen konnten.

Die Arbeitsdienste dauerten zwei Stunden, sommers wie winters. Und wurden von einem Erzieher überwacht, der, so erinnert sich Herr Duong, noch im Krieg gewesen sein musste, um den Hals eine glänzende Trillerpfeife. Einige Erzieher, sagt er, das sage ich Ihnen ganz offen, waren ehemalige Soldaten. Männer, die den Kessel und die Gräben überstanden hatten und trotzdem Opfer geworden waren, an der Seele verwundet.

In seinem dritten deutschen Winter, der natürlich ebenfalls ein sehr strenger war, mussten Herr Duong und die anderen Kinder einen Hügel aus Kies abtragen, um auf ebener Erde einen Sportplatz anzulegen. Da mussten wir, erzählt Herr Duong, heißes Wasser auf den gefrorenen Kies gießen, dann darauf warten, dass das Eis schmilzt.

Ein Jahr brauchten sie, bis der Sportplatz fertig war. Subbotnik, die große Scheiße.

Und in den Klassenräumen lasen sie in abgewetzten Büchern, immerzu. Lasen und konnten doch kein Wort verstehen. Mussten sie doch, in der selbstverständlichen Ermangelung vietnamesischen Lehrmaterials, mit russischen Textbüchern der fünften und sechsten Klasse arbeiten. Die Texte auf Deutsch, unverständlich. Oder in Kyrillisch, unlesbar. Jeden Tag ein großes Rätsel.

Irgendwann dann, in einer der ersten Stunden, kam eine Lehrerin in den Klassenraum und malte einen Baum an die Tafel. Darauf, hinein in die Äste, einen Affen. Und am Fuße einen Hund. Da, sagt Herr Duong, konnten wir noch kein Wort Deutsch und die Lehrerin sagte, immer wieder: Der Affe ist oben, der Hund ist unten. Und wir haben gedacht: Aha, der Affe. Sie haben es dann nach den Bildern gelernt.

Der Affe ist oben, ein gleich sehr guter erster Satz, der ja rückblickend als fast prophetische Zustandsbeschreibung der SED-Führung durchgehen könnte. Und ohnehin ist es doch ganz passend, dass der erste Satz, der den jungen Vietnamesen in diesem neuen Land beigebracht wurde, ein Affensatz war. Sollte ihnen doch eben dieser Affe später noch so oft begegnen. Blind, taub und stumm, quasi das Wappentier der DDR. Willkommen im Zoo.

Der Affe oben.

Der Hund unten, Emmi, stört nun aber den Erzählfluss, schnauft ein bisschen hinein in die Erinnerungen seines Herrchens, fordert Aufmerksamkeit. Herr Duong nimmt ihn auf den Arm und nutzt die nun entstehende Redepause, um sich kurz zu sortieren. Löffel Suppe, Schluck Kaffee. So lange her das alles, ein Wahnsinn. Vor 60 Jahren, das muss man sich mal vorstellen, saß Herr Duong als Junge in einem Klassenraum des Käthe-Kollwitz-Heims in Moritzburg und wartete auf den Besuch von Onkel Ho.

Der Präsident der *Demokratischen Republik Vietnam* hatte sich persönlich angekündigt, um nach seinen Kindern zu schauen, es wurde ein kurzer Besuch. Herr Duong erinnert sich kaum noch daran. Wilhelm Pieck war krank und Ho Chi Minh hatte nicht viel Zeit.

Zu Hause war Krieg.

Heute, Vietnam ist seit mehr als 40 Jahren vereinigt, das einstige Saigon heißt Ho-Chi-Min-Stadt und auch in Deutschland ist die Mauer in diesem Jahr so lange weg wie sie stand, sitzt Herr Duong auf seiner Terrasse am Rande Berlins und wirkt hochzufrieden mit diesem Leben, den Menschen und Geschichten, die es gebracht hat. Heute, 60 Jahre nach den ersten mühsamen deutschen Schritten in viel zu großen Kleidern und mit viel zu schweren Büchern, die Annäherung an die Sprache wie auch seine Fahrt hinein in dieses Land eine beschwerliche Reise durch die russische Ebene, verbringt Herr Duong, ein Dreivierteljahrhundert Mensch, seine Tage noch immer mit den Sätzen und den Regeln, die ihm einst selbst so fremd gewesen waren. Dann arbeitet er als Übersetzer für die Polizei, wenn die Beamten wieder ein paar vietnamesische Zigarettenhändler am Bahnhof haben hochgehen lassen und diese sich hinter angeblich fehlenden Worten verschanzen.

Und er unterrichtet eine Integrationsklasse in Strausberg, bringt dort den Zuwanderern von heute Deutsch bei und erzählt nebenher auch immer seine Geschichte der ersten Jahre in Deutschland, das macht es leichter. Die Schüler und er, sie verstehen sich dann gleich.

Eine Frage stellt sich nun aber, zwischen Kaffee und Suppe, zwischen Berlin und Brandenburg, zwischen Ost und West. Wie, bitteschön, wurde aus dem Bauernjungen aus dem Norden Vietnams ein Deutschlehrer, der mit der Polizei zusammenarbeitet? Und, Zusatzfrage, wieso ist er eigentlich, anders als die meisten Moritzburger, immer noch hier in Deutschland? Hatte er nie Heimweh?

Herr Duong, na klar, lacht. Und fängt dann von Neuem zu erzählen an, setzt wieder ein, 1959.

Heimweh, sagt er, hatten wir keines. Wir waren ja in einem Kollektiv, wir hatten uns. Schnell wurden die Eltern in der Heimat unruhig, weil die ersten Erfolgsmeldungen ausblieben, die hohen Erwartungen nicht sofort erfüllt wurden. Es ist doch so, sagt Herr Duong, die haben erwartet, dass wir in Deutschland Professoren werden, mindestens. Könige, vielleicht. Erst einmal aber lief das alles eher schleppend. Weil die Erzieher in Moritzburg, die eigentlich Waisen erwartet hatten, gar nicht darauf vorbereitet waren, hier nun die zukünftige Elite Vietnams zu formen. Ganz im Gegenteil. Der Unterricht ähnelte eher dem Beschäftigungsprogramm einer Dorfschule. Wir hatten, erinnert sich Herr Duong, zum Beispiel nur zwei Siebtklässler. Und die mussten dann eben auf den Rest warten.

Nach vier Jahren nur eine Klasse, sagt Herr Duong, das konnte nicht sein. Deshalb haben sie die Kinder zurückgeholt. Deshalb fuhren sie nach vier Jahren in Moritzburg alle gemeinsam zurück nach Vietnam. Heimaturlaub, offiziell. Sommerfrische. Wir haben uns natürlich gefreut, sagt Herr Duong, mal wieder zu Hause zu sein, die Eltern zu sehen, die Geschwister. Die meisten Kinder blieben in Vietnam. Danach, sagt Herr Duong, waren wir nur noch 70 Kinder in Moritzburg. Seine Eltern jedoch hatten ihn wieder nach Deutschland gehen lassen, sie glaubten an die große Sache dort. Und Herr Duong beendete die Schule und ließ sich in Dresden zum Maschinenbauschlosser ausbilden. Danach musste er zurück in die Heimat, verpflichtet, beim Aufbau des Landes zu helfen, er hatte keine Wahl, 1962. So aber begann, er konnte es da noch nicht wissen, das große Hin-und-Her, der Pendelverkehr seines Lebens. Immer wieder auf dem Weg zwischen der DDR und Nordvietnam. Erst als Dolmetscher im staatlichen Komitee der

Wissenschaften und Technik, dann als Student in Magdeburg und schließlich als Deutschlehrer an der Hochschule für Fremdsprachen in Hanoi. So vergingen die Jahre, allmählich, im Transit seiner Erzählung.

Jahre, in denen die Amerikaner in Nordvietnam einmarschierten und der Vietcong zeitweise Teile Saigons einnahm. Jahre, in denen Richard Nixon als US-Präsident auf Lyndon B. Johnson folgte und gleich einen möglichen Einsatz der Atombombe gegen Nordvietnam prüfen ließ.

Jahre, in denen sein Heimatland zerrüttet wurde vom Krieg und schließlich Ho Chi Minh verstarb. Herr Duong aber, manchmal ein Wunder, meist gut vorankam, und immer wenn die Not am größten schien, eine neue Hoffnung finden konnte, eine Arbeit, eine Chance. Weil er, und das ist der eigentliche Witz seiner Geschichte, die Sprache hatte, die ihm half. Das Deutsch, gefunden in russischen Büchern, die Worte, gewachsen auf dem harten Boden der Klassenräume. Dolmetscher, Deutschlehrer, nichts davon hatte er, Maschinenbauschlosser, Ingenieur für Verfahrenstechnik, je gelernt. Aber den Leuten war das egal, war doch allein sein Lebenslauf Zertifikat genug, seine Qualifikation. Herr Duong ist, das kann man so sagen, Diplom-Moritzburger, Abschluss am Käthe-Kollwitz-Heim, der Hund unten. Nicht wahr, Emmi?

An der Hochschule blieb Herr Duong dann fast zwanzig Jahre lang und brachte den Schülern dort bei, was er selbst gelernt hatte, am Ende einer langen Eisenbahnfahrt. Benotete streng nach dem deutschen System, trotz der teilweise abschätzigen Blicke der Kollegen, die nicht viel anfangen konnten mit den Gesten und den Gedanken, die er mitgebracht hatte aus dem sozialistischen Bruderland. Hammerideen und Zirkelschlüsse. Du bist zu deutsch, sagten einige. Er aber scherte sich nicht darum und achtete weiter eisern auf Disziplin. Pünktlichkeit, sagt er, ist für viele Vietnamesen ein Fremdwort. Da konnte er helfen. Er war ja schließlich Übersetzer. Und bildete nun die neuen Übersetzer für die DDR aus, ein Kreis, der sich schließt.

Als dann die DDR damit begann, die Vietnamesen als Arbeitskräfte anzuwerben, wurde Herr Duong für viele Vietnamesen zur ersten Ahnung der DDR. Ein Grenzer mit Textbuch und Tafelschwamm. Jeder, sagt er, der in den Siebziger und Achtziger Jahren als Vorbereitung auf die DDR in Hanoi einen Deutschkurs belegte, musste an mir vorbei, musste durch meine Hände. Auch deshalb kennt er heute fast alle Nordvietnamesen in Deutschland. Sie nennen ihn *Herr Lehrer*. Hochachtungsvoll und mit jenem Respekt, den er ihnen damals beigebracht hat.

Eine ganze Generation wurde so von Herrn Duong auf die Gleise in Richtung DDR gesetzt, so wie er einst selbst von Ho Chi Minh am Bahnhof von Hanoi in den Zug gesetzt worden war. Und zum Abschied schaute er streng auf die Uhr.

Bald aber sollte der Lehrer seinen Schülern folgen, bald schon ereilte ihn selbst der Ruf aus der anderen Heimat. Und natürlich war es wieder die Sprache, die ihn nützlich machte. Weil längst nicht alle Vietnamesen durch seine Hände gegangen waren und die Firmen in der DDR deshalb Hilfe brauchten im Umgang mit jenen Arbeitskräften, die sie einfach nicht verstehen konnten. Da gab es Ausschreibungen, sagt Herr Duong, dass Übersetzer gesucht werden. Und er, Deutschlehrer und Diplom-Moritzburger, war natürlich bestens geeignet für diese Aufgabe. Also war er bald wieder auf dem Weg in die DDR, kam diesmal nach Ost-Berlin und wurde Gruppenleiter bei *Rewatex*, einer Großwäscherei in Treptow-Köpenick, der Willkommensonkel der Vertragsarbeiter, der Affe oben. Gruppenleiter, sagte er den Leuten noch, das ist nicht mein Beruf. Aber den Leuten war das, wieder einmal, egal. Wir brauchen deinen Kopf, sagten sie, und nicht dein Studium. Und so machte er auch das.

Bis zum Mauerfall, weil dann ja sowieso noch mal was ganz anderes losging.

Am Tisch auf der Terrasse gibt es jetzt endlich die Früchte, und auch der Hund bekommt eine Belohnung, weil er sich den ganzen Irrsinn schon wieder so brav angehört hat. Herr Duong und Emmi, auch die verstehen sich. Der Hund, erklärt er mir nun, spricht beide Sprachen, gar kein Problem. Nicht wahr, Emmi? Nur übersetzen kann sie nicht. Herr Duong lacht, so laut, dass ich kurz Angst habe, seinem Nachbarn könnte die Flagge vom Balkon rutschen. Dann schenkt er, ein letztes Mal für heute, Kaffee nach.

Wissen Sie, sagt er, ich war immer stolz auf die DDR, ich mochte dieses Land, habe ihm viel zu verdanken, die Schule, die Ausbildung, eine feine Sache.

Und wenn man es richtig bedenkt, bin ich ja auch die Definition eines Ossis. Er schaut mich an, verschmitzt wie der Junge, der er einst war, aufgewachsen in einem kommunistischen Land, ausgebildet in einem sozialistischen, ein Pionier, der mit der Eisenbahn kam. Und wenn ihn heute jemand fragt, was er nun sei, sagt er immer, ähnlich wie meine Blumenfrau: Ostdeutsch, glasklar. Nur klingt es bei ihm eher kokett als kategorisch. Obwohl der Ossi natürlich stimmt, schließlich war Herr Duong schon in der DDR, als die Mauer gebaut wurde, und er war wieder dort als sie schließlich fiel. Ein ganz und gar historischer Herr, der gleich zweimal als Augenzeuge verfolgen durfte, wie aus zwei Ländern eines wird. Einmal in Vietnam, 1976. Einmal in Deutschland, 1990. Das muss man auch erst mal schaffen. Herr Duong also weiß genau, wie es ist, wenn die Heimat plötzlich in der Vergangenheit liegt, ein früherer Ort. Das Gefühl der verlorenen Gerüche, wie es die Frau von Ericson Ecke beschrieben hat, das merkwürdige Verschwinden der Vertrautheit, das kennt er ebenfalls. Und auch er war, wie Ecke, am Abend des 9. November 1989 in Berlin, vielleicht haben sich die beiden sogar gesehen, ganz kurz. Der halbghanaische Grenzer und der nordvietnamesische Übersetzer, von anderen Kräften hineingesetzt in dieses Land, das ihnen erst Zuhause geworden und nun unter ihren Fingern zerbröselt war. Einfach so.

Aber vermissen Sie die DDR, Herr Duong? Teils-teils, sagt er gleich. Nach der Wende wusste ich sofort, ich bleibe. Seine Frau, die er noch in Hanoi kennengelernt hatte, auch sie eine Schülerin, auch sie ein Geschenk der Sprache, promovierte gerade in Halle, und in Vietnam gab es nichts für ihn. Und überhaupt, Deutschland. Das waren doch jetzt blühende Landschaften. Beste Aussichten also. Nur kamen den Vietnamesen in der ehemaligen DDR, die jetzt *neue Bundesländer* hieß, bald die Gewissheiten abhanden. Weil sich mit dem Staat auch die Kollektive und mit den Kollektiven auch die Sicherheiten aufgelöst hatten. Viele Vietnamesen wurden arbeitslos und verließen das Land, die BRD zahlte ihnen für den freiwilligen Rückflug 3000 DM, was ja im Grunde so etwas wie das Gegenteil von Begrüßungsgeld war. Doch weil man selbst in Vietnam mit 3000 Mark nicht weiter kommt als bis zur nächsten Pleite, saßen einige von ihnen schon nach wenigen Monaten wieder in Flugzeugen Richtung Deutschland, diesmal jedoch nicht als willkommene Arbeitskräfte, sondern als eher unwillkommene Asylbewerber, die von den Deutschen im Osten, die selbst sehr wenig Arbeit, aber denkbar viel Kraft hatten, auch nicht besonders überschwänglich begrüßt wurden.

Obwohl einige von ihnen zuvor fast zehn Jahre in der DDR verbracht hatten, galten sie in der neuen BRD nun als Einwanderer und damit, im plötzlich wild flackernden Rassismus der Nachwendejahre, als Feindbilder. Wie die Türken, die Rumänen. In einer Zeit, in der sich auch die Sprache, die sie gelernt hatten, gegen sie wandte. Und aus Asylbewerbern Asylanten wurden.

Gleich waren da, so erinnert sich Herr Duong, die Beleidigungen auf der Straße. Fidschi, immer wieder das böse Wort. Dann kam es zu Übergriffen und schließlich brannten im Fernsehen die Asylunterkünfte. Die Namen der Städte, sie stehen bis heute für den Horror dahinter.

Hoyerswerda in Sachsen, 1991. Als unter dem Beifall einer aufgehetzten Menge erst Steine, dann Brandsätze flogen. Noch weit weg.

Und Rostock-Lichtenhagen, 1992. Als unter dem Beifall der aufgehetzten Menge erst Steine, dann Brandsätze flogen, und schließlich mehr als 100 Vietnamesen eine Nacht lang um ihr Leben bangen mussten, eingeschlossen hinter Sonnenblumen.

Herr Duong, natürlich, erinnert sich noch. Er war in Berlin zu jener Zeit und konnte doch spüren, dass diese Bilder auch ihn betrafen, dass diesmal mehr in Flammen aufgegangen war als nur eine Unterkunft. Lichtenhagen hatte das Gefühl beschädigt, dazuzugehören. Fremdenhass, sagt er, das kannten wir aus der DDR nicht. Wissen Sie, die Westdeutschen, die hatten die Türken, die waren an Ausländer gewöhnt, Gastarbeiter und so. Die DDR-Menschen aber konnten damit nichts anfangen. Die hatten kaum Kontakt zu uns gehabt, wir waren gut abgeschirmt. Das war, so müssen Sie es sich vorstellen, wie ein Kochtopf. Und als die Wende den Deckel angehoben hatte, schäumte das alles über. Und es brannte, sagt er, lichterloh. Danach war die Angst. Danach, sagt Herr Duong, haben wir uns wegen der Skinheads nicht mehr auf die Straße getraut, das war keine gute Zeit.

Herr Duong ist dennoch in Deutschland geblieben, weil eine erneute Rückkehr keine Option mehr war. Wissen Sie, sagt er, in der Theorie bin ich Deutscher, und das ist in Vietnam nicht sehr praktisch. Er lacht wieder. Und wenn ich in Vietnam bin, vermisse ich das deutsche Wetter. Weil es normal ist. Im Sommer schön, im Winter Schnee. Wunderbar. Nur eines bereut er bis heute. Ich bin, sagt Herr Duong, leider kein Kapitalist geworden. Nicht wahr, Emmi? Aber Emmi ist längst weg, Katzen jagen.

Und Herr Duong räumt das Geschirr zurück in die Küche und bringt mich dann zur Tür, er muss gleich noch zur Arbeit. Die Pflicht ruft, sagt er. Und meint das auch so. Bevor ich gehe, verabreden wir uns für einen Morgen in Strausberg, ich möchte den Lehrer gerne bei der Arbeit treffen. Das werden Sie, sagt er noch, ehe die Tür leise ins Schloss fällt. Draußen Karl Marx. Dann kommt der Bus und bringt mich zurück nach Berlin, zurück in die Gegenwart.

Und noch während ich den Stadtrand hinter mir lasse, die Häuser an Höhe gewinnen, reift in mir der Entschluss, die Sonnenblumen zu sehen. Ich muss, das ist klar, nach Lichtenhagen, an die See.

An den Ort, der für die Nordvietnamesen zum Fanal geworden war und bis heute eine Bezeichnung ist für den einzigen Pogrom Nachkriegsdeutschlands, ein trister Ort auch, Kratzputzhausen, an dem man jedoch der vietnamesischen Seele noch einmal ganz anders nachspüren kann als auf Herrn Duongs sauberer Terrasse im Schatten hoher Birken. Die Arbeiter von damals, sie leben an der Ostsee. Und dorthin ist es nicht weit. Badewanne Berlins, sagt man doch so, drei Stunden Autobahn. Nicht lang für eine Fahrt hinein in ein Trauma.

Auf der eher unschönen Rückseite des Rostocker Hauptbahnhofs, zugig zwischen Plattenbauten, halten dann die Fernbusse und speien die Menschen aus. Polizisten in Habacht spielen grimmige Grenzer, aus den Aschenbechern steigt der Qualm eiligst entsorgter Restzigaretten, die nun bis auf den Filter herunterbrennen, was ja immer gleich riecht, als würde irgendwo ein Trabant in Flammen stehen. Dort nun, über ihr ein seltsam lustloser Himmel, begrüßt mich Frau Doan, schwarzes Haar auf Schulterhöhe, zurückhaltende Höflichkeit in einem leichten Trenchcoat. Wir gehen einige Schritte in Richtung Bahnhofshalle. Auch, um aus dem für diese Jahreszeit ungewöhnlich kalten Wind zu treten, der direkt an der Laune zerrt.

Ich habe mich mit Frau Doan verabredet, weil sie einst im Sonnenblumenhaus gelebt hat und heute Mitglied des Diên Hồng ist, jenem Verein, der 1992 unmittelbar nach den Ausschreitungen in Lichtenhagen von Rostocker Vietnamesen gegründet wurde, um das Schweigen aufzubrechen und Begegnungen mit der deutschen Bevölkerung zu suchen. Heute kümmert sich Diên Hồng um die Integration von Zuwanderern, egal aus welchem Land, ohne dabei die Pflege der vietnamesischen Kultur zu vernachlässigen.

Frau Doan also kennt sich gut aus, zwischen den Plattenbauten, zwischen den Vietnamesen, und würde mich ganz gerne zu den Menschen bringen, die dabei waren, in der Nacht, als Lichtenhagen brannte. Ihre ehemaligen Nachbarn, Männer und Frauen aus dem Verein.

Das jedoch gestaltet sich schwieriger als erwartet.

Frau Doan hatte mir Tage zuvor eine Liste geschickt, darauf die Namen derer, mit denen sie Kontakt aufnehmen wollte. Imbissbesitzer, Gastwirte, einfache Mieter. Bisher aber konnte sie keinen von ihnen erreichen. Sie schweigen.

Viele, sagt Frau Doan, wollen nicht mehr darüber sprechen. So lange her, so oft schon erzählt.

Sie wünschen sich Ruhe.

Letzte Hoffnung, sagt sie dann, ist Frau Bui, sie lebt noch immer im Sonnenblumenhaus. Deshalb schickt Frau Doan nun noch einmal eine Nachricht an Frau Bui, dann warten wir auf ihre Antwort, in einer Kaffeestube neben dem Bahnhof, in der Rentner ihre Zeit mit Quarkteilchen vertreiben und sichtlich Erschöpfte in ihre Tassen starren, als würden sie darin die verloren gegangene Arbeit suchen.

Das penetrante Schweigen ihres Mobiltelefons gibt Frau Doan nun die Möglichkeit, etwas über sich zu erzählen.

Eigentlich, sagt Frau Doan nun, wollte ich Stewardess werden. Bei Interflug, der staatlichen Fluglinie der DDR. Ein junges Mädchen, dessen Träume gerade fliegen lernten, 1981. Zu jener Zeit war sie noch an der Hochschule von Hanoi eingeschrieben. Lehramt, letztes Semester. Um jedoch einen Vertrag bei Interflug abschließen zu können, so erzählte man es ihr, muss sie die Hochschule verlassen und sich arbeitssuchend melden. Da hat Frau Doan, Träumerin, nicht lange überlegt und ihr Studium einfach abgebrochen, so groß das Fernweh. Es war ja kaum zum Aushalten. Als sie jedoch schließlich alle Papiere beieinander hatte, die Arbeitslosenbescheinigung in zittrigen Händen, war die Liste schon geschlossen worden. Keine Chance, sagte man ihr, tut uns leid. Und für sie, die so unbedingt in die DDR fliegen wollte und die nun dort stand, in Hanoi, ohne Arbeit, gab es nur noch traurige Angebote. Darunter eines vom Rostocker Überseehafen. Da, sagt sie, war ich am Boden zerstört. Was ja als Gefühl tatsächlich das Negativ zum Fliegen ist. Sie ging trotzdem und kam so nach Rostock, 28. Juli 1981. Erst hinterher sollte sie erfahren, dass man für eine Chance als Stewardess gute Beziehungen und ein nicht so kleines Bestechungsgeld gebraucht hätte. Da aber hatte sie schon mit der Arbeit am Hafen begonnen, plötzliche Plackerei, später wechselte sie in eine Großküche. Ihr Vertrag galt, wie üblich, erst einmal für vier Jahre und hätte dann verlängert werden können. Die erste Zeit, ohne Sprache oder Freunde, war dann natürlich gleich die härteste.

Und wenn Frau Doan heute davon erzählt, hört es sich tatsächlich an wie ein Alb ohne Tageslicht. Jeden Morgen um drei Uhr in der Früh aufstehen, sagt sie, dann zum Zug, das war schwer. Ich habe sehr viel geweint. Alles sehr schwer, alles sehr einsam. Acht Stunden Arbeit am Tag, der Rest war bodenloses Heimweh.

Im Sonnenblumenhaus aber, das im Besitz des Überseehafens war und damit den Arbeiterinnen Unterkunft bot, fand sie bald ein Zuhause, ein Kollektiv, wie es Herr Duong in Moritzburg erlebt hatte, Vietnamesen unter Vietnamesen. Zusammen ist man ja bekanntlich weniger alleine. Dort, hinter den Gardinen und den Öfen, konnten sie in der Sprache der Heimat von den Nöten der Fremde erzählen, im Komfort vertrauter Zungen. Das machte vieles einfacher und brachte doch auch einen entscheidenden Nachteil mit sich. Das Deutsche wurde zu keiner Zeit Notwendigkeit.

Unsere Gedanken, sagt Frau Doan, sind noch immer auf Vietnamesisch. Wir, mein Mann und ich, müssen sie immer erst ins Deutsche übersetzen, bevor wir sie aussprechen können. Da ist eine Grenze, noch immer. Manchmal ist das sehr anstrengend, denn es kostet Zeit und Kraft. So ist Frau Doan, auch nach mehr als 35 Jahren in Deutschland, nur mit Mühe zu verstehen, ihr Deutsch ein verwaschenes, sie spricht ähnlich wie Frau Lan am Block. Worte fehlen oder fallen an der falschen Stelle, Sätze enden dort, wo sie eigentlich hätten anfangen sollen. Die Grammatik ist ein Glücksspiel, Frau Doan hofft, dass sie richtigliegt, meist tut sie es nicht. Und zu Hause sitzt die Tochter, Studentin in Hamburg, und lacht. Mama, sagt sie dann immer, du sprichst so schlecht Deutsch.

Frau Doan schaut nun etwas verlegen über den Tisch hinweg. Was soll man machen. So wie ihr geht es ja den meisten Vietnamesen, die damals mit nicht viel mehr als einem Vertrag in die DDR gekommen waren, die für den Dienst an der Sache und nicht für den Austausch der Sprachen geholt worden waren.

Und auch Frau Bui möchte weiterhin nicht sprechen, das Telefon bleibt stumm.

Dafür treffen wir nun hier am Hauptbahnhof, ein großer Zufall ist das, einen älteren Herren, der in seiner vornehm angestaubten Eleganz, Krawatte und vergoldeter Füllfederhalter, Einstecktuch und Etui, den Anschein erweckt als sei er der Zeit nicht hinterhergekommen. Aber das schert ihn, angedeutete Verbeugung, auch nicht sonderlich. Soll die Zeit, das sagt die Haltung schon, doch bitteschön machen, was sie möchte. Der Herr, wahrscheinlich auch Taschenuhrenbesitzer, kannte sie schon, da war sie weit weniger hektisch und noch zum Verweilen aufgelegt. Gemach, sagt nun sein Blick. Frau Doan stellt ihn vor. Der Herr Dieter, sagt sie, ehemaliger Direktor für Kader und Bildung am Überseehafen von Rostock.

Ein Kind des Hafens, sagt er.

Der große Chef, sagt Frau Doan.

Na, wenn das nichts ist.

Der Herr Dieter ist damit natürlich der absolut richtige, um sich an die Vertragsarbeiter zu erinnern, ein Kind des Hafens, ein Geschenk des Himmels. Er setzt sich, gerne. Und legt dann gleich los, als hätte er all die Jahre nur darauf gewartet, dass ihn endlich mal jemand fragt.

Die Vietnamesen, sagt der Herr Dieter, haben die Entwicklung des Überseehafens maßgeblich mitgeprägt. Und dann zählt er auf: Viet und Dong. Ming A und Ming B, die ganze Bande, die noch als Lehrlinge gekommen waren, das waren gute Jungs. Auf die konnte man sich verlassen. Im Durchschnitt hatten sie damals am Hafen 600 Vietnamesen unter Vertrag, ein großes Glück. Sagt der Herr Dieter. Er hatte ja auch Kubaner und Algerier. Aber die Vietnamesen haben nie Probleme gemacht. Da gab es nie Bestrafungen, da hat keiner gemogelt und keiner verschlafen, nicht geklaut und nicht randaliert. Er war ja selbst bis nach Hanoi geflogen und hatte sie hierhergeholt. Wirklich angenehme Leute.

Frau Doan sagt nichts, sie nickt nur.

Und sie waren ausgezeichnete Kranfahrer, das ist so die asiatische Mentalität.

Die Asiaten, sagt er, Schluck Kaffee, sehr gute Reflexe.

Es gab zu jener Zeit einmal im Jahr einen Kranfahrerwettbewerb der Ostblockländer, Baltikum, Ostsee, so die Ecke. Und der Herr Dieter kann sich jetzt beim besten Willen nicht erinnern, dass die Vietnamesen einmal den zweiten Platz belegt hätten. Die haben einfach immer gewonnen, Teufelskerle. Die haben Motorenöl in den Venen, ganz sicher. Und wenn es notwendig war, sagt er, haben sie lang gearbeitet, auch mal bis spät in die Nacht. Doch sobald Feierabend war, die Glocke geläutet wurde, waren sie verschwunden. Dann hast du die nicht mehr gesehen.

Sie haben sich dann zurückgezogen und sind unter sich geblieben.

Und Frau Doan nickt, so war es.

Aber, das muss der Herr Dieter jetzt mal sagen, die Vietnamesen hatten große Probleme, die deutsche Sprache zu lernen. Ganz anders als die Algerier und die Kubaner. Denn die sind am Abend noch los, mit den deutschen Kollegen, in die Kneipen drüben, sind um die Häuser gezogen, hinein in den Qualm und zum Schnaps, haben dort ihren Lohn versoffen und ihre Bekanntschaften gemacht.

Die haben, sagt er, die deutsche Sprache in den Schlafzimmern der deutschen Frauen gelernt.

Auch das, er lacht, eine Frage der Mentalität. Doch die Fickifickigeschichten der Integration, bisschen abgegriffen auch, reichen als Erklärung dafür natürlich nicht aus.

Denn, dass die Vietnamesen unter sich blieben, das war von der DDR durchaus gewollt.

So wurden die Vietnamesen von der Staatssicherheit systematisch abgeschottet, sie waren dann leichter zu überwachen. Im Umgang mit den deutschen Kollegen galten deshalb strenge Regeln oder sogar Kontaktverbote. Liebesbeziehungen waren ohnehin untersagt. Bei einem Verstoß dagegen drohte zu jeder Zeit die Rückreise nach Vietnam. Die Schlafzimmer der deutschen Frauen waren also eher Sperrzone als Vergnügungsort.

Der Herr Dieter holt ein schmales Notizbuch aus der Innentasche seines Sakkos und schreibt ein paar Worte und Daten hinein, Erinnerungsstützen.

Und ich frage ihn nach Lichtenhagen.

Ah, ja. Das. Schlimme Sache. Das Sonnenblumenhaus, sagt der Herr Dieter dann, das hat uns gehört. Wir waren deshalb besonders schockiert damals. Der Seehafen hatte schließlich die Verantwortung für dieses Haus und seine Bewohner. Und plötzlich war da der Geruch von Feuer in der Seeluft. Ein Schlag ins Kontor, sagt der Herr Dieter, und dann stanzt auch er die Mär von der Abwesenheit des Fremdenhasses in der DDR in diesen Raum. Wir, sagt er, kannten so etwas nur aus dem Fernsehen. Das war Neuland. Na, gut. Das Wort Fidschi, das ist auch mal gefallen. Aber das war ja nie böse gemeint. Und sowieso, es gab keinen Rassismus, es gab nur gemeinsame Feiern. Seine Erklärung für die Gewalt von Lichtenhagen ist dann wieder eine allgemeingültige. Es gab hier, sagt er, plötzlich viele Fremde, die gekommen waren in den frühen Jahren der Wiedervereinigung. Da waren die Sinti und Roma, da war die Ablehnung. Das Gefühl, dass die den Menschen hier etwas wegnehmen wollen. Und die Vietnamesen sind dann dazwischen geraten wie zwischen schwere Mühlsteine.

Der Herr Dieter steckt das Notizbuch wieder ein und verabschiedet sich.

Wir brechen ebenfalls auf, fahren jetzt mal dorthin, Sonnenblumenhaus in Lichtenhagen. Schauen, ob Frau Bui dort ist, schauen aber auch, was überhaupt noch dort ist. 25 Jahre danach.

Auf dem Parkplatz vor dem Sonnenblumenhaus ist dann schnell klar: Nicht viel. Beziehungsweise: Viel Nichts. Auf der einstigen Wiese, die 1992 zum Schlachtfeld geworden war, steht heute ein kleines Einkaufszentrum mit Supermarkt und Änderungsschneiderei, das irgendwie nach Baumarkt aussieht und die Kälte eines Schlachthofs atmet. Der grelle Konsum, der ja, einfach so vor das Grau der Menschen und Wohnhäuser gebaut, immer nur die Trostlosigkeit akzentuiert, weil hier mit keinem Geld wenig zu machen ist. Irgendwo soll hier auch noch der Stumpf einer Eiche stehen, die 2012 von der Stadt als Erinnerungsbaum gepflanzt und dann von Linken wieder gefällt wurde, weil denen in der Eiche an sich zu viel deutsche Symbolik steckte. Naja, hier also wächst eher nichts mehr, kein Gras unter Asphalt und kein Baum unter der Last der Geschichte.

Nur die Sonnenblumen sind tatsächlich noch immer hier, drei Stück, die vergehen nicht und erinnern damit auch an sich selbst. Und wir, Frau Doan und ich, stehen nun genau davor, buntes Mosaik, und sammeln die Gedanken, die man so haben kann zu diesem Ort, an einem Ort wie diesem, Mecklenburger Allee 19.

Für mich, der 1985 in Westberlin geboren wurde, der also sechs Jahre alt war, als hier die Stimmung kippte, ist Lichtenhagen bis heute eine Schlagzeile, ein Beitrag aus der Tagesschau, gelesen von Eva Hermann, ich kenne diesen Ort nur aus den Bildern der Dokumentationen, sauber archiviert im Internet, das ja gerade diese Dinge nicht vergisst.

Für Frau Doan aber war Lichtenhagen einmal Zuhause, der Ort, an dem sie gelebt hat. Eine Wohnung, Freunde, Feierabend. Das ganze Haus, das Sonnenblumenmosaik auch, ein Souvenir an eine andere Heimat, hier an der See. Und wenn sie ihr Ohr an die Wände legt, kann sie die Geschichte rauschen hören.

Es war ein Samstag, an dem es begann, am frühen Abend. Und natürlich hatte auch die plötzliche Gewalt eine Vorgeschichte. Seit Wochen schon war die zentrale

Aufnahmestelle für Asylbewerber, untergebracht im Sonnenblumenhaus, ohne Hoffnung überfüllt gewesen, die Beamten überfordert, Ablehnung in Uniform. Hier nix Asyl. Hunderte Menschen, aus Rumänien die meisten, übernachteten deshalb vor dem Block, im Dreck unter den Balkonen, auf schmalen Matratzen oder dünnen Decken. Sanitäre Anlagen gab es keine, weshalb sich zur Verzweiflung bald auch der Gestank gesellte, Exkremente in den Ecken. Die Anwohner rümpften erst die Nase und reckten dann die Fäuste, Schaum vor dem Mund. Und nebenan wohnten die Vietnamesen und wussten auch nicht so recht. Hier nun kam doch alles zusammen. Die Wut und der Ekel, der Hass und die Angst. Ein explosives Gemisch. Und bald waren da die Stimmen, die von Säuberung sprachen, von der Sache, die selbst in die Hand genommen werden müsse. Am Samstag, so war zu hören, sollte es krachen.

Und am Samstag, dem 22. August 1992, gegen 20 Uhr, krachte es dann. Standen dort vor der Annahmestelle, vor dem Haus der Vietnamesen, plötzlich 2000 Menschen. Flogen, angefeuert von den Anwohnern, die ersten Steine an einem Ort voller Sünde. Aus den Fäusten der Randalierer, etwa 200 Jugendliche, abgerissene Typen in Jeansjacken, die Gehwegplatten zertrümmerten, um daraus Geschosse zu machen. In der linken Hand das Dosenbier, die rechte immer wieder in den Himmel gestoßen, schlimme Finger. Die meisten von ihnen Arbeitslose mit fragwürdigen Frisuren, vorne kurz, hinten lang, und sehr viel Tagesfreizeit. Wussten meist ja nicht, wohin mit sich. An diesem Abend aber war endlich wieder richtig was zu tun. Steine klopfen, zusammen singen, Deutschland vom Dreck befreien. Mit vollem Einsatz, an einem Samstag im Osten. Subbotnik in Lichtenhagen.

Die große Scheiße.

Es war der Auftakt zu drei Tagen Gewalt. Denn nachdem die Polizei am Abend für Ruhe gesorgt hatte, kehrten am Morgen mit dem ersten Licht des Tages auch die Jugendlichen zurück, einige noch immer trunken von dem Gefühl, hier der Staatsmacht nicht nur die Stirn geboten, sondern ihr eine ordentliche Kopfnuss verpasst zu haben. Und Lichtenhagen wurde zur Pilgerstätte der Neonazis, die aus anderen Bundesländern anreisten, einige mit Bussen, gecharterter Hass. Die Polizei zählte bis zu 3000 Zuschauer. Ausverkauft. Nachdem der Innenminister Mecklenburg-Vorpommerns landesweiten Alarm ausgelöst hatte, und es Beamten des Bundesgrenzschutzes und Einsatzkräften der Hamburger Polizei gelungen war, die Ausschreitungen zu stoppen, wurde am Vormittag des 24. Augusts, einem Montag, schließlich das Asylbewerberheim evakuiert.

Die Vietnamesen verblieben in ihrem Wohnheim.

Am Abend dann begannen die Straßenschlachten, flogen wieder Steine und Parolen. Deutschland den Deutschen. Ausländer raus. Die Vietnamesen, die gemeinsam in den Wohnungen der oberen Stockwerke ausharrten, verfolgten diese Szenen durch die Küchenfenster, schoben ängstlich die Gardinen beiseite. Beteten, nicht entdeckt zu werden. Zwischen die Mühlsteine geraten.

Dann, gegen halb zehn, zog sich die Polizei zurück. Das Sonnenblumenhaus war nun ohne Schutz, der erste Brandsatz durchschlug das Fenster einer Parterre-Wohnung, der Balkon ging weithin sichtbar in Flammen auf. Das Startsignal für den vollkommenen Kontrollverlust. Lichtenhagen, das war spätestens jetzt rational befreite Zone.

Im Haus verschanzten sich nun noch etwa 120 Vietnamesen, Männer und Frauen, Kinder und Säuglinge, dazu der Ausländerbeauftragte Mecklenburg-Vorpommerns und ein Kamera-Team des ZDF. Vor dem Haus standen die Ü-Wagen. Deutschland schaute zu, während die Flammen höherschlugen, weitere Brandsätze auf die Fassade krachten. Und die Feuerwehr keinen Weg hineinfinden konnte, weil sie von den Schaulustigen, die mit Applaus das Feuer schürten, an ihrem Einsatz gehindert wurde. Dann, es muss kurz vor 23 Uhr gewesen sein, gelang es den Vietnamesen, das Schloss eines Notausgangs aufzubrechen und sich auf das Dach des Nachbarhauses zu retten.

Danach traf die Polizei ein und drängte den Mob zurück. Und die Vietnamesen konnten mit bereitgestellten Bussen in Notunterkünfte gebracht werden. Es war, ein Wunder, niemand zu Tode gekommen. Aber die Bilder dieses Abends, sie überdauerten.

So war in den wilden Stunden dieser Nacht auch der arbeitslose Baumaschinist Harald Ewert, damals 38 Jahre alt, aus dem nahegelegenen Reutershagen angereist, nachdem er im Fernsehen von den Krawallen erfahren hatte. Ewert trug dem Anlass entsprechend eine Jogginghose und darüber ein Deutschlandtrikot. Einige Biere später pisste er sich erst in die Hose und machte vor dem brennenden Wohnheim dann den Hitlergruß. Ganz automatisch, sagte er später, er war ja blau.

Das Foto dieser Geste, vom *Spiegel*-Fotografen Martin Langer gemacht, wurde später selbst in der *New York Times* veröffentlicht. Es überdauerte den Moment. Lichtenhagen wird deshalb auch für immer ein Mann sein, der in vollgepisster Jogginghose und Deutschlandtrikot den Hitlergruß macht. Die vielleicht sehr angemessene Ikone für diese dunklen Tage. Für ein Deutschland, das nicht mehr an sich halten konnte, das die Kontrolle verloren hatte.

Frau Doan, die einst selbst Mieterin in der Mecklenburger Allee 19 gewesen war und noch einige Menschen dort kannte, hatte die Nacht vor dem Fernseher verbracht, in schon sicherer Entfernung. Und konnte kaum glauben, was sie sah, erschüttert auf der Couch.

Danach, sagt sie nun, da war es ganz leer in meinem

Kopf und in meiner Seele. Wie eingefroren nach zehn Jahren in Deutschland.

Einen Moment lang stehen wir nun zwischen den Zeiten, Unentschlossene im Wind, und wissen nicht so recht, wohin mit uns. Dann geht Frau Doan voraus, Richtung Sonnenblumenhaus, sie möchte jetzt schauen, ob Frau Bui nicht doch vielleicht zu Hause ist. Auf dem Klingeltableau finden sich dann tatsächlich noch einige vietnamesische Namen. Manche, so erklärt mir Frau Doan, erst frisch hierhergezogen, andere wirklich schon immer hier. Wir verschaffen uns Zutritt und fahren hinauf, dritter Stock, doch hinter einer dünnen Holztür regt sich nichts und auch die Reinigungskraft, die hier ja jeden Meter Hausflur kennt und jeden Mieter aus dem Augenwinkel, weiß nicht weiter, also wieder runter. Einige Blocks die Straße hoch gibt es einen vietnamesischen Lebensmittelladen, da, so die Hoffnung, könne man uns vielleicht helfen.

Kann man dann leider nicht, aber in einem Hinterzimmer, das übervoll ist mit Akten und Ordnern, mit Rechnungen und Haushaltsgeräten, ein Kabinett vietnamesischer Geschäftigkeit, sitzt ein älterer Herr in einem viel zu großen Anorak und trinkt diesen süßen vietnamesischen Kaffee. Frau Doan erinnert sich an ihn, auch er hat einst hier gewohnt und war doch in der Nacht dabei, als es hier so furchtbar wurde, oder? Und der ältere Herr nickt, spricht jedoch leider nur etwa dreieinhalb Sätze Deutsch und versteht meine Fragen nur in Bruchstücken, weshalb Frau Doan mühsam übersetzen muss. So ist es ein sehr kurzes Interview, das sehr lange dauert und an dessen Ende ich immerhin weiß, dass er, ja, in der Nacht dabei war, auch auf dem Dach, als sich die Vietnamesen befreien konnten, dass er aber eben darüber nicht mehr sprechen möchte und ohnehin alles andere vergessen hat. Alter Herr, alter Kopf. Er lächelt müde und wir verabschieden uns.

Hinter der nächsten Tür liegt ein Imbiss, der Chinanudeln und Döner verkauft, Pommes und Schnäpse. Frau Doan kennt den Besitzer, auch er Vietnamese, auch er leider nicht da. Und hinten, im Rücken die Automaten und das Arbeitsamt, sitzen auch nur die Stummen, deutsche Nachbarn, die schon alles gesagt haben, die eine Meinung haben, aber keine Antworten.

Sie bestellen Pils. Tür wieder zu.

Eine Idee hat Frau Doan nun noch, sie telefoniert ein wenig herum und dann steigen wir wieder in ihr Auto und fahren, ja wirklich, an die See. Fahren nach Warnemünde. Etwas über Lichtenhagen erfahren, vielleicht dort. Mit etwas Abstand.

Auf dem Weg dorthin, hinter den Scheiben, kämpft sich die Sonne durch den Dunst des Mecklenburger Nachmittags, stelle ich Frau Doan die Frage nach der Heimat. Und sie antwortet mit den leicht abgewandelten Sätzen meiner Blumenfrau. Zu Hause, sagt Frau Doan, ist immer die DDR, aber nicht Deutschland. BRD, das ist fremd für uns. Und während sie ihren Wagen an der Stadtautobahn entlanglenkt und sich hinter zaghaften Bäumen die Kräne des Überseehafens dunkel vom Horizont abheben, erklärt sie auch gleich, warum das so ist, liefert hier, Risiken und Nebenwirkungen, den Beipackzettel zu diesem Gefühl.

Die DDR, für uns war das friedlich und ohne Sorgen. Mein Leben war gut, man hatte Arbeit, Platz in der Wohnung, Freizeit. Man hatte auch mal ein Festival oder einen Umzug in Ost-Berlin, festlich organisiert vom Betrieb. Die Menschen dort, sagt sie, hatten ganz warme Herzen. Nach 1991 wurde es schwierig. Denn nach dem Mauerfall war etwas entstanden, das die Vietnamesen im Osten zuvor nicht gekannt hatten, Zukunftsangst.

Nichts war mehr sicher, nicht die Arbeit, nicht die Wohnung, da ging es ihnen ja nicht anders als ihren deutschen Nachbarn. Frau Doan hatte 1989 noch einen Vertrag im VEB *Shanty* Jugendmode unterzeichnet, wo die Frauen die wirklich echten Nietenhosen herstellten, die Jeans der DDR, und, ohne es zu wissen, die Westkollektionen für *C&A* schneiderten. Das aber sind alte Klamotten.

Shanty jedenfalls wurde 1990 aufgelöst, bald kamen die Kündigungen, viele Freunde mussten das Wohnheim verlassen, andere flogen gleich nach Hause. Frau Doan, zu jener Zeit hochschwanger, durfte erst mal bleiben, mit einem Attest, das ihr die Fluguntauglichkeit bescheinigte. Da hatte sie die Hälfte ihres Besitzes schon zurück nach Vietnam geschickt, eine irre Zeit. Tatsächlich dazwischen. Als ihre Tochter dann geboren wurde, erhielt sie sofort einen Aufenthaltstitel. Den höchsten damals, sagt sie, ohne Grenze. Sie konnte nicht mehr abgeschoben werden. Aber die Freunde waren fort und die Arbeit war es auch. Frau Doan hatte den Hafen, den sicheren, verlassen müssen. Dieser Verlust, er war ihr erstes gesamtdeutsches Gefühl. Und schließlich kamen zur Kälte der Tage noch die Feuer im August, sah sie bald ihr einstiges Zuhause in Flammen stehen. Verbrannte Erde, ein Boden, auf dem eine neue Identität eher schwerlich gedeihen kann. Und so besitzt Frau Doan, die seit über 35 Jahren in Deutschland lebt, bis heute noch ihren vietnamesischen Pass.

Für uns, sagt sie nun, war die deutsche Staatsbürgerschaft damals kein Vorteil. Wir wussten ja, wenn die Leute randalieren und uns sehen, dann schlagen sie uns trotzdem. Und da ist es doch egal, ob man zehn deutsche Pässe vor der Brust trägt. Die sehen immer, dass wir Vietnamesen sind. Unser Gesicht kann man ja nicht ändern. Es sind Sätze, aus denen die Verzweiflung von damals spricht, und natürlich hat auch Frau Doan in den Jahren nach der Wende darüber nachgedacht, zurückzugehen nach Vietnam, immer wieder, schlaflose Nächte.

Warum ist sie dann trotzdem geblieben, in dieser BRD? Sie überlegt nicht lang. Meine Tochter, sagt Frau Doan, ist ein wichtiger Grund. Ich habe das bei ihr schnell gesehen und gefühlt, dass sie, anders als ich, eine Deutsche ist. Die ganze Logik, die Gedanken. Deshalb sollte sie hier aufwachsen. Zudem war es den Vietnamesen hier irgendwann gelungen, diesem neuen Deutschland auch neue Chancen abzutrotzen, die Arbeitsplätze, die es nicht gab, einfach selbst zu schaffen. Wir wurden einfach Freiberufler, sagt Frau Doan, das ist der vietnamesische Pragmatismus. Imbiss, Supermarkt, der kleine Handel. Und wenn einer damit anfängt, sagt sie, dann machen das die anderen nach. So haben sie ihre Nischen gefunden, hier in Rostock und in der ganzen ehemaligen DDR. Und vielleicht kann man nirgends so gut vietnamesisch essen wie in Warnemünde oder Lichtenhagen. Das wäre dann natürlich der kulinarische Sieg über das Unappetitliche.

Frau Doan nickt, biegt links ab.

Mein Rostock, sagt sie dann, vorne eine Ahnung der See. Egal ob Warnemünde oder Lichtenhagen. Das ist mein Herz. Wenig später laufen wir mit den leichten Schritten vorübergehender Touristen in Richtung Strand, wo eine Freundin Frau Doans in einer Seitenstraße der Promenade ein kleines Bistro betreibt. Wenn die nicht weiß, wo Frau Bui ist, dann weiß es niemand. Tür auf, gleich großes vietnamesisches Hallo, also zurückhaltendes Lächeln und eine angedeutete Verbeugung. Die Bistrofreundin macht einen Kaffee, während ihre Tochter auf einem iPad, das über der Spüle an einem Eimer lehnt, ein Skype-Gespräch mit Verwandten in Vietnam führt, das sie nur unterbricht, um den wenigen Kunden lokales Bier in dunklen Flaschen zu verkaufen. Draußen kreisen die Möwen, ist da auch gleich der Leuchtturm von Warnemünde.

Hier aber, im Innern des Bistros, liegt das Vietnam aus den Wandkalendern meiner Blumenfrau, eine Welt in bunten Farben, mit bemalten Fächern, die man aufspannen kann wie Flügel, mit Ölgemälden, die durch die Vergangenheit auf die Heimat blicken lassen. Es ist eine Welt, in der die Zurückhaltung vornehm und die Trauer still ist, in der die Jungen den Alten das Erinnern abnehmen, weil sie ihre Geschichten übersetzen. In der Frauen Jägermeister in die Auslage stellen, während sie ihre Grüße durch das Internet nach Hanoi schicken. Der Tee ist grün, der Kaffee süß und die Lampions darüber so rot wie die Sehnsucht, die das Heimweh hineingezeichnet hat in jedes Gesicht und in jedes Bild. Wenn die Frauen hier könnten, sie würden eines der Schiffe nehmen, die hier in Öl vor Anker liegen, stattdessen geht von hier aus nur die nächste Fähre nach Dänemark. Und ihre Männer bieten jetzt auch Döner an. Das ist dann wohl Integration. Und die Bistrofrau mit der Schürze gießt Kondensmilch in den Kaffee, spricht dann viel, sagt aber nichts. Auch sie hat leider wirklich keine Ahnung, wo Frau Bui gerade ist.

Schade, auf Wiedersehen. Frau Bui also bleibt im Hintergrund, ein Schemen, ständig anwesend in ihrer Abwesenheit und damit im Grunde doch die ganz typische Nordvietnamesin im Osten, die geisterhaft durch die schöne Idee der DDR führte, bis hinein in das hässliche Nachspiel. Eine unsichtbare Näherin, die den Faden dieser Geschichte zwischen ihre geschlossenen Lippen geklemmt hat. Sie muss nicht sprechen, um all das zu erzählen. Verbeugung zum Abschied.

An der See geht bald die Sonne unter, auf dem Weg zurück zu ihrem Wagen hat Frau Doan noch einen Gedanken für mich, der sich vorhin schon geformt haben muss. Vor zehn Jahren, sagt sie also, da habe ich gedacht, ich schaffe das noch. Deutsch lernen. Aber jetzt, nicht lange her, habe ich zu meiner Tochter gesagt, dass ich das wohl nicht mehr schaffe. Sie hält kurz inne, seltsam betrübt. Und spricht dann noch einen Satz, der nur in der fragmentierten Poesie des Originals seine ganze Schönheit entfaltet. Muttisprache, sagt Frau Doan zum Abschied, ist immer Vietnamese.

Das ist dann vielleicht der Unterschied, zwischen der Sprachlosigkeit im Lichtenhagen von Frau Doan und der Erzählwut auf der Terrasse von Herrn Duong. Zwei Generationen Vietnamesen im Osten, zwei völlig verschiedene Wege, zwei Leben, mit denen man die DDR tatsächlich von ihrem Anfang oder von ihrem Ende her erzählen kann. Deutsch, hatte Herr Duong in Hoppegarten noch gesagt, ist fast meine Muttersprache geworden.

Deshalb kann er sie, der Herr Lehrer, auch weitergeben. Und deshalb stehe ich nun, Tage später, auf einem schlierigen Gewerbehof am Rande von Strausberg und warte auf den Unterrichtsbeginn.

Im Radio am Morgen hatte eine sonore Frauenstimme wieder vom Einwanderungsland gesprochen, das große Thema auch in den Cafés im Zentrum Berlins: die Flüchtlinge, die kommen, und denen jetzt unbedingt geholfen werden muss. Das klingt ja gleich sehr schick und weltoffen, die Integration selbst aber, ihre kräftezehrenden Versuche, das Anfangen und Stolpern, die passiert nicht im Zentrum, sondern genau hier, an abgelegenen, grau verputzten Orten, die sich ob ihrer Hässlichkeit abzuducken scheinen. Import/Export-Flachbauten, hinter denen sonst PKW auf ihre Tauglichkeit hin untersucht werden. Hier jetzt: Flüchtlings-TÜV, um acht Uhr am Morgen, mit Herrn Duong als milde lächelndem, aber doch bretthartem Prüfer, der wie immer keine Zeit zu verlieren hat. So hastet er an mir vorbei, lässig in seinem etwas zu breitbeinigen Gang des Grammatikcowboys, den Flur runter, drückt eine wehrlose Tür auf und stellt sich vor die noch nicht vollständig anwesende Klasse. Ein paar fehlen noch. Aber das kennt Herr Duong, zählt nun seine Schäfchen, damit sie nicht einschlafen.

Dann geht es gleich mitten hinein. Die Schüler sollen nun, das hat hier schon Tradition, reihum von sich erzählen, immer der schwerste Moment. Wie heißt du, warum bist du hier? Solche Sachen. Die Sprache an das Persönliche knüpfen. Es beginnt jedoch nur zaghaft, müdes Gemurmel. Und Herr Duong, der seit Stunden wach und natürlich topfit ist, spricht nun halbe Sätze vor, als müsste er die Schüler erst einmal anschieben, hier ein bisschen sprachliche Starthilfe leisten. Bis sie zu sprechen beginnen. Über ihr Leben, in noch ganz neuen Worten. Wie gerade erst ausgepackt, und man merkt: Sie probieren sie noch an.

Was man weiß, nach einer Runde durch den Raum, die auch eine um die Welt ist: In der Klasse von Herrn Duong sitzen, im Uhrzeigersinn, ein Grieche, zwei Polinnen, drei Freunde aus Eritrea, zwei Syrer, von denen einer mit der Familie und der andere mit der Mutter gekommen ist, eine Vietnamesin, die in Hanoi schon Deutsch gelernt hat und deshalb von Herrn Duong besonders streng bewertet wird, ein türkisches Ehepaar und ein Iraner, der aus politischen Gründen geflohen ist. Der Rest kommt später.

In diesen ersten Minuten wird man sich jedoch auch darüber bewusst, wie hart dieses Deutsch wirklich ist, gerade im Kontrast zwischen den Schülern und ihrem Lehrer. Die Worte, sie kommen erst mal nur mühsam über ihre Lippen, schleppend, wie von einer defekten Kassette gesprochen, zu schwer für die Zungen derer, die leichtere Silben gewohnt sind.

Herr Duong, das ist hörbar, lässt das Deutsch auf seiner Zunge zergehen. Und er tut dies mit einer Freude daran, die gleich mitreißt, das ist in den Gesichtern der Schüler zu erkennen, sie folgen ihm, ohne Widerwillen.

Für sie hier ist er, der Herr Lehrer, dieser Cowboyvietnamese, der erste echte Kontakt mit Deutschland, mit der deutschen Sprache. Und damit haben einige von ihnen nicht gerechnet, wohl eher einen Schnauzbartdeutschen erwartet mit großen Stempeln und vielleicht sogar mit einer glänzenden Trillerpfeife um den Hals, man weiß ja nie, in welcher Gestalt das Klischee vorbeischaut.

Herr Duong aber, der ist was ganz anderes. Herr Duong rauscht jetzt erst mal durch die schon erlernten Lektionen, spielt sie an. Lesen, schreiben, sprechen, verstehen. Wiederholung, sagt er, ist am allerwichtigsten. Dazu ein bisschen Dativ, Akkusativ, Genitiv – hilft den Schülern auch dabei. Der Herr Lehrer, ein Mann für alle Fälle. Danach, Pronominaladverbien, hält er ein Glas in die Luft, lässt einen Edding hineinfallen. Darin. Er hält den Edding unter das Glas, darunter. Und so weiter. Die Frau steht neben ihrem Mann. Die Brille, sagt Herr Duong und zeigt auf sein Gesicht, sitzt auf meiner Nase. Aber wo hängt die Uhr? Und der Grieche meldet sich und zeigt auf die Wand. Dort, sagt er, und alle lachen.

Anschließend lässt Herr Duong seine Schüler aus nummerierten Bausteinen Sätze bilden, mit denen sie einen Brief vervollständigen sollen. Post an einen neuen Freund. Jeder für sich fängt nun zu basteln an, minutenlang sind nur die Stifte auf Papier zu hören. Dann ist der kurze Absatz fertig und sie lesen abwechselnd vor, erst der Grieche, dann der Iraner. Herr Duong wirft das Ergebnis mit einem Beamer an die Wand oberhalb der Tafel. Ich freue mich, steht nun dort, jeden Morgen auf die Schule, weil ich einen sehr netten und sehr lustigen Lehrer habe. Die Lehrer in meiner Heimat sind nicht so nett. Sie sind streng.

Und es klingt, als wären dies gleichsam Sätze über Herrn Duong und Sätze über die Flucht.
    Wie ausgedacht, direkt passend zum Thema. Und Herr Duong klatscht, zufrieden. Sehr gut, sagt er dann. Noch mal vorlesen, bitte. Übung macht den Meister. Wiederholungen sind doch das Salz in der Suppe.
    Danach erst entlässt er sie in die erste Pause. Zehn Minuten.
    Draußen dann stehen die Jungs und rauchen, trinken

Automatenkaffee aus eierschalenfarbenen Plastikbechern, an denen sie sich Handflächen und Fingerkuppen verbrennen. Es ist schon kalt, in den Pfützen spiegelt sich ein belangloser Himmel.

Und dann erzählen sie von sich wie eben in der Klasse, reihum. Nur jetzt ausführlicher, ohne Scham. Der Grieche aus Athen ist für die Arbeit nach Deutschland gekommen und kellnert jetzt bei einem Griechen in Strausberg. Die böse Ironie der Globalisierung. Aber, Schulterzucken in Kunstlederjacke, was soll man machen. Griechenland, sagt der Grieche, ist wild im Moment.

Die Eritreer aus Barentu malen mir den Namen ihrer Heimat ins Notizbuch, sie sind mit dem Auto durch die Sahara gefahren, einen Monat lang. Über den Sudan, nach Libyen, dann mit dem Boot nach Sizilien.

Die Syrer sind ebenfalls auf einer der bekannten Routen gekommen, der eine zu Fuß von Aleppo aus bis in die Türkei. Mit dem Boot nach Griechenland. Mit drei Kindern, für 3000 Euro.

Krieg, politische Verfolgung, Arbeitslosigkeit, keine Hoffnung mehr. Die Gründe ähneln sich, man kennt sie aus dem Fernsehen, hier werden sie noch einmal unmittelbar, hier stehen die Menschen von den Booten vor Wänden aus Beton, zittern und trinken viel zu heißen Automatenkaffee. Beispielmenschen, die Beispielsätze bilden müssen.

Was also dort beginnt, in Aleppo, in Athen, in Barentu, die große Flucht, der Aufbruch aus der Heimat, der lange Weg über die Grenzen hinweg, durch die Wüste und über das Meer, tausende Kilometer weit, endet dann mit etwas Glück in einem kargen Raum im kargen Strausberg, in der Klasse von Herrn Duong, der selbst weiß, wie lang eine Reise sein kann.

Und gerne von dieser Reise erzählt. Deshalb vertrauen ihm die Menschen hier.

Der Lehrer, sagt der Grieche, der versteht uns. Er ist,

sagt einer der Eritreer, auch einer von einem anderen Land. Er hat die Worte erst hier gelernt.

Dann gehen sie wieder hinein.

Später, kurz bevor er den Unterricht beendet, die Schüler ihre Hefte einräumen können, ermahnt Herr Duong sie noch einmal. Mit Blick auf die Uhr, dort. Morgen wieder um Acht, sagt er, und damit meine ich nicht halb Neun. Er schaut den lustigen Griechen an, der gleich noch kellnern muss. Der Grieche versteht sofort. Dann verabschiedet sich Herr Duong, greift seine Aktentasche und tritt in den Flur. Ich, sagt er auf dem Weg nach draußen noch, bringe den Schülern hier auch Deutschland bei. Dann fährt er zurück in die Karl-Marx-Straße.

Mutterland

Es ist ein Tag im Sommer, an den Merve oft denken muss. Ein Tag im Land ihrer Eltern, 21 Jahre bald her. Sie kann sich noch an alles erinnern, an das Licht, die Gerüche.

Es war ein besonderer Tag. Merve war gerade vier Jahre alt, da nahm ihre Mutter sie an die Hand und zeigte ihr das Dorf der Großmutter, nicht weit entfernt von Trabzon am Schwarzen Meer. Zeigte ihr die Straßen, die Nachbarn, die Hütten und die Häuser, den Wald dahinter, zeigte ihr die Schule, an der sie gelernt und die Plätze, an denen sie gespielt hatte.

Hier, sagte die Mutter, bin ich zu Hause.

Und Merve, so erzählt sie es heute, erschrak. Sie kannte diesen Ort kaum, nicht die Hütten und nicht den Wald, sie war noch nie in der Schule gewesen und hatte immer woanders gespielt, mit den Kindern anderer Nachbarn. Das Dorf der Großmutter, es war nicht das Dorf von Merve. Sie hatte schon eines. In Deutschland, in Almanya. Das Auto des Vaters trug das Kennzeichen dazu. Sie ließ die Hand der Mutter kurz los, verwirrt. Und was ist mit mir, fragte sie, wo ist mein Zuhause? Ihre Mutter lachte, strich ihr über das Haar. Kleine Merve, keine Angst. Dein Zuhause ist dort, wo du in den Kindergarten gehst, wo du zur Schule gehen wirst und wo du mit deinen Freunden spielst. Dein Zuhause, sagte sie, ist dort, wo du eines Tages deine Kinder an die Hand nimmst und ihnen die schönsten Geschichten erzählst. Dort, wo du aufgewachsen bist und deine Kindheit verbracht hast. Und egal, wo du auf der Welt bist, das Leben wird dich immer wieder dorthin zurückführen.

Sie liefen noch einige Zeit durch die Straßen des Dorfes.

Bald darauf endete der Sommer und sie fuhren zurück in das Land ihrer Kindheit, sie fuhren nach Hause.

Weilimdorf, Stuttgarter Stadtteil, der mehr nach Begründung klingt als nach Bezirk. Die Eltern besitzen dort eine Wohnung, der Vater arbeitet in der Nähe am Band, die Mutter putzt in der Stadt. Schwarzmeerschwaben, seit fast 30 Jahren hier.

Deutschland, sagt Merve nun an einem Frühlingstag im Wedding, ist meine Heimat. So habe ich das gelernt, so hat meine Mutter es mir beigebracht. Aber es ist nicht die Heimat meiner Eltern. Sie macht eine kurze Pause, weil sie ja weiß, dass mit diesem Aber die Geschichte erst wirklich beginnt. Auch das, sagt sie dann, habe ich verstanden. Mein Leben ist hier, ihr Leben ist drüben. Das war schon immer so. Wieso, das ist schwer zu erklären.

Und doch versucht sie genau das, immer wieder. Erklären, verstehen. Sie kennt das ja. Dieses Ding der zwei Welten. Das Hin und Her der Heimatsommer. Wenn jeder Urlaub in die Türkei geht, weil er nicht mit Alltours, sondern mit der Sehnsucht gebucht wird. Die Schwierigkeiten, die entstehen, weil schon im Rückblick die Unterschiede liegen. Es ist nun mal so: Wenn ihre Eltern zurückschauen, sehen sie die Türkei, wenn Merve zurückschaut, sieht sie Deutschland.

Deshalb haben wir uns an diesem Tag getroffen, deshalb sitzt Merve nun hier im Wedding, der dem Dorf ihrer Großmutter noch ähnlicher ist als dem Dorf ihrer Jugend. Weil es nach Lamm über offenem Feuer riecht, weil die türkischen Marktschreier türkisch über den Markt schreien. Und weil die Schwaben, weiß ja jeder Berliner, hinter den Gleisen der Ringbahn wohnen, über die Brücken. Die Schwaben trauen sich nicht so weit hinein in den Wedding. Warum? Weilimdorf.

Ich habe Merve am Morgen am Humboldthain abgeholt, der ja nicht nur Park, sondern auch S-Bahn-Station ist, Gleise zwischen den Bäumen, Graffiti am Hang, und wir sind am Block vorbei durch das Viertel gelaufen, das sie nicht kannte und doch gleich verstand. Die Blicke der Jungs auf den Treppen, die Gesten in den Schaufenstern der Barbiere. Mahalle, sie hat ja auch eine. Zu Hause in Stuttgart.

Jetzt bestellen wir in einem kleinen Café erst mal Oliven, Hummus und Brot. Schwarzen Kaffee dazu. Ghettofrühstück, würde Ismail Öner sagen. Schnell dazwischen geschoben. Merve holt ihr Handy aus der Tasche, muss schauen, was auf Facebook gerade passiert. Vielleicht noch einen Gedanken loswerden zur Ankunft im Wedding.

Facebook, es ist ihr Ort. Eine andere Heimat. Ich habe sie dort entdeckt. Weil sie einfach überall war, in den Kommentaren, unter den Links und den Videos von Freunden. Sie hatte viel zu sagen und immer gleich die großen Themen auf ihrer Seite. Die Flüchtlingskrise, das Demokratieverständnis der Deutschtürken. War immer ganz vorne dabei, hatte immer eine Meinung. Eine Stimme.

Ich wollte sie hören. Jetzt während sie mit ihrem Handy beschäftigt ist, habe ich Zeit, sie erst mal anzuschauen, die Chance, neben ihr anzukommen. Was ich schon über sie weiß: Sie ist CDU-Mitglied, stolz auf das Grundgesetz, sehr angetan von Justin Trudeau, dem kanadischen Premierminister, und ab und an macht sie sich lustig über die FDP. Was ich nun über sie lerne: Merve ist unscheinbar gekleidet, Rock über dunklen Leggings, dazu Sneaker und Pullover. Ihr brünettes Haar trägt sie locker gebunden. Und wenn sie es zur Seite legt, entblößt sie eine Tätowierung im Nacken: Islam is Love. Ich bin eine deutsche Muslimin, wird sie später sagen. Es ist ihr Bekenntnis, in ihr Leben gestochen.

Ich bin eine Vermittlerin, sagt sie dann, mit dem Kopf wieder im Wedding. Verbindungen schaffen, auf eigentlich allen Hochzeiten tanzen, nicht nur auf den wilden,

den türkischen in den Turnhallen der Mahalle, darum geht es ihr. Merve hat aus der Zerrissenheit, hier Almanya, da die Türkei, aus den Spannungen ihrer Wirklichkeit einen Antrieb entwickelt.

Sie, Studentin der Rechtswissenschaften, ist deshalb ständig unterwegs. Trifft sich mit AfD-Wählern zum Kaffee und mit AKP-Wählern zum Chai, geht mit einer Richterin in Frankfurt essen und mit einem Biker in Köln einen trinken, schaut mal auf einer Pegida-Demo vorbei und mal auf einer Veranstaltung von Pierre Vogel, ist dort jeweils sehr fehl am Platz, weil sie für die einen den falschen Namen und für die anderen die falschen Kleider trägt. Macht das aber, um zu verstehen, was gerade passiert. In dieser Gegenwart der Gegensätze.

Ich kann mit allen, sagt sie. Ich hänge mit allen rum. Das ist mein Ding.

Sie reist dann durch dieses Land. Immer im Zug, jede Woche woanders. Man kann das nachlesen auf ihrem Facebookprofil, ihr da wirklich folgen. Dort versteckt sie sich nicht, stellt sich dem Streit und dem Dialog. Auch das mitunter eine Reise durch die Gegenwart dieses Landes. Meist schickt sie ihren Status direkt aus dem Abteil, die Eindrücke noch frisch. Depeschen für den blauen Daumen.

Und würde man die Orte, an denen sie war in den vergangenen Monaten, auf einer Deutschlandkarte mit Stecknadeln versehen, es sähe aus, als hätte sie sich an einem irren Voodoo versucht, an einer ganzheitlichen Akupunktur dieses Landes, um es zu heilen vom Gebrechen der Missverständnisse.

Im Schloss Bellevue, Neujahrsempfang 2016, bekam sie dafür eine Urkunde, besondere Verdienste um das Gemeinwohl. Es gibt Bilder, die daran erinnern. Bilder, auf denen Merve neben Angela Merkel steht und neben Joachim Gauck. Die Fotografie mit der Kanzlerin hängt seit einiger Zeit am Kühlschrank in der Küche der Großmutter. Der ganze Stolz, mit Magneten befestigt. Damit die Nachbarn das gleich sehen, wenn sie zum Tee kommen. Merve in Almanya. Das gute Mädchen neben dem eisernen. Oft aber können die Nachbarn es nicht verstehen. Die Kanzlerin und die Merve, eigentlich unvorstellbar.

Ihren Freunden von früher geht es da ähnlich. Für Bilder an der Seite von Merkel, da muss man doch mindestens Flüchtling sein. Oder Horst Seehofer. Merve ist von beidem eher wenig, versteht aber von beidem sehr viel. Das Fremdsein, das Deutschsein. Die Moschee und das Bierzelt. Spricht beide Sprachen, hat beide Pässe. Als kommenden Bundespräsidenten wünscht sie sich Navid Kermani, den iranischen Schriftsteller. Mehrmals im Jahr reist sie für die Konrad-Adenauer-Stiftung nach Berlin. So auch heute.

Dort hat sie später noch einen Termin, muss also bald wieder weg. Gutes Stündchen, sagt sie und lacht. Langsam auf Betriebstemperatur, in ihren Augen neben dem Spaß an der Freude auch der Ernst der Lage. Zweiter Kaffee, muss sein. Und dazu jetzt: das Trommelfeuer der Identitätsfragen.

Wir fangen ganz hinten an. Denn zunächst ist auch ihre Geschichte, daran kommen wir nicht vorbei, die Geschichte ihrer Eltern. Weil man doch ohne die Nöte der ersten die Chancen der zweiten Generation nicht erklären kann.

Meine Eltern, sagt Merve, haben sich in der Türkei kennengelernt, im Dorf am Schwarzen Meer. Halbe Kinder noch. Weil die jüngste Schwester meines Vaters die beste Freundin meiner Mutter war. So einfach ist das, sagt sie. So entsteht die erste Liebe und mitunter wird daraus die große. Jene, die bleibt. Auch über Ländergrenzen hinweg.

Mein Vater, sagt Merve, ging schon als 15-jähriger nach Deutschland, Sohn eines Gastarbeiters. 1980 war das. Er besuchte die Hauptschule, der kleinstmögliche Abschluss. Und manchmal verzweifelte er an der Sprache, der größtmögliche Wortschatz. Als mein Großvater zurückkehrte in die Türkei, sollte mein Vater bleiben. Als Absicherung, in Almanya. Sollte hier Arbeit finden und das Geld in die Heimat schicken. Ein guter Sohn, das erwarteten sie von ihm. Also blieb er und stellte sich ans Band eines Familienunternehmens, wo er Löcher in Leiterplatten bohrte. Dort steht er noch immer.

Mein Vater, sagt Merve, ist ein treuer Mann, wenn er sich einmal entschieden hat, dann geht er nicht mehr. Dann bleibt er. In der Liebe und bei der Arbeit. Er hat nie die Firma verlassen und nie die Frau.

Merves Mutter kam im Jahr des Mauerfalls nach. Zehn Jahre hatten sie sich nur im Urlaub gesehen. Es hatte gehalten, Sehnsucht und Traditionen. Tausende Kilometer gefahren, Tausende Löcher gebohrt. Auch das muss man wissen, um ihre Eltern zu verstehen, den Willen des Vaters und die Kraft der Mutter.

Sie haben dann in Deutschland eine Wohnung gekauft, mit schönem Garten, und zwei Kinder bekommen. Sie sind jeden Sommer wieder in die Türkei gefahren, um dort bei der Ernte zu helfen. Im Dorf der Großmutter, es liegt an der Haselnussküste. So nennen die Menschen die etwa 300 Kilometer zwischen Samsun und Trabzon. Drei Viertel der Welternte wachsen dort. Die Menschen leben davon, das Dorf ist berühmt dafür.

Wir, sagt Merve, und aus ihr spricht die Familie, produzieren die Haselnüsse für Ritter Sport und Nutella. Bis sie 18 Jahre alt war, hat sie jeden Sommer in den Wäldern verbracht, oben in den Bergen und Haselnüsse gepflückt. Für die Großmutter, den Onkel, für das Familieneinkommen. Sechs Wochen im Jahr, 60 Nüsse für ein Glas. Die Haselnusssträucher waren die Pflanzen ihrer Jugend, man konnte sich zwischen ihnen verlieren.

Merve also ging in den Kindergarten in Weilimdorf und fuhr im Sommer in die Sträucher. Sie kam in die Grundschule, lernte dort, dass die klugen Kinder irgendwann aufs Gymnasium gehen, und fuhr im Sommer in die Sträucher. Sie besuchte das Gymnasium, eine gute Schülerin mit guten Noten, ihr Platz in der Klasse ganz vorn beim Lehrer, und fuhr im Sommer in die Sträucher.

In der Klasse, so erzählt sie es, war sie meist die einzige Migrantin. Die wenigen anderen, die noch mit ihr da waren, blieben irgendwann sitzen, als hätte sie die Kraft verlassen. Dann kamen andere, die in den oberen Stufen nicht vorangekommen waren, auch sie bald wieder weg. Und so lernte Merve Deutsch unter Deutschen, das Zeugnis am Ende ihre persönliche Ernte. Dann begannen die Ferien und es ging wieder ins Dorf der Großmutter, und sie musste auf dem Weg dorthin die Sprache wechseln, so wie man sich leichter kleidet, wenn der Sommer beginnt. In den Sträuchern sprach sie Türkisch unter Türken. Ihre Muttersprache im Vaterland.

Und anfänglich, daran erinnert sie sich nun, gab es da durchaus lustige Verwicklungen, weil manches einfach im Übertrag, auf der langen Reise, auf der Strecke geblieben war. Merve: Lost in Translation. Verständigungsprobleme, hausgemacht.

Daheim, sagt sie, sprechen wir sowohl als auch. Mischen deutsche Wörter ins Türkische. Wörter, die uns auf Türkisch nicht einfallen, Wörter, die es so nur im Deutschen gibt. Schneebesen, Tiefkühlgemüse, Steuererklärung.

Im Wedding, am Block, ist das immer wieder zu hören, das falsche Fluchen, die Satzfetzen, der schnelle Wechsel im Vokabular. Mischmasch, wie Can sagt. Merve kennt das.

Früher, als sie noch kleiner war, hat sie damit für Verwirrung gesorgt und für großes Gelächter unter den Alten. Weil sie das wilde Mischmasch des Wohnzimmers dann mitnahm in das Dorf der Großmutter. Da ging sie an einem der Sommertage an der Haselnussküste zum Bäcker des Dorfes und bestellte zwei Brötchen. Deutsches Wort in türkischer Bitte. So klein, sie konnte kaum über die Theke schauen. So klein, sie konnte es nicht besser wissen. Brötchen, dachte sie, wäre ein türkisches Wort. Sie kannte es aus den Sätzen des Vaters, wenn er sie in Stuttgart zum Bäcker schickte. Türkisch ausgesprochen, also: Bröschen, in der Mitte ganz weich, klang es ja danach.

Also: Iki Bröschen, lütfen. Der Bäcker sah sie nur an. Sie wiederholte ihre Bestellung und wieder passierte nichts. Was willst du von mir, fragte er und wurde wütend. Da lief sie nach Hause, ganz aufgeregt. Zum Vater, der fragte, was war. Die haben, erzählte sie ihm, in diesem Dorf keine Bröschen. Und ihr Vater brach fast zusammen, so sehr musste er lachen. Der hat sich, sagt Merve, richtig bepisst. Schnell kannte jeder in der Straße die Geschichte von Merve und den Bröschen. Ein Klassiker, sagt sie, das ist jedem schon mal passiert, der hier in Deutschland aufgewachsen ist.

Und ohnehin, Merve kann, wenn sie einmal begonnen hat, ganz hinreißend davon erzählen, von den großen Missverständnissen und den Verwechslungen ihrer Kindheit. Da sind dann die Wörter, die fehlen, die Lücken, nur notdürftig gefüllt. Ein großer Spaß. Da sind dann aber auch die Unzulänglichkeiten, die Fehler, über die ihr Vater nicht mehr lachen konnte, weil es seine eigenen waren. Weil er nicht weiterwusste. Das gab es ja auch, zu Hause in Almanya. Beide Eltern, Mama und Papa, am Ende der Sprache. Plötzlich waren sie die kleinen Türken, hilflos an der Theke.

Merve hat das als Kind oft erlebt. War da, zum ersten Mal wohl, wirklich Vermittlerin. Eine Souffleuse des Alltags. Ich habe, sagt sie, meiner Mama oft Zettel geschrieben, damit sie die Wörter wusste, die sie brauchte, beim Arzt und beim Amt. Bedienungsanleitungen der Bürokratie, Spickzettel für Deutschland. Verfasst in der Handschrift einer Zehnjährigen. Während der Fahrstunde der Mutter saß sie tatsächlich auf dem Rücksitz, um die Worte des Lehrers zu übersetzen, deutsche Kommandos ins Türkische.

Und einmal, sagt sie, habe ich von meinem Vater Ärger bekommen, weil ich seine Steuererklärung nicht ausfüllen konnte. Er war richtig verzweifelt. Aber, schrie er immer wieder, du musst das doch verstehen, du musst das doch können. Wozu schicken wir dich auf die Schule, du lernst da doch die Worte, oder? Damals ging sie in die vierte Klasse. Doch ihr Vater konnte nicht verstehen, dass die Sprache auf den Ämtern eine andere ist als die Sprache an der Schule. Für ihre Eltern war Merve in diesen Momenten meist die einzig echte Verbindung nach Deutschland, eine Leiterplatte der Verständigung. Weil sie ihnen dann ihre Heimat erklärte.

An einem anderen Tag, da war sie schon älter, aber noch immer ein Kind, lief sie mit ihrem Vater durch die Straßen von Stuttgart und sie sprachen über den Tod. Das erste Mal. Wenn ich sterbe, sagte ihr Vater, dann möchte ich drüben begraben werden. Unter dem großen Baum, ganz nah bei der Großmutter, den Brüdern, den Nachbarn. Wieder ergriff Merve die Angst. Drüben, das klang wirklich nach Jenseits. Und wo, fragte sie deshalb, werde ich dann begraben sein?

Ihr Vater strich ihr über das Haar. Dort, sagte er schließlich, wo du zu Hause bist. Du wirst hier begraben sein, in Stuttgart. Für ihn war das gar keine Frage, für ihn war das völlig klar. Die Tochter in Deutschland, er selbst in der Türkei. Es endet nun mal dort, wo es beginnt. Und ein Mensch sollte liegen, wo die Menschen in seinem Sinne beten, El-Fatiha.

Meine Eltern, sagt Merve, die sehen diesen Unterschied ganz deutlich. Das haben sie nie abgelegt. Die sehen die Wurzeln, wie bei den Sträuchern. Und sie wissen genau, dass mein Leben hier ist und ihr Leben drüben, sehen, dass ich hier Fuß fassen muss. Deshalb haben sie sich auch immer für meine Bildung interessiert. Meine Mutter ist mit uns in die Bücherei gefahren, und jeden Tag gab es eine Lesestunde. Sie hat auch mit unseren Büchern Deutsch gelernt.

Ich, sagt Merve, wusste schon im Kindergarten, dass ich nicht putzen oder am Band stehen werde. Ich wusste immer, ich geh aufs Gümmi. Auch so ein vermeintlich türkisches Wort. Ich wusste immer, ich werde studieren. Meine Eltern wollten das so. Für sie war das Studium hier in Deutschland noch mal eine ganz andere Form des Ankommens. Ein Zertifikat, mehr wert als der Pass. So galt bei ihnen im Wohnzimmer auch: erst die Ausbildung, dann die Hochzeit. Entgegen jeder Tradition. Das Studium meiner Tochter, hat ihr Vater den Freunden drüben oft erklärt, hat viele Scheine gekostet, die habe ich hingeblättert, da gibt es keine Mitgift. Die Blicke ertrug er, ein treuer Mann.

Meine Eltern, sagt Merve, sind Türken geblieben, haben mir aber alle Freiheiten und Möglichkeiten gegeben für ein deutsches Leben. Das ist der große Widerspruch dieser Geschichte. Und vielleicht kann man all dies tatsächlich nur nachvollziehen, wenn man einmal selbst in das Dorf der Großmutter fährt, einmal von Almanya in die Türkei. Dort inmitten der Sträucher steht und inmitten der Gespräche der Menschen, für die Deutschland das Land ist, in das sie ihre Nüsse und ihre Söhne schicken.

Merve war lang nicht mehr dort. Dahin, das wäre doch was. Einmal die Reise der Eltern machen, einmal fahren, um zu verstehen, wie schwer Ankommen sein kann. Das Schlimmste, was uns passieren kann, sind Haselnüsse und ein paar Tage am Meer.

Was meinst du, Merve, machen wir das? Und sie lacht. Klar, Chef, machen wir so.

Wir bezahlen das Frühstück und laufen an den türkischen Männern vorbei zum S-Bahnhof Wedding. Bester Laune. Es war ein guter Morgen, Deutsch und drüben. Und lustig war es sowieso. Die Bröschen, die kleine Türkin, die große Komödie, die in der Übersetzung lauert. Das denke ich, während wir an den Gleisen entlanglaufen. Und ich freue mich auf die Türkei.

Für einen Moment stehen wir dann noch vor dem Bahnhof, im Weddinger Frühling, und können noch nicht wissen, was der türkische Sommer bringen wird. Können beide nicht wissen, dass es diese Reise nie geben wird. Weil erst Schüsse fallen, dann Menschen. Und schließlich auch Merve im Wohnzimmer ihrer Eltern zwischen die Fronten gerät.

Die Türkei, für Merve war das immer Urlaub, in den Sommern der Unschuld. Es ist eine Nacht im Juli, in der sich das ändert. Eine Nacht, die auch den Wedding aus dem Schlaf reißt. Der Wedding, nach Mitternacht schweigt er gewöhnlich, nur vereinzelt bellen noch Hunde, nur vereinzelt läuft man Gefahr, unter fahlen Laternen. Nun aber, am 15. Juli 2016, ist es laut hier.

Vor der Bäckerei sitzen sie noch und können nicht schlafen. Kurz vor eins in der Nacht. Keine Stille nach dem Schuss. Es sind die Aleviten des Viertels, Yasemins Freunde. Die Männer, die so gerne spielen, zum Tanz und um Geld. Vor ihnen das Brett und die Würfel, diesmal jedoch unberührt. In den Aschenbechern die Zigaretten, halb nur geraucht. Und der Tee in den Gläsern, längst abgekühlt. Es kümmert sie nicht. Neben ihnen sitzen die Frauen, die hier nachts eher selten anzutreffen sind. Und die nun hier stehen, weil sie es zu Hause nicht ausgehalten haben.

Was ist das, fragt einer. Sie reiben sich die Augen, hellwach.

In der Türkei brennen die Straßen. Kampfjets über Ankara, Panzer am Atatürk-Flughafen. Seit Stunden werden Nachrichten von Nachrichten überholt, in der großen Eile der Meldungen. Sie sprechen von Putsch. So nennen sie diesen Abend, so nennen sie das Chaos und die Toten und die Verwirrung.

Hier im Wedding kommt der Putsch durch das Handy von Ferhat, das Echo davon, ein wütendes Scheppern. Auf dem Display, zwischen den Teegläsern und den Zigaretten, schreien Männer in Kameras, laufen die Spruchbänder über. Es sind wilde Minuten.

Die Menschen sitzen vor Yasemins Bäckerei und schauen in die Türkei, ihre Augen so weit wie ihr Land. Auf den Wangen die Hitze der Heimat, auf dem Handy von Ferhat jetzt: *Halk TV*. Das bedeutet Volksfernsehen, erklärt er kurz. Mehr kann er nicht sagen. Zur Stunde nur Ohnmacht.

Hier im Wedding, der immer gleich näher an der Türkei ist, sitzen er und die anderen und wissen nicht weiter. Du wolltest doch, sagt eine der Frauen zu mir, im Urlaub in die Türkei. Vergiss es, die Türkei ist zu. Und Ferhat deutet auf sein Handy, die Worte unter den Bildern. Übersetzt, was da gerade passiert. Versucht zu erklären, was er selbst nicht versteht.

Von den Minaretten wird der Widerstand gepredigt. Die Bevölkerung soll den Putsch stoppen. Erdoğan spricht zu seinen Leuten, versammelt sie auf den Plätzen.

Ich schaue auf mein eigenes Handy, öffne Facebook und rufe Merves Profil auf. Sie ist online, mit den Gedanken in der Türkei. Gleichzeitigkeit nun. Ihr letzter Eintrag, keine zwei Minuten alt. Der Ausruf hat begonnen, schreibt sie dort. Jetzt können wir alle beobachten, wie Menschen sich abschlachten.

Die Männer und Frauen vor der Bäckerei schütteln traurige Köpfe. Bürgerkrieg, sagen sie. Ein Wahnsinn. Erdoğan, sagen sie. Ein Wahnsinniger.

Auf Ferhats Handy kämpft sich nun ein Reporter hinein in eine rasende Menge, vorbei an Männern, die Türkeifahnen um den Hals tragen, als hätten sie gerade ein

Fußballspiel gewonnen. Echte Fans. Sie rufen. Immer das Gleiche. Gott ist groß. Wen meinen die, fragt Ferhat, Allah oder Erdoğan? Er bestellt neuen Tee, noch einer kommt dazu. Sunnit und Demokrat.

Ich, sagt er, kriege die Macke. Was passiert mit unserem Land?

Aus dem Putsch ist inzwischen ein Versuch geworden. Ein Feuer, im Keim erstickt. Im Wedding an der Bäckerei wissen sie schon, was das bedeutet. Mehr als nur eine Ahnung. Es wird viele Tote geben, das Nachspiel kennt keine Regeln.

Und Ferhats Handy zeigt Männer mit Fahnen, die einen jungen Soldaten gefangen haben. Beute und Trophäe. Man kann in diesen Minuten den Verhältnissen dabei zusehen, wie sie sich verkehren. Das Militär, schreibt Merve, zieht sich scheinbar gerade zurück.

Dann werden aus einem Bild drei, Splitscreen. Übertragungen live aus Antalya, Ankara und Istanbul. Nebeneinander geschaltet. Ganz links brüllen die Gegner Erdoğans, ganz rechts seine Anhänger. In der Mitte wird das Bild schwarz. Auf diesem Handy im Wedding sieht Ferhat, wie sein Land sich teilt.

Bis der Akku alle ist. Ferhat packt das Handy ein. Es ist jetzt wirklich still im Wedding. Nur vereinzelt bellen noch Hunde. Die Türkei ist zu.

Jetzt noch vier Stunden Klausur, schreibt Merve am Morgen. Aus der Universität, erschöpft.

Tage danach stehe ich wieder vor der Bäckerei, diesmal im Licht. In dieser Mittagssonne, die aus dem Bürgersteig an der Straße immer eine Promenade am Mittelmeer macht. Hinten sitzt Diana mit ihren Kindern vor der Eisdiele, die Männer spielen wieder, lassen Sonnenblumenkerne auf ihren Zungen tanzen, es fehlt nur einer, der gefälschte Gucci-Taschen verkauft. Man muss sich den Wedding, Bezirkye, in diesen Stunden als Strand vorstellen, ein Idyll eigentlich. Doch das sonnige Bild trügt, in den Köpfen ist Unwetter. Die Gesichter der Frauen erzählen davon. Sie sitzen, wie immer, an ihrem Tisch ganz vorne. Rauchen. Yasemin und eine Nachbarin sitzen da, ihnen gegenüber Lela und Zehra. Sie stammt wie ich aus Spandau, manchmal lachen wir darüber. Heute aber: Weddinger Ernst.

Es gibt zu viel zu besprechen. Die große Politik in der kleinen Bäckerei. Das geht alle was an, am Block. Seit der Nacht des Putsches, keine 24 Stunden durften vergehen, wurden in der Türkei tausende Richter und Lehrer entlassen, die Zeitungen sprachen von schwarzen Listen, im Fernsehen fiel das Wort Säuberung. Und bald gab es Berichte von Übergriffen, von AKP-Anhängern, die Jagd machten auf Kurden und auf Aleviten, in den Vierteln die Türen markierten. Die AKP ist hier, riefen sie in Malatya, Osttürkei. Die Aleviten am Block wissen, was das heißt. Sie sind wieder zum Ziel geworden, die angeblich Ungläubigen.

Aleviten sind Anhänger Alis, Schwiegersohn des Propheten, sie trinken auch und glauben anders. Und weil Ali der Legende nach auf dem Weg zur Moschee ermordet wurde, beten sie in Cem-Häusern. Versammeln sich dort und tanzen. Von den Osmanen wurden sie deshalb als Ketzer verfolgt. Die Aleviten, sagt Yasemin, haben immer in Angst gelebt. Manche Muslime nehmen kein Wasser von uns, kein Brot. Nennen uns unrein.

Wir sind nun mal das Gegenteil vom Fasten. Wir beten mit den Männern und wir sitzen mit ihnen. Ich habe mit meinem Vater Raki getrunken und mit meinen Brüdern gefeiert. So ist das bei uns. Ihre Familie stammt aus der Provinz Tunceli. Wunderschön, sagt die Nachbarin, sie war schon mal dort. Aber heutzutage, in der neuen Türkei, schauen sie in deinen Pass und wenn sie sehen, dass du von dort kommst, wirst du nicht eingestellt. Das ist jetzt normal in der Türkei. Wie die Beleidigungen und die Gewalt.

Im Wedding werden die bösen Worte indes noch hinter verschlossenen Türen gesprochen.

Etwa 60 Prozent der in Deutschland für die Türkei wahlberechtigten Türken haben 2015 für die AKP gestimmt. Auch am Block, da muss man sich nichts vormachen, wohnen die Anhänger Erdoğans. Der Wedding, sagte mal einer hier, ist kein Königreich. Er ist ein Kalifat. Ein Witz, in dem das Schwert steckt.

Vorhin, sagt Yasemin, war Fikret hier. Natürlich war Erdoğan ein Thema. Fikret war wütend. Ich sage dann nichts, lasse ihn reden, er macht seine Zeichen. Ich kann ihn nicht belehren, und ich kann ihn nicht überzeugen. Was soll's? Am Ende reden wir über die Kinder und lachen zusammen. Das haben wir immer schon so gemacht. Das ist Mahalle, das ist ein demokratisches Land.

Da dreht Lela sich um. Sie sitzt mit Vattern, trinkt Kaffee und winkt ab. Scheißegal, sagt sie. Ich weiß gar nicht, was ein Alevit ist. Türke ist doch Türke. Und Vattern nickt. Er ist ja keiner. Yasemin zündet sich noch eine Zigarette an. Dann spricht Zehra, meine Freundin aus Spandau. Sie ist Sunnitin.

Weißt du, sagt sie, man fragt bei den Türken immer, woher einer kommt. Da ist es egal, ob du hier in Deutschland geboren bist. Wichtig ist, woher deine Familie stammt. Die Wurzeln, verstehst du? Wir fragen immer: Woher kommst du. Nerelisin. An der Herkunft kann man gleich erkennen, wie einer ist. Jede Stadt, sagt Zehra, hat ihren Charakter. Das ist wie ein Stempel. In Kayseri, zum Beispiel, in Kappadokien, da sind die Leute geizig, raffiniert. Die haben immer Geld. In Urfa, in der Antike Edessa, da sind sie link, verschlagen. Mit denen macht man keine Geschäfte. Und in Trabzon, an der Haselnussküste, da sind sie mutig. Manchmal übermütig. Die Leute tragen Waffen und würden ihre Zimmer nie an Kurden vermieten. Man kann, sagt sie, von der Abstammung gleich auf die politische Einstellung schließen. Schwarzmeer, da weiß man schon, der ist Erdoğan-Fan. Das ist das türkische Texas, dort wohnen die Faschisten. So einfach ist das.

Und deshalb weiß man ja auch, wer hier was denkt. An der Ecke, vor der Bäckerei. Sieht auch den Riss, der hier nun verläuft. Der Block aber hält das aus, die Mahalle verkraftet das, die verschiedenen Ansichten, den unterschiedlichen Glauben.

Sunnit, Alevit, Christ, sagt Zehra, das ist am Ende egal. Wie einer ist, hängt doch immer von der Erziehung ab, von der Bildung. Guck mal, sagt sie, zeigt erst auf Yasemin, dann auf sich selbst. Yasemin ist Alevitin, ich bin Sunnitin. Sie ist aus Tunceli, ich bin vom Schwarzen Meer. Aber wir sind gleich aufgewachsen, gleiche Werte, gleiche Regeln. Der Glaube, hat mein Vater immer gesagt, ist im Herzen. Also, Mädchen, trag deine Röcke, trag deine Kleider. Und an meinem Geburtstag trinkst du auf mich. Er war, sagt Zehra, sehr modern.

Yasemin drückt ihre Zigarette in den Aschenbecher und geht hinein, Kundschaft. Frauen mit Kopftuch, die Brot von ihr kaufen und Wasser. Sie fragen, wie es ihr geht. Alles wie immer.

Später im Hausflur dann treffe ich Fikret, er trägt schwer. Wir sprechen kurz. Für mich, sagt er, sind die Aleviten eine politische Einstellung, und die Putschisten Vaterlandsverräter. Aber das hier ist mein Zuhause. Yasemin ist meine Schwester, abla. Ich würde nie etwas sagen, das ihr das Herz bricht. Er macht eine Handbewegung in Richtung der Bäckerei.

Viele verstehen nicht, sagt er dann, Leute von woanders, dass die Liebe zueinander als Nachbarn immer größer und wichtiger ist als die politischen Meinungen. So leben wir hier und trinken am Ende unseren Tee.

Dann fährt er mit dem Aufzug nach oben, um vom Fernseher zu erfahren, was der Rest der Welt denkt.

Am Abend sehe ich, dass auch Merve noch einmal Stellung bezogen hat. Direkt an der Frontlinie der Bewertungen. Ein Teil der Leute, schreibt sie, redet über eine langersehnte Einheit in der türkischen Gesellschaft. Zumindest auf deutschem Boden sehe ich nur eine stärkere Polarisierung. Übersehe ich etwas?

Zwei Wochen später stehe ich vor dem Kölner Hauptbahnhof und warte auf Merve, um mit ihr zusammen eine Antwort auf diese Frage zu finden. Sie kommt mit dem Zug aus Bonn, wo sie gerade ein Praktikum im Bundeskartellamt absolviert. Sie hatte mich angerufen, nicht lang nach der schlaflosen Nacht. Im ersten Klingeln des Telefons, ihr Name auf dem Display, eine Ahnung, die schnell zur Gewissheit wurde. Jetzt nach dem Putsch, sagte sie, kann ich nicht mehr ins Haselnussdorf.

Und erzählte von der Angst, auf Facebook denunziert zu werden. Angeschwärzt, sagte sie. Der Arm aus Ankara reicht in diesen Tagen bis in den Wedding, bis nach Stuttgart, hinein in die Wirklichkeit der deutschen Türken. Die *BILD* wird später von Erdoğans Stasi sprechen. Von Informanten, die mitlesen, abhören, bedrohen. Big abi is watching you. Da genügt ein Kommentar, da genügt eine Haltung, und jemand wie sie – engagiert, öffentlich, wenig Hidschāb, viel Hashtag – gilt als Gefahr. Für Merve ist die Reise unmöglich geworden. Auch ihre Türkei ist zu. Aber noch etwas hat sich verändert. Die Stimmung zu Hause. Dort, im Wohnzimmer der Eltern, verläuft plötzlich ein Riss. Kaum zu sehen, aber gut zu hören. Ein Riss, wie er auch am Block zu spüren war. Nur feiner, die Grenzen weniger klar.

Auch deshalb treffen wir uns hier in Köln. Es ist der Tag der AKP-Kundgebung in der Deutzer Werft. Die Behörden erwarten 15 000 Menschen, die *Hürriyet* mindestens doppelt so viele. Eine tatsächliche Demonstration der

Köln

Macht. Der lange Arm lässt seine Puppen tanzen. Türken aus allen Bundesländern und den an Nordrhein-Westfalen grenzenden Nachbarstaaten. Sie sitzen in den Zügen nach Köln oder kommen mit Bussen, die seit den Morgenstunden über die Autobahnen rollen, Halbmond und Sternfahrt, Sonderziel: Deutz. Eine Pilgerreise, die Fahnen im Fahrtwind des rot-weißen Nationalstolzes.

In einem der Busse, Abfahrt an der DITIB-Moschee in Feuerbach, sitzen Merves Eltern. Unterwegs für ihren Präsidenten. Drei Tage hatten sie diskutiert. Merve und ihr Vater. Sie hatte Gründe, wieso er nicht fahren sollte. Und er hatte Gründe, wieso er doch fahren würde. Und wieder krachte es. So nah beieinander, so weit voneinander entfernt. CDU und AKP.

Denn das Politische, Sätze aus Ankara, Gebärden der Stärke und des Zusammenhalts, hatte sich Zutritt verschafft, war durch den Fernseher in die Köpfe, aus der Zeitung direkt in das Herz der Familie gelangt, die Zwischenrufe in dicken roten Buchstaben. Es hatte sich dazwischengedrängt, wie der ungebetene Gast auf einer Hochzeit, der den Raki leersäuft und die bösen Sätze spricht, bis die Kapelle aufhört zu spielen und ein wilder Faustkampf unter Verwandten beginnt. Er, zufrieden am Rand, trägt Zwietracht als Anzug.

Im Wohnzimmer in Stuttgart, am Telefon auch, sind seitdem schwere Worte gefallen.

Als Merve endlich am Hauptbahnhof ankommt, gibt es dort keine türkischen Fahnen zu sehen. Denn, so erfahre ich von einem Beamten in Vollmontur, die Polizei hat Korridore errichtet, die Ströme getrennt. Die Türken treffen sich rechtsrheinisch, die Gegendemonstranten, Motto: Stoppt den Erdowahn, linksrheinisch. Der Fluss als Trennlinie, eine Brücke darüber. Symbolik, denke ich, beherrschen die Kölner schon mal.

Merve also steht auf der einen, ihre Eltern auf der anderen Seite des Flusses. Wir begrüßen uns, draußen die Domplatte, draußen die Hundertschaften und die Schaulustigen. Dunkle Jacken vor einem Lkw, dunkle Wolken hinter dem Dom. Kann man ahnen, da braut sich was zusammen.

Und Merve, wieder in den Tarnfarben ihres Alltags, spricht gleich einen ganz harten Satz. Sie hat ihn von zu Hause mitgebracht. Meine Mutter, sagt sie, nennt mich jetzt Vaterlandsverräterin.

Es war Fikrets Wort für die Putschisten. Nun ist es auch das Wort der Mutter für ihre Tochter. Vaterland, in der türkischen Übersetzung bedeutet es: Mutterland. Anavatan. Das Land der Mutter. Das macht es nicht leichter.

Meine Mutter, sagt Merve, hat immer gesagt, dass Deutschland meine Heimat ist. Aber das hat sich jetzt gedreht. Und das macht mich traurig.

Merves Mutter, die vor 21 Jahren an einem Sommertag erst ihren eigenen und dann den Heimatbegriff ihrer Tochter definiert hat, fordert nun ein Bekenntnis zu ihrer Türkei. Und es ist im Grunde ein Bekenntnis gegen die eigene Erziehung.

Meine Eltern erwarten von mir, sagt Merve, dass ich mich um unsere Leute kümmere. Um den Onkel, die Großmutter. Familienunternehmen. Erwarten plötzlich, dass sie hier lebt, aber nach drüben schaut. Wie ihr Vater, der Löcher gebohrt und das Geld nach Hause geschickt hat. Heimat und Mutterland, Merve steht dazwischen. Kein gutes Gefühl. Sie hat dazu einen türkischen Spruch auf Facebook geteilt. *Ortayı bulmak iki ucu boklu değnek gibi.* Die Mitte zu finden, ist wie ein Stock mit zwei Enden voll Scheiße. Almanya und Anavatan.

Es gibt jetzt oft Streit, sagt Merve. Meine Eltern, ich und Europa, das ist so das derzeitige Spannungsverhältnis. Sie lacht, ihre Augen aber wissen mehr. Die Gespräche laufen seit Wochen gleich ab. Ermüdete Argumente. Einmal im

Monat treffen sie sich noch, meist aber telefonieren sie. Mein Vaterland, sagt sie dann, ist doch Deutschland. So habe ich es gelernt, so habt ihr es mir beigebracht.

Und ihre Mutter fragt: Bist du keine Türkin?

Und Merve sagt: Nein, ich bin auch Deutsche.

So geht es hin und her. Die Eltern schauen türkische Nachrichten, schauen wirklich nach drüben. Der Fernseher ist laut, es ist schwer, sich da noch zu verstehen.

Gestern, sagt Merve, ist es wieder eskaliert. Weil sie sich nicht mit der AKP solidarisiert. Nicht Erdoğan, sondern ihrem eigenen Weltbild treu bleibt, dieser Sicht auf die Dinge, mit dem Abstand der Vernunft. Und weil sie heute eben nicht in einem der Busse sitzt, die den Applaus für die Bühne bringen, stattdessen aber alleine durch die Stadt läuft, um zu sehen, was die Menschen hier wirklich denken. Eine Vermittlerin, gerade jetzt. Das konnten sie nicht verstehen. Aber wenn das Land der Eltern zur Diktatur wird, muss sie doch wenigstens hier nach der Demokratie schauen.

Ich habe, sagt Merve, während sie in Richtung des Rheins läuft, in Richtung der Eltern, ein deutsches und ein türkisches Ohr. Ich kann ja beide Seiten gut verstehen, ich höre beiden Seiten gern zu.

Sie kann sich deshalb hineinfühlen in die Menschen, die zu tausenden hierherkommen heute, ja doch Landsleute. Und mir dabei erklären, wieso das hier passiert. Wieso die Türken in Deutschland in Erdoğan ihren Präsidenten sehen, in Merkel aber eher nicht ihre Kanzlerin. Was machen die hier, Merve? Warum sind sie hier und warum so viele? Sie lacht, das ist jetzt ganz offensichtlich doch auch ihr Heimspiel.

Erdoğan, sagt Merve, ist ein Identitätszugang. Die Türken sehen in ihm den Mann, der ihnen Ehre und Stolz wiedergeben kann. Merkel, sagen die Türken, hat keine Haltung. Bei Erdoğan, da weiß man immerhin, was man hat. Für einige von ihnen ist die Türkei immer noch der

Rückzugsort, wenn es in Deutschland nicht klappt. Und Erdoğan garantiert ihnen die Arbeitsplätze, ihren Glauben und Wohlstand. Er ist ihre Versicherung.

Merve schaut sich um. In der Ferne Menschen, die strömen. Und versucht, ihren Vater auf dem Handy zu erreichen. Er geht nicht ran. Sie weiß nicht, wo ihre Eltern gerade sind. Weiß aber ganz sicher, mit wem. Die laufen mit ihren Freunden, sagt Merve. Gleichgesinnte, gemeinsam. Darum geht es. Die Leute kommen nicht nur wegen Erdoğan, die kommen für den Zusammenhalt. Für die Heimat und für die Flagge. Gemeinsam stehen, Sonnenblumenkerne knacken, über die Kinder sprechen, danach noch einen Chai trinken. Die Reden bei solchen Veranstaltungen, sagt sie, sind meist langweilig, es geht um Loyalität und Stolz und Vaterlandsliebe, um das Übliche also. Wichtig ist aber, dass man sich sieht. Wenn sie gemeinsam in die Busse steigen und hierherfahren, dann ist die Fahrt an sich viel wichtiger als der Anlass, zu dem sie fahren.

Noch mal versucht sie, ihren Vater zu erreichen, sie möchte ihre Eltern unbedingt treffen, hören, wie ihr Tag läuft, auf der anderen Seite. Man kann doch nicht mit allen können, mit allen rumhängen, und dann wegen der Politik mit den Eltern brechen. Nein, sagt Merve, das würde nicht zu mir passen. Meine Mutter hat mich immer so erzogen, dass ich Brücken baue und nicht einreiße.

Dann geht sie über den Fluss, an dessen anderem Ufer schon das Fahnenmeer beginnt. Was dort sofort auffällt: Es sind, neben den Familien, viele junge Türken gekommen. Söhne und Töchter wie Merve, im selben Alter etwa, hier geboren, im schon wiedervereinigten Deutschland. Aufgewachsen in einem freien Land. Sie tragen den Halbmond als Umhang um den Hals, an Stangen in den Händen. Sie pilgern tatsächlich, machen Selfies am Fluss. Hinten der Dom. Andere tragen die Trikots Istanbuler Fußballklubs. Wieder andere falsche, dicke Schnurrbärte, wie sie Handballfans oft dabei haben, als Hommage an den ehemaligen Bundestrainer Heiner Brand. Hier in Köln ist der Patriotismus auch ein Kostüm, mit dem man sich selbst wiedererkennen kann. So ziehen die Menschen vorbei, in Fahnen gehüllt und in die Farben der Fans. Ein Karneval der Selbstvergewisserung. Kölle Allah.

Merve wundert das.

Bei meinen Eltern, sagt sie, kann ich dieses starke türkische Bewusstsein noch verstehen. Die kommen von dort, haben ihre Erfahrungen gemacht. Was ich nicht verstehen kann, sind die Leute, die hier geboren sind, wieso denen das deutsche Ohr fehlt. Aber vielleicht musst du dafür selbstbestimmt erzogen werden, einen Arsch in der Hose haben.

Sie läuft vor, weil sie versuchen möchte, mit ein paar von den jungen Frauen zu sprechen. Mit mir bleibt ein Gedanke zurück. Merves Eltern haben ihrer Tochter im Grunde all das mitgegeben, was sie in Deutschland brauchte, haben sich um die Sprache und die Bildung gekümmert und sie frei von Zwängen aufwachsen lassen, weder zu sehr von Religion noch von Tradition beschwert. Meine Eltern, hatte sie selbst gesagt, haben einen guten Job gemacht. Und nun soll genau das der Makel ihrer Tochter sein? Damit muss man ja auch erst mal klarkommen, irre Wochen in Almanya.

Dann stehen wir am Eingang zur Deutzer Werft vor den Bauzäunen und Sicherheitskräften, die den Einlass regeln. Hier lösen wir uns aus der Menge und schließen uns den Journalisten an, die neben der Bühne auf einer Wiese über die Zäune hinweg auf das Erwartbare schauen. Wir werden durchsucht, von sehr grimmigen und sehr gut rasierten Männern, in sehr dunklen Anzügen. Astreine Parteisoldaten, dahinter stehen Ordner mit Armbinden. Ziemlich muskulöse Typen mit Basecaps, sie könnten jede Welle und jeden Knochen brechen. Sicherheit ist ein deutlich subjektives Gefühl.

Auch hier dröhnt es. Vor der Bühne warten schon jetzt tausende stolze Türken. So viele, dass sie ganz hinten ihren eigenen Horizont bilden, auch dort scheint der Halbmond. Und jene, die es nicht mehr an den Fluss geschafft haben, stehen hinter den Absperrungen auf der Straße, neben den Wasserwerfern, im Blaulicht der Kölner Polizei, während noch immer Hunderte auf dem Weg sind, die angekündigten Busladungen, die bei ihrer Ankunft wie Verstärkungen bejubelt werden.

Vielleicht hatte die *Hürriyet* doch recht. Merve schaut, angestrengt. Irgendwo in der Menge stehen auch ihre Eltern, weiterhin nicht erreichbar. Kein Freizeichen in Deutz. Dafür regnet es nun. Erste Tropfen auf jede heiße Stirn, die hier geboten wird. Dann beginnt es. Der erste Redner auf der Bühne, der Einpeitscher, wie vor jeder guten Show. Bringt die Leute auf Temperatur. Stellt einen anderen vor, treuer Gefolgsmann. Ein guter Mitbürger, dröhnt es von der Bühne, er hat sich nicht assimilieren lassen. Massenklatschen, Starkreden im Starkregen. Nicht eingedeutscht sein, darauf begründet sich der Stolz, wenn Deutschsein zum Schimpfwort geworden ist. Und die Ersten fordern die Todesstrafe für die Putschisten. Vaterlandsverräter. Danach werden die Nationalhymnen gespielt. Erst die türkische, dann die deutsche. 20 000 Menschen, die erst singen, dann schweigen.

Wir hören nur zu, stehen dort nebeneinander. Viele Fragen im Kopf, kurz hört der Regen auf.

Weißt du, sagt Merve schließlich, meine Eltern haben mir früher immer erzählt, dass sie Deutschland geprägt hat, weil sie hier ihre Vorurteile abbauen konnten. Gegenüber anderen Minderheiten. Wären meine Eltern nicht nach Deutschland gekommen, sie würden bis heute keine Kurden kennen, keine Aleviten, keine Jesiden und auch keine Christen. In der Türkei lebst du in einer Blase, unter Deinesgleichen, zwischen den Sträuchern. Früher hieß es deshalb: Die Aleviten sind dies, die Aleviten sind das. Kein Brot und kein Wasser. Heute erklärt meine Mutter mir, bei jeder Gelegenheit, wie toll die sind. Die Aleviten, ganz großartige Menschen. Offen und hilfsbereit. Aber das hat sie hier gelernt. Meine Eltern haben früher neben Aleviten gewohnt, die waren länger schon hier, konnten viel besser Deutsch und wussten deshalb Bescheid. Die waren ihre erste Anlaufstelle, die sind auch mal ein Bier trinken gegangen. Nach 30 Jahren in Deutschland hat meine Mutter zwei Dinge gelernt. Sie weiß jetzt, wie hilfsbereit die Aleviten sind und sie weiß, dass deutscher Kuchen der beste Kuchen der Welt ist. Das erzählt sie allen, ständig. In der Türkei, in ihrem Mutterland, hätte sie das nie erfahren. Und trotzdem steht sie jetzt hier, zwischen den Fahnen. Das ist doch krass, oder?

Ich nicke, klar ist das krass. Aleviten und Kuchen. Merves Mutter, denke ich, würde sich wahrscheinlich sehr wohl fühlen in Yasemins Bäckerei, in der Mahalle. Mit den Frauen dort über die Männer lachen, während sie hier in Köln mit den Männern singt. Yasemins Haselnussschnitten sind die besten im Viertel.

Einige Minuten stehen wir noch. Dann nähert sich ein Polizist, er trägt Stiefel und kugelsichere Weste, schwere Schritte auf nassem Gras. Neben Merve hält er an, tippt ihr sacht auf die Schulter. Dort hinten, sagt er, möchte jemand mit Ihnen sprechen. Er zeigt in Richtung des Eingangs. Sie dreht sich um. Hinter einem der Bauzäune steht ein kleiner schüchterner Mann, er trägt statt einer Fahne nur einen Regenschirm. Mein Papa, sagt Merve und läuft gleich los. Tochterfreude.

Am Zaun begrüßt sie ihren Vater durch das Gitter hindurch, zarte Küsse auf die Wangen. Er auf der einen, sie auf der anderen Seite. Er dort zwischen den Fahnen, sie hier zwischen den Journalisten.

Geht es dir gut, fragt sie. Er nickt. Ich habe, sagt er, deine

Mutter verloren. Sie ist irgendwo mittendrin. Ich werde sie suchen jetzt.

Er verabschiedet sich und verschwindet hinter den Körpern der anderen. Merve schaut ihm noch kurz nach, dann dreht sie sich um, hat genug für heute. Sie möchte zurück. Papa geht es gut. Das ist wichtig. Die Meinungen ändern sich, sagt sie noch, aber die Liebe bleibt.

Deutsche Wellen

Windhoek

Ahmed, sie nennen ihn Kafka. Weil er zwischen seinen Büchern sitzt, die meiste Zeit. Als gäbe es dahinter keine Welt. Sie nennen ihn Kafka, weil er sich in seinen Gedanken verlieren kann wie in langen, schmalen Gängen. Sie nennen ihn Kafka, weil das erste deutsche Buch, das er ganz gelesen hatte, eben eines von Franz Kafka war. Ein erdrückend umfangreicher Band in beigefarbenem Umschlag, sämtliche Erzählungen. Erstanden für ein Pfund. Damals am Goethe-Institut von Kairo, 30 Jahre ist das jetzt her. Super zum Einstieg. Seine Satzstruktur ist einfach, sagt Ahmed, Kafka ist für Anfänger leicht zu lesen. Deshalb ging das, deshalb blieb das bis heute. *Der Prozess*, *Die Verwandlung*, das trägt er mit sich herum, es umflort ihn wie Staub, der auf alten Seiten liegt. Vor allem hier oben, in seinem Arbeitszimmer, wo er nun, ohne Aufregung, seine Regalreihen entlangstreicht, deren Buchrücken sich lesen wie die guten Vorsätze eines ambitionierten Deutschlehrers. Siegfried Lenz, Peter Handke, Thomas Mann. Es sind die Deutschen, die er am besten kennt. Er ist ihnen sehr nahegekommen, hat viel Zeit mit ihnen verbracht. Und manchmal, wenn die Worte ihm alle Energie genommen haben, schläft er auch mit ihnen ein. Es steht ein Feldbett in seinem Arbeitszimmer, dann hat er es nicht weit. Setzt die Brille mit den runden Gläsern ab und sinkt hinein in niemals traumlosen Schlaf, zu viele Geschichten in diesem Zimmer.

Ahmed, Nachbar aus dem fünften Stock, Ägypter aus Kairo, lebt seit zwanzig Jahren in Deutschland und seit zwei Jahren in unserem Haus. Er ist immer hier, aber man sieht ihn selten.

Nun ist es so, dass er in der Nacht dort in seinem Arbeitszimmer sitzt und übersetzt, ein zähes Ringen mit der Sprache, er frisst sich, immer schon, durch schwere Kost. Gerade hat er Rosa Luxemburg beendet, nun klemmen dort, an einem Brett unter seiner Leselampe, die ersten Seiten von Max Webers *Die Typen der Herrschaft*. Im Winter, sagt Ahmed, muss ich fleißig sein.

Am Tage aber, meist am Mittag, steigt er auf sein Fahrrad und fährt den Humboldthain hinauf, über das Kopfsteinpflaster der alten Industrie, zur *Deutschen Welle*. Er arbeitet dort für das arabische Programm als Redakteur, macht aus Meldungen Nachrichten und aus Themen Sendungen, ein Planer, der sich um Gäste kümmert und um Inhalte, und der, wenn die Kameras laufen, die Verbindungen überwacht, dann die Fäden in der Hand hält, mitunter verbunden mit Kairo und Riad, Beirut und Damaskus, beide Beine im Wedding.

Seinen Arbeitsplatz, man kann ihn vom Block aus gut sehen. Die Studios, auf dem Betriebsgelände an der Voltastraße, ehemals Produktionsstätte von AEG, eine Trutzburg auf dem Hügel. Dort stehen, nachts angestrahlt von Scheinwerfern, deren Widerschein das Viertel blendet, drei Satellitenschüsseln, mit denen die dort produzierten Bilder in die Welt geschickt werden. Bilder, auch von Ahmed ausgewählt, abgenickt, freigegeben. Bilder, mit denen er hilft, die Gegenwart zu erklären. Und es gibt Tage, an denen er auch dort übersetzen muss. Ahmed nennt sich selbst Kulturvermittler.

In der Schule in Kairo damals, frühe Achtzigerjahre, musste er sich entscheiden. Französisch lernen oder Deutsch. Ahmed grübelte, hatte aber einen Lehrer, der ihn ermutigte. Deutsch, sagte der Lehrer, ist wie Englisch. Eine gute Sprache, damit hast du gute Chancen. Und er lockte ihn mit einem besonderen Anreiz. Im zweiten Jahr sollten die besten Schüler der Klasse für einen Monat nach

Deutschland reisen. Da ließ Ahmed das Grübeln sein und begann, das Unaussprechliche zu zähmen. Er war gut, aber andere durften fliegen. Hartes deutsches Wort: Niederlage.

Am Goethe-Institut von Kairo wurden dann Deutschkurse für Studenten angeboten, zehn Pfund nur. Lustiges deutsches Wort: Schnäppchen. Dort ging es richtig los, dort begegnete er den großen Männern aus den dicken Büchern. Dort konnte man, erinnert er sich, Hörspiele ausleihen, die haben mich sehr geprägt, Max Frisch, Dürrenmatt, Lenz. Und Ahmed wollte mehr davon, studierte Publizistik an der Universität von Kairo und musste danach, wie jeder Ägypter zum Militär. Die Sehnsucht blieb. Die Sehnsucht nach der einen Reise, die sie ihm Jahre zuvor verwehrt hatten. Er machte sie 1996, jetzt endlich gut genug. Und kam nach Germersheim, Studium als Übersetzer für Arabisch, Deutsch und Englisch. Rheinland-Pfalz, 20 000 Einwohner. Tristes deutsches Wort: Provinz. Dort, zehn Jahre nachdem er sich für die deutsche Sprache entschieden hatte, hat er sein erstes Buch übersetzt. Peter Handke, *Die Angst des Tormanns beim Elfmeter*. Das muss man sich ja auch erst mal vorstellen, wie da ein junger Ägypter in Rheinland-Pfalz in einem Studentenzimmer sitzt und Handke, diesen Wüterich, in arabische Schriftzeichen verwandelt. Ein Wahnsinn. Empfundenes deutsches Wort: Glück. Das war, sagt er heute, nicht die beste Übersetzung. Eher ein Lattentreffer. Aber für den Anfang ausreichend. Er hat es später noch einmal verbessert.

Ahmed also, mein Nachbar, hat dieses Land durch die Bücher kennengelernt. Und wenn man mit ihm in seinem Arbeitszimmer sitzt, kann man sich ganz hervorragend über Deutschland unterhalten. Er kennt sich da gut aus, weiß die Zusammenhänge und die Namen, kann Linien ziehen und in Zitaten erzählen. Ahmed beherrscht die Theorie, die Bilder, hier am Schreibtisch, während er draußen jedoch kaum spricht, eher unscheinbar an den anderen vorbeilebt. Passendes deutsches Wort: Schatten.

Es ist eine komische Situation, sagt er, ich kenne die deutsche Geschichte, ich verstehe die Politik, ich übersetze die Literatur, aber ich habe kaum deutsche Freunde. Das war schon in Germersheim so, an der Universität. Da, sagt er, sind die Ausländer unter sich geblieben. Und bei der *Deutschen Welle* ist es ähnlich, da arbeiten Menschen, die wie er Arabisch sprechen, die wie er Arabisch denken, die Kollegen. Ein enger Kreis, in dem er sich bewegt, am Block, auf dem Hügel. Ich war, sagt Ahmed, noch nie in einer richtig deutschen Atmosphäre.

Ich bin hier, aber ich bin ein Gespenst. So sagt er das, und es ist natürlich das noch viel passendere Wort, in der Präzision des Übersetzers. Ein freier Geist aber auch, der gern daheimbleibt.

Nun muss er jedoch wieder nach draußen, vor die Tür. Hat heute wieder Schicht auf dem Betriebsgelände, die Nachrichten warten. An diesem Tag produzieren er und die Kollegen eine neue Sendung, *Die Fünfte Gewalt*, halb Talkshow, halb Magazin. Thema diesmal: Menschenhandel und Sklaverei. Ahmed hat die Gäste ausgesucht und die Diskussion vorbereitet, möchte deshalb etwas früher dort sein.

Er zieht einen schweren Anorak über die hängenden Schultern, greift nach Fahrradhelm und Aktentasche und tritt in den Hausflur. Unten in Yasemins Bäckerei holt er sich noch einen Kaffee für den Weg. Hier kennen sie ihn kaum, wissen nichts von den Büchern, nichts von Kafka, wissen nichts von seiner Arbeit auf dem Hügel. Ahmed, hier nennen sie ihn Nussnugattasche. Es ist das längste Wort, das er spricht. Und er nickt zur Begrüßung und nickt zum Abschied und dann ist er fort. Das Gespenst der Mahalle.

Oben dann, im vierten Stock der Studios, wird er gleich

anders begrüßt. Umarmungen, Wangenküsse, ein Reigen der Vertrautheit. Salem Aleikum, Ahmed. Am Ende eines langen Ganges, vorbei an vielen Türen, in denen Menschen auf Computer starren und Kabinen, in denen Menschen geschäftig schweigen, steht eine Handvoll Männer an schmalen Tischen, in den Händen Notizen. Einer von ihnen ist Yosri Fouda. Der berühmteste Moderator der arabischen Welt, sagt Ahmed. Er flüstert dabei, Respekt. Fouda hatte lange eine politische Sendung in Kairo, eine kritische Stimme.

Sie wurde abgesetzt, die Stimme zum Schweigen gebracht. Deshalb steht er nun hier im Wedding, tailliert geschnittener Anzug, ein stechender Blick hinter einer schwarz umrandeten Brille. Ein, das sieht man gleich, unbequemer Gesprächspartner. Der Wedding, die Studios hier, das ist nun seine Chance, weiterzuarbeiten. Ohne Zensur oder Repressionen. Fouda also macht hier Fernsehen für die arabische Welt, das er in der arabischen Welt nicht mehr machen dürfte. Der Wedding, an diesem Vormittag ist er ein Ort der Pressefreiheit, darauf muss man ja auch erst mal kommen.

Und während Yosri Fouda im Studio vor einem Greenscreen noch einmal die Abläufe durchgeht, schaut Ahmed in der Regie vorbei. Auch hier großes Hallo. Der Ahmed, sagt eine Kollegin, ist das Herz der Sendung. Da schaut er verlegen und verabschiedet sich sogleich.

Er muss weiter, dorthin, wo hinter dickem Glas die Verbindungen kontrolliert werden. Monströses deutsches Wort: Hauptschaltraum.

Dort steht er dann, im Halbdunkel, und schaut erst nach Jordanien, links. Dann nach Saudi-Arabien, rechts. Sieht die Wohntürme und Bauruinen von Amman und die Minarette von Riad. Er ist jetzt, zum ersten Mal, angespannt. Was, wenn die Leitung nicht hält. In Amman, vor einem blassen Horizont, sitzt eine eher missgelaunte

Politikerin, er hat gerade noch mit ihr telefoniert. In Riad wird einem Mann in einem leuchtend weißen Gewand, einem Qamis ein Knopf ins Ohr gedrückt, auf Sendung. Darunter spricht Barack Obama in Griechenland und Angela Merkel besucht das Oktoberfest. In einer anderen Ecke hält Baschar al-Assad eine Rede, daneben läuft Donald Trump durch New York. Zwei Männer im Pomp ihres jeweiligen Größenwahns. Und Ahmeds Gesicht wird blass im bläulichen Licht der Monitore, in der Gleichzeitigkeit der Welt. Dann beginnt die Übertragung.

Am Ende dieses Vormittags haben alle Verbindungen gehalten und Ahmed ist sichtlich erschöpft. Die Arbeit im Studio kann mitunter anstrengender sein als seine Arbeit am Schreibtisch, wenn er mit den Worten allein ist. Weil sie, er und die Kollegen, hier doch jedes Mal einen irren Spagat versuchen, mit jeder Sendung. Wenn sie mit dem Abstand der Fremde auf die Länder ihrer Herkunft schauen, sie aus der Distanz vermessen, und deshalb aufpassen müssen, nicht dazwischenzurutschen.

Hier und dort. Arabisch und Deutsch. Das, sagt Ahmed, ist jeden Tag ein Experiment.

Und es gibt Vormittage, da erreichen ihn die Bilder aus Kairo und natürlich machen die etwas mit ihm. Ahmed schaut heute, nach 20 Jahren in Deutschland, anders auf den Ort seiner Geburt. Wie durch ein Fernglas, sagt er. Das hat seinen Blick geschärft, seine Sicht auf die Dinge verändert. Die Felswand vor Augen ist, aus sicherer Entfernung betrachtet, ein Berg. Ich habe, sagt er, Sachen bemerkt, die ich früher nicht gesehen habe. Sachen, die anders sind. Sachen, die in Ägypten fehlen. Die Menschen dort leben in einer Klassengesellschaft, sie sind Untertanen, keine Bürger.

In Deutschland sind die Menschen erst mal gleich. In Deutschland habe ich die Freiheit, die es in Ägypten so nicht gibt. Als Bürger, als Journalist.

In dieser Woche, erzählt er dann, wurde ein Freund in Kairo aus der Haft entlassen. Nach zehn Monaten Gefängnis, verurteilt für unsittliche Schriften, für detaillierte Beschreibungen von Geschlechtsverkehr. Das Buch wurde nicht verboten, der Autor aber eingesperrt. Einem anderen, ebenfalls Journalist, haben die Grenzer am Flughafen von Kairo kürzlich die Einreise verweigert, er gilt dort nun als Persona non grata. Ein Aussätziger. Davor, sagt Ahmed, fürchte ich mich.

Und dann gibt es Tage, an denen er mit großer Sorge auf Ägypten schaut. Der 14. August 2013 war ein solcher Tag, der schwarze Mittwoch. Damals stürmten Sicherheitskräfte zwei zentrale Plätze Kairos, auf denen Anhänger des vom Militär gestürzten Präsidenten Mursi demonstriert hatten. Sie handelten im Auftrag der Übergangsregierung und ermordeten mehr als 900 Menschen, ein gewolltes Massaker. Und Ahmed stand im Wedding, ohnmächtig vor seinen Monitoren. Die Stadt seiner Jugend, sie war ihm plötzlich unsagbar fremd.

Ich habe, sagt Ahmed, eine große Abneigung gegen Patriotismus und Nationalstolz. Als wir Kinder waren, haben wir die Lieder über Ägypten gesungen. Die beste Heimat der Welt, der Ursprung der Kultur, wir waren Pharaonen. Aber ich habe gelernt, dass sich Toleranz und Nationalismus nicht vertragen, das geht nicht gut zusammen. Vielleicht ist die beste Heimat der Welt deshalb unmöglich geworden.

Wo aber ist dann zu Hause, Ahmed? Er lacht, bitter. Das mit der Heimat, korrektes arabisches Wort: Watan, ist nun mal nicht so einfach. Deutschland oder Ägypten, er weiß es nie so genau.

Zu Hause sein in den Büchern, sagt Ahmed dann noch, das wäre schön. Heimat ist ja der Ort, an dem man sich wohlfühlt, an dem man sicher ist. Eine Zuflucht. Oben im Arbeitszimmer.

Windhoek

Dort gibt es noch ein Regal, in dem ausschließlich Bücher von Klaus und Thomas Mann stehen. Es ist das Regal seiner nie beendeten Doktorarbeit. Denn eigentlich wollte Ahmed damals die totalitären Regime in Deutschland und Ägypten vergleichen, doch weil sich sein Professor nicht auskannte, musste er ausweichen und entschied sich für die Manns. Auch hier ein Vergleich, Vater und Sohn. Ahmed wollte, ehrlich wahr, ihr Verständnis von Heimat gegenüberstellen. Ihr Deutschland-Bild und ihren Blick auf dieses Land aus dem Exil.

Und im Grunde ist das bis heute seine Fragestellung geblieben. Wie verändert sich das Verhältnis zur Heimat in der Ferne. Ahmed kann davon erzählen, mit dem deutschen Blick nach Ägypten.

Wie aber ist es andersherum, wie fühlt es sich an, aus der Ferne auf Deutschland zu schauen? Das möchte ich herausfinden, einmal den Gegenschnitt wagen, und fliege deshalb nach Namibia, einst deutsche Kolonie, Südwestafrika, ein Land, in dem heute noch knapp ein Prozent der Bevölkerung deutschstämmig ist, 20 000 von zwei Millionen, Nachfahren der Schutztruppen und der Auswanderer, um dort einen Mann zu besuchen, der Deutschland vor 65 Jahren verlassen hat und trotzdem jeden Morgen beginnt, als wäre er noch dort.

Vor dem Fernseher, mit den Nachrichten. Mit den Bildern, die ihren Weg in sein Wohnzimmer finden, empfangen von der großen Satellitenschüssel auf dem Dach seiner Farm. Deutsche Wellen.

Manchmal tragen sie ihn fort.

Und so sitzt Volker Grellmann auch an diesem Morgen in seinem schweren Sessel, neben ihm auf dem Tisch eine Tasse schwarzen Kaffees, herrlicher Dampf, und schaltet sein Fernsehgerät ein.

Die Fernbedienung dabei im Anschlag, als wollte er gleich hier, gleich jetzt, die neuesten Nachrichten jagen. Es summt, dann wird auch sein Wohnzimmer in das bläuliche Licht der Welt getaucht, und er legt sich hinein in die Bilder, arbeitet sich durch die Gegenwart und ihre Neuigkeiten, Sender für Sender. Erst die deutschen, ARD, ZDF, 3sat, weil die ihn an früher erinnern und weil er doch wissen muss, was los ist in Deutschland. Volker Grellmann sagt: Drüben. Weil er Südwester ist, und weil darin schon die Distanz liegt, trotz all der Nähe. Er also schaut jetzt nach Drüben, Stippvisite. Schaut bei Angela Merkel im Kanzleramt vorbei und bei Horst Seehofer in Bayern, schaut nach dem Rechten und nach den Rechten, AfD in Sachsen. Schaut auch dort genau hin, der Fernseher sein Fenster. Als würde er jeden Morgen einmal richtig durchlüften, frische Welt hineinlassen in sein Wohnzimmer, hinter den Türen aus Glas der Sand und das Vieh. Dann beginnt sein Tag.

Und Volker Grellmann setzt sich an den schon reichlich gedeckten Frühstückstisch, in einem Wintergarten, der keine Winter kennt. Hier rauscht die Klimaanlage. Ohne die geht es nicht, sagt er. Ohne die verreckst du im Sitzen. Draußen flirrt die Hitze, Grellmann erwartet heute 36 Grad Celcius, normaler Dezembertag auf seiner Farm, die ein wenig außerhalb von Windhoek liegt, der Hauptstadt Namibias, in Steinwurfnähe zum Flughafen. Volker Grellmann kann von seiner Terrasse aus den Tower sehen, die An- und Abflüge, er aber schaut lieber in die entgegengesetzte Richtung, wo das Land, das er besitzt, in der Ferne an schwarze Berge stößt und seine Tiere zwischen Sträuchern grasen, sie sind sein Leben. Grellmann, 74 Jahre alt jetzt, ist der bekannteste Jäger des Landes, der Mann mit dem Schießgewehr. Er kennt die Wüste und die Dürre und wahrscheinlich jede Antilope und jeden Springbock bis hoch zum Caprivizipfel mit Namen, es gibt Leute, die verneigen sich vor ihm. Und er, man kann es gar nicht anders sagen, thront nun auf einem massiven Holzstuhl an diesem ausladend runden Esstisch, dessen Zentrum sich drehen lässt, damit jede schwere Speise, Schmalz und Wurst, Käse und Ei, zu jeder Zeit leicht erreichbar bleibt.

Volker Grellmann, Mann an der Drehscheibe, er hat die Dinge gerne im Griff, weiß gerne Bescheid. Deshalb ja auch die Bilderdröhnung am Morgen. Ich denke immer, sagt er, die Welt bleibt stehen, wenn ich die Nachrichten nicht schaue. Er hat also einen sehr ruhigen Finger am Abzug und einen sehr unruhigen Daumen auf dem Programmknopf, aber besser so als andersherum.

Grellmann jedenfalls besitzt diese dunkle Stimme, wie sie sonst nur wirklich wetterfesten Seebären zu eigen ist. Eine Stimme, auf die sich tatsächlich 65 Jahre Sand gelegt haben, und wenn er spricht, streut er ab und an englische Begriffe und Wendungen in seine sonst sehr deutschen Sätze. Charming. The Volker. Er tritt nun vor die Tür, hilft ja nichts, weil man sich draußen besser erinnern kann. Die Uhr zurückdrehen, wie Grellmann sagt. Dort steht er dann in der Sonne, während seine Frau hinten in einem der wilderen Zimmer viele Sachen in große Koffer packt, ab und an hört man sie poltern. Denn es ist wieder so weit.

Jedes Jahr im Dezember ziehen Volker Grellmann und seine Frau, er sagt: die Misses, aus der Ödnis des Inlands in die Frische der Küste, sie überwintern dann in ihrem Haus in Swakopmund, direkt am Ozean. Dort liegt der Nebel auf den Menschen und es ist, Faustregel, immer zehn Grad kälter als hier am Flughafen. Die Luft flimmert nicht, sie atmet. Swakopmund, diese Stadt hinter der Namib, gilt, mit ihrem Brauhaus und dem Leuchtturm unter Palmen, halb im Spaß als südlichstes Seebad Deutschlands. Man könnte dort an den wirklich behäbigen Tagen, wenn der Nebel den Leuchtturm versteckt, einen Edgar-Wallace-Film drehen. Volker Grellmann, hinter ihm der Leuchtturm, schaut dort auf den Ozean, über den er einst gekommen ist. Angelandet in der Bucht gleich nebenan, Walvis Bay. Im Hafen der Briten, die schon vor den Deutschen hier gewesen waren.

Dort lief, kurz nach Weihnachten 1951, die Bloemfontein Castle ein. Ein Dampfer, der von Southampton aus nach Kapstadt fuhr und damals 721 Passagieren Platz bot. Unter ihnen auch Volker Grellmann und seine Eltern, in den Koffern ihren Hausstand und die Ungewissheit. Großartiges deutsches Wort: Habseligkeiten.

Volker Grellmann war gerade neun Jahre alt. Ein Kind, im Krieg geboren. Wittenberg an der Elbe, dort auch getauft. Er lebte dann mit der Mutter bei den Großeltern, in Erfurt und Dresden, wo er den Bomben, Gott sei Dank, gerade noch eben entkam. In den Jahren danach erst einmal Halbwaise, man wusste ja nichts. Schaffte die Trümmer an die Seite und zählte mit jedem Heimkehrer auch die Gefallenen.

Der Vater kam spät aus französischer Gefangenschaft. Einer der Männer, die der Krieg nicht das Leben, aber ihre Zeit gekostet hatte. Die guten Jahre der Jugend, vergeudet im Bergwerk. Jahre, die ihnen nur mit viel Glück und Gesundheit später hinten drangehängt wurden, als Ausgleich. Auch er ein Versehrter. In Deutschland bleiben, das wollte er deshalb nicht. Kanada war das Ziel, eigentlich. Und der junge Volker saß im Kinderzimmer und las die Bücher aus der Wildnis. Darin Elche und Bären. Männer, die mit der Axt in die Kälte zogen, Eiszapfen in den Bärten. Yukon Territory, das wäre doch was, die Weite, der Himmel. Jack London mit der Flinte.

Es wurde dann eher das Gegenstück einer jeden Jack-London-Phantasie. Es wurde die Wüste und die Hitze, weil der Vater im Zufall einen alten Schulfreund getroffen hatte und dessen Schwärmen erlegen war, südwestwärts. Richtung Afrika, das neue Ziel. Keine sechs Monate später saßen sie auf dem Dampfer. Und natürlich hatte der junge Volker auch für diesen Ort die passenden Träume dabei, darin die Gestalten aus den Erzählungen der Kinderzimmer. Dschungelbuchideen, Tarzanschreie.

Ich hatte, sagt er heute, das Kenia-Afrika erwartet. Löwen, Lianen, sattgrüne Abenteuer, Gorillas vielleicht. Das ganze Affentheater. Stattdessen aber gab es dann, erst mal angekommen in Namibia, nur diese Affenhitze der Ebene. Das einzige Tier, das er zu Gesicht bekommen sollte, auf einer 24 Stunden dauernden Zugfahrt von Swakopmund nach Windhoek, eine Kleinstantilope. Da, sagt Grellmann, hatte ich schon genug. An Silvester wollte ich wieder zurück. In der Hitze nur Heimweh. Er hat es ausgeschwitzt.

Ich bin, sagt Volker Grellmann, hineingewachsen in dieses Land. Ich habe mich angepasst, das gelernt über all die Jahre. Die Sprache, die etwas andere Sicht auf die Dinge. Als Europäer, aufgewachsen in der Strenge einer deutschen Mutter, kannst du hier nur überleben, wenn du das Tempo der Hiesigen annimmst, diese Gelassenheit. Manchmal ist das zum Verzweifeln, aber eigentlich lebt es sich gut.

Grellmann wurde von seinen Eltern, nachdem er die Schule in Windhoek besucht hatte, für die Lehre noch einmal nach Deutschland geschickt. Er sollte Kürschner werden, Pelze machen. Von der Pieke auf. Und verbrachte dann noch sechs Semester an der Modeschule in München. Da aber hatte er schon Heimweh nach Namibia, das muss man sich mal vorstellen. Er, der nie nach Namibia wollte, furztrocken und öde, musste nun unbedingt wieder dorthin zurück.

Ich bin, sagt Grellmann, ein richtiger Südwester geworden. Obwohl der Name ja verpönt ist. Man sagt heute: Deutschnamibier.

Der karge namibische Boden, er ist Zuhause für ihn. Auch, weil er hier ja tatsächlich seine Berufung gefunden hat. Die Jagd, 40 Jahre nun schon. 1974 im März hat Volker Grellmann die NAPHA gegründet, den namibischen Berufsjagdverband, und damit das waidgerechte Jagen nach Namibia gebracht, nach klaren Regeln und einer strengen Ethik. So half er den Farmern, das Wild zu verstehen, darin nicht nur Schaden zu sehen. Umweltschutz auch. Gut für das Land und den Bestand. Ein langer Kampf, der ihn sichtlich Kraft gekostet, ein Leben aber auch, das ihm die besten Geschichten gebracht hat.

Volker Grellmann kann sich ganze Nächte lang erinnern, so sieht er aus. Der weiße Bart, ein Mann wie aus dem Eis. Jack London in der Wüste. Da hält die Stimme, was dieses Gesicht vorher versprochen hat. Da schenkt er dann, am runden Tisch, reihum ein und erzählt.

Vom Ringen mit wütenden Krokodilen in knietiefen Flüssen, von nächtlichen Verfolgungen, vom Versteckspiel mit den Wilderern, die über Zäune kamen und über das Vieh.

Kann sich mächtig auslassen, man muss ihn dann mit großen Worten beschreiben, mit einem Humpen Bier in der Pranke.

Volker Grellmann, Jäger seines eigenen Schatzes. Er sitzt dann in seinem schweren Sessel oder draußen auf der Terrasse, und seine Stimme zieht die Zuhörer, seine Gäste, hinein in die rauen Jahrzehnte dieses Landes, in die Mordlustgärten seiner Erinnerung. Und plötzlich sitzt man neben ihm, in einem Geländewagen, über Stock und Stein, im Rückspiegel das Fernlicht der Häscher, im Schoß schon der durchgeladene Colt. Steht neben ihm im seichten Wasser, die Hand an der Machete. Im Bewusstsein der sichere Tod.

Diesmal, Volker, entkommst du nicht. Diesmal schießen sie dich über den Haufen.

Diesmal beißt das Monster dir den Kopf ab und du treibst als Aas den Fluss hinunter. Was da die Misses wohl sagen würde.

Aber er hat das alles überstanden.

So lange schon hier.

Die Heimat, sagt Volker Grellmann jetzt, das ist doch längst Namibia. Ein klares Gefühl. Das ist ihm vor Kurzem erst wieder bewusst geworden, als ein Freund von ihm wissen wollte, zu wem er nun eigentlich halten würde, wenn Namibia, nur ein Gedankenspiel, wirklich einmal gegen Deutschland im Fußball antreten sollte. Das hat es bisher ja noch nicht gegeben. Und da, sagt Grellmann nun, musste ich zugeben, dass ich ganz sicher für Namibia jubeln würde. Auf jeden Fall. Nun wird es zu diesem Spiel vielleicht niemals kommen, aber falls doch, würde Volker Grellmann im Unabhängigkeitsstadion von Windhoek stehen und die namibischen Farben tragen. Blau, Rot und Grün, in der Ecke die gelbe Sonne. Mit demselben Stolz, mit dem sich Kai Eikermann im Alten Land die ghanaische Fahne in seinen Garten hängt. Deutsche Jungs, in Afrika erwachsen geworden.

Volker Grellmann hat sich entschieden, vor einiger Zeit schon. 1990, als Namibia endlich unabhängig geworden war von Südafrika, da hat er seinen deutschen Pass aufgegeben und die namibische Staatsbürgerschaft angenommen. Aus Dankbarkeit. Weißt du, sagt er nun, wir leben in diesem Land, ich bin hier zur Schule gegangen, meine Eltern ruhen hier in Namibias Erde, ich gehöre hierher, ich gehöre dazu.

Und ich wollte meinem eigenen Präsidenten ins Auge schauen können.

Nicht als Ausländer, sondern als Namibier.

Volker Grellmann, der einstige Einwanderer, hat dieses Land für sich angenommen.

Ich bin ein Einheimischer, sagt er heute. So sehe ich das.

Ein Afrikaner mit europäischen Wurzeln. Ein Namibier mit deutscher Herkunft. Der Pass in seiner Schublade erzählt davon.

Auf seine Terrasse hat sich derweil die Glut des Tages gelegt, in der alles Leben und so auch alle Geschichten zum Stillstand kommen. Nicht mal mehr die Zikaden sind noch zu hören. Und Volker Grellmann zieht sich zurück, kurze Mittagsruhe. Das machen die Südwester so. Schlafen, um der Hitze zu entgehen. Zurück bleibt absolute Geräuschlosigkeit.

Später dann, es ist etwa 17 Uhr, weht eine erfrischende Milde heran und Volker Grellmann deckt draußen den Tisch. Cidre und erste Biere. Sundowner, sagt er. Das hat Tradition, die Flaschen öffnen, wenn die Zikaden zurückkehren. Die Geschichten des Vormittags mit bald kühlem Kopf weitererzählen. Dort einsetzen, wo man zuvor stehen geblieben war.

Wir sprechen deshalb, in der Dämmerung hier, rechts der Flughafen, links die Berge, wieder über Zugehörigkeit.

Weißt du, sagt er, wenn man so lange hier gelebt hat wie ich, dann sind die Erinnerungen an Deutschland nur noch verschwommen, dann sind bundesdeutsche Gefühle nur noch halbherzige.

Volker Grellmann schaut dann mit halbem Herzen und wachem Auge nach drüben. Wir sehen ja, sagt er, was dort passiert. Das arme Mädchen, das die Treppe runtergestoßen wurde, der LKW an der Gedächtniskirche, die Parteien, die sich gegenseitig zerfleischen, immer die Frage nach der Schuld. In diesem Land, sagt er, das wissen wir, könnten wir nicht mehr leben.

Da sind wir eigentlich froh, in Namibia zu sein. Er und die Misses. Hiesige, die nach drüben schauen. Im Fernglas des Jägers ist die einstige Heimat dann die eigentliche Wüste.

Ich träume, sagt Volker Grellmann, noch immer auf Deutsch. Aber ich träume nicht mehr von Deutschland, und wenn ich doch einmal von Deutschland träume, dann sind es Albträume.

Letztens etwa, da saß ich mit der Merkel beim Abendbrot, hier am Tisch, und habe versucht, ihr etwas beizubringen. Was genau? Schlag mich tot. Wahrscheinlich, dass sie sich mit den Flüchtlingen übernommen hat. Aber die Merkel am Küchentisch, das brauche ich nicht.

Er ist dann, gerade noch rechtzeitig, aufgewacht und war froh, in seinem Zimmer zu liegen. Draußen das Konzert der Zikaden, das erste Glimmen des Tages. War froh, weit weg zu sein, zwischen ihm und Deutschland zehn Flugstunden. Ein Kontinent.

Deutschland, das ist für Volker Grellmann tatsächlich nur noch ein Land aus den *Tagesthemen*, ein Ort aus den *Heute*-Nachrichten, erzählt von Klaus Kleber. Vermessen von Sandra Maischberger und Maybritt Illner. Ein Stelldichein entfernter Bekannter.

Er war nun auch seit bald 30 Jahren nicht mehr dort. Drüben. Weil da erst zu wenig Geld und dann zu viel Arbeit war, und weil er und die Misses nun doch schon zu alt sind für den langen Flug. Einen Grund wird es immer geben. Aber, sagt Grellmann, die Neugierde wäre groß, noch einmal rüberzufahren und zu schauen, ob das alles so stimmt, was die im Fernsehen zeigen. Heimat und Heimweh, das gehört doch zusammen. Ein offenes Ende.

Wahrscheinlich wird er, der so nah am Flughafen lebt, nicht mehr in eines der Flugzeuge steigen, Richtung Deutschland. Wieso auch, er hat ja alles hier. Die Misses und das Vieh, das Land und die Geschichten, und durch den Fernseher, sein Fenster, kann er die Welt sehen. Wie Ahmed vor seinen Monitoren. Wie Frau Kullack über ihre Kakteen hinweg. Und an den guten Tagen kommt die Welt gleich zu ihm.

Die Zufahrt vom Flughafen zur Hauptstraße nach Windhoek verläuft über seinen Grund, weshalb jeder Staatsgast gleich zu Beginn seines Namibiabesuches einmal bei Volker Grellmann vorbeischauen muss. Große

Namen. Von Arafat bis Zuma, sagt er, und alles dazwischen. Michael Jackson und Helmut Kohl waren hier und auch Fidel Castro und Robert Mugabe, nach denen große Straßen im Zentrum von Windhoek benannt wurden. Straßen, die früher deutsche Namen trugen, aber das ist eine andere Geschichte. Und manchmal stehen Volker Grellmann und die Misses dann am Rand und winken der Macht. Wladimir Putin, sagt Grellmann, hat einmal freundlich zurückgegrüßt. Und Al Gore, der Umweltpräsident, ist ausgestiegen, um das gelbe Blumenmeer zu fotografieren, ihre Beete im vorderen Teil der Farm. Auch Norbert Lammert ist hier gelandet. Und bald werden wieder andere kommen. Immer ein Schauspiel, sagt Volker Grellmann.

Die Welt, sie zieht dann an ihm vorbei, in dunklen Limousinen. Draußen Lammert am Zaun und drinnen Merkel am Tisch.

Mehr Drüben muss doch, bitteschön, auch nicht sein.

Epilog

Am Block war dann irgendwann der Sommer vergangen und der Herbst hatte die Blätter von den Bäumen gelöst, so dass Frau Kullack von ihrem Fenster aus gleich bis zur Bäckerei und Fikret von seinem Balkon aus gleich bis nach Spandau hätte schauen können. Er aber schaute viel eher in die Türkei. Sah tatsächlich fern. Die Welt hinter dem Wedding war laut geworden in diesen Wochen. Durch die Angst und die Wut, die nicht nur ihn beschäftigten. Die Nachrichten waren voll davon, in allen Sprachen. Und auf allen Kanälen. Da musste man ja nur Ahmed fragen, der nun auf seinem Weg den Hügel hinauf zu den Studios die Weltlage zu schultern schien, so schwer war ihm der Tritt. Und in der Auslage von Yasemins Bäckerei, gute Leute, schlechte Nachrichten, konnte die Mahalle all die bunten und einfach so rausgegrölten Schlagzeilen sehen, und neben den großen Namen, Erdoğan, Putin, Trump, leuchteten auch immer wieder die vertrauten. Die Gesichter von nebenan. So also erfuhren die Menschen am Block vom Strafbefehl gegen George Boateng, Nötigung und Körperverletzung.

Böser Bruder Boateng war die Überschrift, aber naja, das wussten sie ja schon, gewachsen auf Beton. Wer durch den Humboldthain hastet, der ist schließlich entweder zugezogener Jogger oder ungezogener Gangster, auf der Flucht vor der Polizei. Dementsprechend: Schulterzucken. Die Menschen am Block lasen aber auch von einem anderen großen Bruder, der hineingeraten war in die Erregung der Gegenwart, lasen da von Fußball und Salafismus und das war schon interessanter, weil sich der Wedding doch mit beidem gut auskennt. Einer von Öners Jungs jedenfalls, mit denen er die Nacht begehbar gemacht und den Oscar des Sports gewonnen hatte, der ehemalige Hertha-Profi Änis Ben-Hatira, konnte sich zum Ende eines Jahres im Abstiegskampf immerhin noch den Titel der *BZ* holen.

Der Fußballstar und die Salafisten stand dann dort über einem Foto von ihm, in Blau und Weiß, Ball unter dem Arm. Junge aus dem Wedding, auch er gewachsen auf Beton. Ben-Hatira hatte, so war zu lesen, in ein Trinkwasserprojekt in Palästina investiert, löblich. Nur wurde der Verein, den er so großzügig unterstützen wollte, schon länger vom Verfassungsschutz überwacht, der Vorwurf: Verfassungsfeindliche Aktivitäten unter dem Deckmantel der Flüchtlingshilfe. Das sah nicht gut aus. Nun aber stand dieser große Bruder mit den falschen Freunden als Pappaufsteller in Ismail Öners Café, überlebensgroß, in den gleichen Farben wie auf dem *BZ*-Titel, ein Vorbild eigentlich. Ich muss ihn, sagte Öner an diesem Tag, wohl abhängen jetzt. Auch wenn es wehtut. Unter dem Artikel gab es dann natürlich noch ein solides Best-of der Verfehlungen des Spielers, die letzte Ohrfeige. Den Wedding, den wirst du nicht los. Frag mal nach bei George Boateng.

Und Ismail Öner, Izzy abi, der große Bruder aus Spandau muss sich jetzt einen neuen großen Bruder für den Fußball suchen. Vielleicht fragt er mal bei Jimmy Hartwig an, der kennt sich doch aus mit dem Spiel und den Jungs in der Halle, schaden kann es ja nichts.

Die Menschen am Block, sie konnten in dieser Zeit aber auch verfolgen, wie sich Öners Freund aus Schultagen, Raed Saleh, immer wieder hineinarbeitete in die Schlagzeilen, die er braucht, weil seine Politik in Räumen ohne Widerhall oder Publikum verpuffen würde.

Raed Saleh also, der erst bei der Abgeordnetenhauswahl in seinem Wahlkreis, Spandau 2, als Direktkandidat ziemlich beeindruckende 37,1 Prozent der Erststimmen holen konnte und anschließend mit 92 Prozent der Stimmen als

Fraktionsvorsitzender der SPD bestätigt wurde, überraschte vorher noch seine Genossen in Spandau, indem er drei Syrer in die Partei holte, deren Namen direkt aufhorchen ließen, weil sie klangen wie ein schlechter Scherz von einem AfD-Plakat. Die jungen Männer stellten sich als Mohammed, Islam und Dschihad vor. Und man kann sich die wahrscheinlich diebische Freude ausmalen, mit der Saleh anschließend vor den Journalisten immer wieder diesen Satz aufsagte: Ja, die heißen wirklich so. Ein großer Spaß. Aber auch dabei ging es ihm um eine ernste Sache. Saleh möchte, so ließ er dann verlauten, die Syrer längerfristig an seine Partei binden, vor allem emotional. Einen, so nannte er es, Merkel-Effekt verhindern. Nicht wieder eine mögliche Wählergeneration verlieren. Der ganz bewusste Gegenentwurf zur christdemokratischen Treue der Russlanddeutschen. Auch ein Ansatz: Genosse Islam. Im Spandauer Kater kann man für solche Sperenzchen allerdings durchaus einen mit dem Hausordnungsknüppel kriegen, da muss Saleh jetzt aufpassen, Stammtischfeuerwerker.

Für die Idee der Syrer von heute als die Russlanddeutschen von morgen gäbe es 700 Kilometer südlich, auf dem Haidach, ohnehin gleich Hügelverbot. Dort, in Pforzheim, am Abend des 4. November traf sich derweil die AfD zum großen badischen Brusttrommeln. Waldemar Birkle war wenige Tage zuvor im Wahlkreis 279, Pforzheim und Enzkreis, zum Direktkandidaten bestimmt worden. Die AfD möchte mit ihm 2017 in den Bundestag. Es war der bisher größte Moment seiner Politkarriere. Birkle hatte sich innerhalb der Partei, die er noch immer nur: die Alternative nennt, tatsächlich hochgearbeitet. Vom Hügel bis auf ein Podium im CongressCentrum von Pforzheim, wo er dann eine ziemlich wuchtige und auch sehr wütende Rede hielt. Draußen riefen ein paar Gegendemonstranten in den Wind, die Unentwegten gegen die Unerhörten, sie hatten Plakate mitgebracht. *Kein Recht auf Nazipropaganda*. Drinnen aber im Kleinen Saal waren kurz vor Beginn der Veranstaltung, so war es dann später in der *Pforzheimer Zeitung* zu lesen, nur noch rechts außen ein paar Plätze frei.

Und Birkle, der ein dunkles Sakko trug und ein weißes Hemd ohne Krawatte, durfte seine Begrüßungsworte an die Bundesvorsitzende Frauke Petry richten, die nach Pforzheim gekommen war, weil sich diese Stadt längst zur Hochburg ihrer Partei entwickelt hatte.

Die Rede war für Birkle eine große Ehre. Der Abend für Petry eine sichere Sache. Sie konnten sich danach dann gegenseitig beglückwünschen.

Ahmet Kurt dürfte eher nicht zugegen gewesen sein.

Nur wenige Kilometer von Pforzheim entfernt aber, in Stuttgart-Feuerbach, war vorher schon eine Entscheidung gefallen und aus dieser Entscheidung heraus ein Video entstanden, für das Frauke Petry eher keinen Beifall übrig haben dürfte. Denn Yasin el Harrouk war seinem Herzen gefolgt, hatte die goldene Mitte verlassen und seine erste Single auf Arabisch eingesungen, im Ohr die Sprache der Mutter, das Innerste nach außen. *Ghetto*, heißt der Track, in dem er von jungen Männern erzählt, die sich auf den Weg nach Europa machen, hier am Ende aber nichts finden außer Drogen, Alkohol und Verzweiflung. Es ist seine Sicht auf die Dinge, aus dem Bauch heraus, wo unbedingt auch seine Seele sitzt. Und wieder war da diese Stimme, der man alle Sprachen und alle Worte zutraut. Die Poesie der Platte, Zwischenrufe eines Gratwanderers. Im Refrain ein Wehklagen, eine Warnung. Mein Sohn, singt er dort, komm nicht auf die Gedanken, das Meer zu überqueren. Gleich wieder eine Zeile zur Stimmung im Land, nach Silvester, den Hashtags des Fremden.

Und natürlich gibt es ein Video, die Bilder dazu, die Geschichte dahinter, aus dem Dickicht der Dealer. Untersichtig gefilmt, unterlegt mit einem Autotune, der an den Nerven zerrt. Yasin el Harrouk läuft durch dieses Video, durch dieses Ghetto in einem Bayerntrainingsanzug, trägt Ali auf der Brust, eine eingebildete Kalaschnikow im Anschlag. Er nennt sich jetzt Yonii. Gedreht wurde in Köln, bald hatten eine dreiviertel Million Menschen zugesehen. Ganz sicher wieder das beste Video am Block.

Und im Wedding, der ja all diese Bilder beherrscht und reproduziert, auch wenn er eben kein Ghetto ist, fing Ahmed irgendwann an, in die Zeitungen zu schauen, um eine neue Wohnung für sich und seine Familie zu finden. Weil woanders noch mal eine ganz andere Sonne scheint. Im angrenzenden Prenzlauer Berg, in Mitte vielleicht. Seine Frau, sagte Ahmed, wollte das so. Wegen der Tochter. Weil doch dort, zwei Kilometer die Straße hoch, jenseits der Bernauer, wo früher einmal die Mauer stand, ganz andere Chancen gedeihen.

Auf dem Todesstreifen wird jetzt wieder gebaut.

Das alles klang nach Abschied, und in diesem Abschied erschien der Wedding dann als Ort der Benachteiligten. Der tote Winkel, in dem tote Biografien geboren werden. Und vielleicht ist das auch eine Wahrheit, trotz all der guten Geschichten, die hier entstehen. Der Wedding braucht noch etwas, man muss ihn aber auch lassen, ihm die Zeit geben. Er ist ein guter Junge.

Fikret jedenfalls sagte, was er immer sagte. Irgendwann, ja. Irgendwann ziehen wir nach draußen ins Grüne. Erst einmal bleiben wir hier. Erst einmal fahren wir im Sommer in die Türkei, das ist teuer genug. Alles zu seiner Zeit.

Und Frau Kullack saß an einem anderen Nachmittag in ihrer Küche, in der sie seelenruhig auf die Welt wartet und in der es ihr doch egal ist, was die Welt so treibt, der Fernseher so laut, dass sie ihn gar nicht mehr hört, der wichtigste Teil der Zeitung längst die Rätselseite. Draußen

Epilog

konnte sie wieder die Umzugswagen sehen. Menschen, die kamen. Die Wohngemeinschaft im Dritten etwa, darin ein Inder, ein Chinese und was nicht alles. Studenten. Oder die neue Familie in der Umsetzwohnung im Vierten, die ein Wasserschaden hierhergespült hatte. Neue Leute für den Block, neue Gesichter der Mahalle. Macht ja nüscht, hatte Frau Kullack da noch gesagt. Und im Hausflur allen einen schönen Tag gewünscht. Sollen sie ruhig kommen. Genug Platz ist ja. Ein großes Haus, so viele Türen. Platz für Neuanfänge und Fremde, die hier heimisch werden können.

So ist das doch im Wedding.

Ich danke.

Meinen Eltern. Für das Zuhören, die vielen Ohren. Seit Jahren.

Silke. Für den Block.
Philipp und Martin. Für die Bilder.
Kai. Für die Gärten.
Sarah. Für das Herz.
Bulle. Für das Haus.

Tom. Für den ehrlichen Fight.

Dem Wedding. Für die Menschen.
Den Menschen. Für ihre Geschichten.

Olga Grjasnowa
Gott ist nicht schüchtern
Roman
309 Seiten. Gebunden mit Schutzumschlag
ISBN 978-3-351-03665-2
Auch als E-Book erhältlich

»So sinnlich schreiben auf Deutsch nur wenige.« KulturSPIEGEL

Amal und Hammoudi sind jung, schön und privilegiert, und sie glauben an die Revolution in ihrem Land Syrien. Doch plötzlich verlieren sie alles und müssen ums Überleben kämpfen. Sie fliehen. Ein erschütterndes, direktes und unvergessliches Buch.
Olga Grjasnowas Romane erinnern uns immer wieder daran, dass es nicht nur diese eine Welt vor unserer Haustür gibt, sondern sehr viele Welten, und dass es sich lohnt, sie kennenzulernen. Ihr neues Buch ist ein erschütterndes Dokument unserer Zeit.

»Hier kommt die Welt zu Ihnen, wie sie noch nie zu Ihnen gekommen ist.« Elmar Krekeler, DIE WELT

Regelmäßige Informationen erhalten Sie über unseren Newsletter. Jetzt anmelden unter: www.aufbau-verlag.de/newsletter

Ármin Langer
Ein Jude in Neukölln
Mein Weg zum Miteinander der Religionen
304 Seiten. Gebunden mit Schutzumschlag
ISBN 978-3-351-03659-1
Auch als E-Book erhältlich

Sind Muslime die neuen Juden?

Neukölln sei für Juden nicht sicher, warnte der Antisemitismusbeauftragte der jüdischen Gemeinde Daniel Alter mit Verweis auf den hohen Anteil von Muslimen. Kurz darauf warb der Präsident des Zentralrats der Juden, Josef Schuster, für eine Obergrenze bei Flüchtlingen. Sie stießen dabei ins selbe Horn wie Sarrazin, Buschkowsky und die AfD. Ármin Langer, jüdischer Rabbinerstudent und Publizist, lebt in Neukölln und stellt sich diesen Positionen vehement entgegen. Seine erfolgreiche Salaam-Schalom-Initiative beweist, was Muslime und Juden voneinander lernen können und wie Gemeinschaft funktioniert. Eine mitreißende Geschichte, ein unverzichtbarer Apell.

Regelmäßige Informationen erhalten Sie über unseren Newsletter. Jetzt anmelden unter: www.aufbau-verlag.de/newsletter

Leonard Gardner
Fat City
Roman
Aus dem Amerikanischen
von Gregor hens
208 Seiten. Gebunden mit ausklappbarem Vorsatz
ISBN 978-3-351-05039-9
Auch als E-Book erhältlich

Laufen, kämpfen, lieben

Stockton, Kalifornien, 50er Jahre. »Fat City« zählt zu den großen Klassikern der amerikanischen Literatur, der Roman ist das Gegenstück zu Rocky und Co. Keine Heldengeschichte, sondern eine Verbeugung vor dem letzten Willen, der erst erwacht, wenn alle Hoffnung unter den Tisch getrunken ist. Eine Liebeserklärung an eine Zeit, in der man von der Hand in den Mund lebte, aus eigener Kraft alles erreichen und alles zerstören konnte. Gregor Hens gelingt es mit seiner Neuübersetzung meisterhaft, dem einzigartigen Californian-Working-Class-Sound, dem trotzigen Humor und der feinen Melancholie eine deutsche Stimme zu verleihen.

»Fat City hat mich mehr bewegt als die gesamte Gegenwartsliteratur der letzten Jahre.« Joan Didion

Regelmäßige Informationen erhalten Sie über unseren Newsletter. Jetzt anmelden unter: www.aufbau-verlag.de/newsletter

Zaza Burchuladze
Touristenfrühstück

Roman
Aus dem Georgischen Natia
Mikeladse-Bachsoliani
176 Seiten. Gebunden mit ausklappbarem Vorsatz
ISBN 978-3-351-05036-8
Auch als E-Book erhältlich

Heimat ist immer die weiteste Reise

»Touristenfrühstück« erzählt von einem Mann, einer Frau und einem Neugeborenen auf der Suche nach einem Zuhause. Es ist zugleich die älteste Geschichte und ein Journal unserer Tage.
»In der heutigen Welt sind alle unterwegs, die einen, weil sie es können, die anderen, weil sie es müssen«, sagt Zaza Burchuladze, der bekannteste Autor Georgiens. Er ist beides: Flüchtling und Tourist. Zusammen mit seiner schwangeren Frau musste er, nach einem tätlichen Angriff, Georgien verlassen. In Deutschland kennt ihn niemand, also mischt er sich unter die Leute. Denn das Erzählen ist seine einzige Chance, sich auszuweisen.
»Touristenfrühstück« ist ein Flaneurroman, und hinter den Fassaden Berlins scheinen immer auch die Erinnerungen an Tbilissi durch. Zaza Burchuladze streift gleichermaßen Hoch- und Popkultur, verbindet das Augenscheinlichen mit dem Verborgenen, schafft Tunnel zwischen den entlegenen Enden unserer Welt.

Regelmäßige Informationen erhalten Sie über unseren Newsletter. Jetzt anmelden unter: www.aufbau-verlag.de/newsletter